古典文獻研究輯刊

十七 編

潘美月・杜潔祥 主編

第 12 冊

《舊檔》史料在《實錄》、《老檔》中的流傳
——1626年前滿蒙關係史料比較研究

敖 拉 著

國家圖書館出版品預行編目資料

《舊檔》史料在《實錄》、《老檔》中的流傳——1626年前滿蒙
關係史料比較研究／敖拉 著 — 初版 — 新北市：花木蘭文化
出版社，2013〔民102〕
目 2+168 面：19×26 公分
（古典文獻研究輯刊 十七編：第 12 冊）
ISBN：978-986-322-437-2（精裝）
1. 清史　2. 史料　3. 歷史檔案
011.08　　　　　　　　　　　　　　　　102014873

ISBN-978-986-322-437-2

9 789863 224372

古典文獻研究輯刊
十七編　第十二冊　　　　　　　　　ISBN：978-986-322-437-2

《舊檔》史料在《實錄》、《老檔》中的流傳
—— 1626 年前滿蒙關係史料比較研究

作　　者 敖 拉
主　　編 潘美月　杜潔祥
總 編 輯 杜潔祥
企劃出版 北京大學文化資源研究中心
出　　版 花木蘭文化出版社
發 行 所 花木蘭文化出版社
發 行 人 高小娟
聯絡地址 235 新北市中和區中安街七十二號十三樓
　　　　　電話：02-2923-1455／傳眞：02-2923-1452
網　　址 http://www.huamulan.tw 信箱 sut81518@gmail.com
印　　刷 普羅文化出版廣告事業
初　　版 2013 年 9 月
定　　價 十七編 20 冊（精裝）新台幣 31,000 元　　版權所有‧請勿翻印

國家哲學社會科學基金項目

批准號06xzs004

《舊檔》史料在《實錄》、《老檔》中的流傳
——1626年前滿蒙關係史料比較研究

敖　拉　著

作者簡介

　　敖拉、史學博士、教授。1964 年 8 月 23 日出生在內蒙古赤峰市阿魯科爾沁旗紮斯台蘇木。土默特蒙古人。內蒙古師範大學讀本科、內蒙古大學蒙古史研究所讀碩士、博士研究生。現內蒙古赤峰學院任教，任蒙古歷史專業主任、蒙古文史學院副院長等職。

　　發表學術論文四十多篇。主持完成了國家哲學社會科學基金項目:《舊檔》史料在《老檔》、《實錄》中的流傳── 1626 年前滿蒙關係史料比較研究，批號:06xzs004。赤峰學院引進人才基金項目:《清代翁牛特部落研究》。正在主持國家哲學社會科學基金項目:《明末清初遼河流域人文地理變遷史研究》，批號：11xzs016。參與教育部項目一項。出版學術專著有《滿蒙關係史料研究》2008 年，《清代翁牛特部歷史文化》(《翁牛特旗文史資料集》主編 2011 年)，蒙文高等院校教材《北方民族史》(主編 2012 年)。

提　　要

　　本書首先說明清初「滿蒙關係」史料及研究概況。觀察國內外學者對這一問題或相關問題以及滿蒙關係史料研究概況加以分析。

　　說明三方面問題（1）清初滿蒙關係及史料；（2）《舊滿洲檔》、《滿文老檔》、《清太祖實錄》整理與研究概況；（3）《舊滿洲檔》、《清太祖武皇帝實錄》、《滿文老檔》的研究意義和重點問題。

　　第二，《清太祖武皇帝實錄》與《舊滿洲檔》史料比較。《舊滿洲檔》、《清太祖武皇帝實錄》兩部史料中的相關內容進行挑選，按時間順序列出，並拉丁轉寫和翻譯，比較它們間的異同，對人物事件進行考證。

　　主要以蒙古三個部來比較（1）有關喀爾喀部史料之比較；（2）有關科爾沁部史料之比較；（3）有關察哈爾部史料之比較。

　　第三、《舊滿洲檔》與《滿文老檔》中滿蒙關係史料的流傳。主要對《舊滿洲檔》、《清太祖武皇帝實錄》、兩部史料中的相關內容進行挑選，按時間順序列出，並拉丁轉寫和翻譯，比較它們間的異同，對人物事件進行考證。《舊滿洲檔》、《滿文老檔》兩部資料的史料價值以及它們之間關係的進行分析。

　　主要以蒙古三個部來比較。(1)內喀爾喀部史料在《舊滿洲檔》與《滿文老檔》中的流傳。(2)科爾沁部史料在《舊滿洲檔》與《滿文老檔》中的流傳。(3)察哈爾部史料在《舊滿洲檔》與《滿文老檔》中的流傳。

　　第四、主要對《舊滿洲檔》、《清太祖武皇帝實錄》、《滿文老檔》三部史料的史料價值以及它們之間關係的進行分析。

　　說明了五個方面的問題（1）《舊滿洲檔》、初纂《太祖實錄》的編寫及相關問題。(2)初纂《太祖實錄》與《武皇帝實錄》、《滿洲實錄》間的關係。(3)《太祖實錄》其他文本的編纂概況及相關問題。(4)《滿文老檔》的編寫概況。(5)《舊滿洲檔》、《武皇帝實錄》、《滿文老檔》評述。

　　第五、對該文進行全面總結，研究中得到的體會。

目
次

凡　例

　　《舊滿洲檔》，由臺灣故宮博物院影印出版，1969 年。

　　《滿文老檔》，據崇謨閣本，日本東洋文庫拉丁轉寫本，1955－1958 年。

　　漢譯《滿文老檔》，中國第一歷史檔案館、中國社會科學院歷史研究所翻譯，中華書局 1990 年出版。

　　重譯《滿文老檔》，據崇謨閣本重新翻譯，遼寧大學歷史系 1979 年。

　　【　】《舊滿洲檔》中殘缺文字和內容。

　　\斜槓表示史料比較單位。

　　\斜槓後面滿文黑體字爲《舊滿洲檔》內容。

　　\斜槓後面漢文黑體字爲漢譯《舊滿洲檔》相應內容。漢譯基本依據中國第一歷史檔案館、中國社會科學院歷史研究所漢譯《滿文老檔》，同時參考東洋文庫叢刊第十二《滿文老檔》太祖 1-3。對有歧異的漢譯，另行漢譯。

　　置於句子之後的図爲《太祖實錄》無，《舊滿洲檔》有的內容，所屬史料單位用\斜槓分開；

　　置於句子之後的✂爲《太祖實錄》有，《舊滿洲檔》無的內容，所屬史料單位用\斜槓分開；

　　〔　〕中文字爲《舊滿洲檔》中被刪，但還能認出的文字。

　　：冒號前的阿拉伯數字表示《舊滿洲檔》的頁數，冒號後面的〔　〕號中的阿拉伯數字表示行數。

　　滿文原文、蒙古文原文採取學術界通用拉丁字轉寫法加以轉寫。

第一章 清初「滿蒙關係」史料及研究概況

第一節 清初「滿蒙關係」及其史料

　　16 世紀末、17 世紀初，女眞族崛起，建立了愛新國，進而摧毀了明朝遼東軍事力量，成爲中國歷史上又一個強大的北方民族政權。由此引起明朝、愛新國、蒙古以及朝鮮之間力量對比的巨大變化，愛新國取代明朝，成爲吸引東蒙古諸部的政治中心。經過這一歷史階段，女眞族和蒙古族的社會歷史地位發生了巨大的變化：活躍在中國北方近四百年的蒙古族政權走向末路；延續千年的草原游牧文明，從此漸漸失去它的輝煌。女眞族却在其傑出領袖努爾哈赤的帶領下，實現了民族的統一，創建了國家政權，掙脫了北元勢力的控制和明王朝的統治，一躍成爲獨霸遼東，與明朝相抗衡的強大政治力量。在這一時期，蒙古林丹汗控制的察哈爾諸部、成吉思汗胞弟哈撒兒等元代東道諸王後裔諸部、內喀爾喀諸部和喀喇沁萬戶諸部之間形成了錯綜複雜的關係，其主線是試圖加強蒙古大汗權威的林丹汗與長期習慣於割據一方的蒙古貴族之間的矛盾與鬥爭。同時，這些蒙古部落與愛新國之間又形成了同樣錯綜複雜的關係，焦點是新興的愛新國與強大的林丹汗爭奪對漠南蒙古各部的統治權。所有這些，構成了清初內容極爲豐富而複雜的歷史畫卷，而女眞愛新國與蒙古諸部之間的關係構成這一畫卷的主要內容。

　　詳細研究和探索這一時期女眞愛新國與蒙古關係中的政治、經濟、軍事、人文等諸問題，不僅可以豐富明末清初蒙古高原和東北地區的歷史內容，還

能澄清許多中國古代史和民族史研究中尚未解決的重大疑難問題，爲這一階段社會歷史全面研究做出貢獻。

圍繞清初滿（女眞）蒙關係的許多方面，學者們付出了辛勤勞動，取得了不少研究成果。但他們的收穫主要依靠明朝漢文文獻資料以及少量的蒙古文編年史和朝鮮李朝漢文文獻。其中漢文史料內容豐富、種類繁多，尤以明前期、中期中央和地方官員爲邊政和防務而撰寫的各種文獻資料占大量篇幅。這些資料對研究明前中期與女眞、蒙古的關係有很高的史料價值。但是到了明末清初，明朝政治腐敗，明遼東軍事勢力日趨衰敗，有關這一時期的文獻記錄則日漸稀少，加之謊報軍情等現象的出現，很難爲明末清初滿蒙關係的研究提供足夠的、可靠的歷史記錄。相反，在同一時期隨著社會歷史的變化，滿族日漸強盛，滿文文字的創制和愛新國政權建立，加深了滿蒙之間交往，開始有大量的滿文和蒙古文書往來。這些文書中不乏各種政治、軍事、經濟、文化、宗教活動的重要記錄。這些記錄，當時的滿洲語稱作 ejehe dangse（記錄了的檔冊），是清初愛新國歷史的直接記錄，爲研究明末清初滿蒙關係提供了極爲重要的史料依據。

這些檔冊，以編年體形式記錄了當時愛新國的重要事件，既有筆帖式（書記官）的概括記錄，又有當時各種往來文書原件、法令、誓詞全文抄錄。其詞語樸實、準確，未有修飾。史料的眞實性和原始性超出後世任何一般文獻資料。

明清時期檔案的收藏，以北京中國第一歷史檔案館和臺北故宮博物院最爲豐富。學界有論：以清朝內閣檔案爲主的清代檔案「是近代直接史料的大本營」，它的史學價值和地位可與甲骨文媲美。〔註 1〕但這些檔案資料還沒有完全被發現和整理，公佈者更少。尤其是關係到清初滿蒙關係的滿文、蒙古文檔案資料大部分還在整理、研究當中。

有關清初滿蒙關係的清代滿蒙文檔案資料非常豐富，從上世紀六十年代開始陸續得到整理和公佈，爲學界提供了可靠的研究資料。

〔註 1〕 顧頡剛：《禹貢學會的清季檔案》，載《明清檔案論文選編》58 頁，檔案出版社，1985 年。據劉子揚、朱金甫、李鵬年《故宮明清檔案概論》一文，清朝內閣檔案是故宮明清檔案之一部，故宮明清檔案除清朝內閣大庫檔案外，還有清軍機處方略館大庫檔案，清國史館——清史館大庫檔案，宮中各處檔案以及清代宮外各衙門和一些私人所存的檔案等六個方面。總藏量九百多萬件（冊）。載《明清檔案論文選編》193 頁，檔案出版社，1985 年。

　　《蒙文老檔》，原藏清內閣衙門，現存於中國第一歷史檔案館，發現於 20
世紀初，包括清朝「內秘書院檔」、「蒙古堂檔」內的蒙古文檔案及「內閣留
存蒙古文折件」、「內閣留存理藩院記事檔」。因為這部分蒙古文檔案多係清初
形成，所以被籠統稱為《蒙文老檔》。20 世紀八十年代，中國第一歷史檔案館
和內蒙古自治區檔案館合作，曾對該《蒙文老檔》作過初步的整理和編目。
從 1994 年起，中國第一歷史檔案館再次對這部分蒙古文檔案進行系統的整
理，將其分為「內閣留存蒙古文折件」、「內閣留存理藩院記事檔」、「內秘書
院內翰林院蒙古文檔簿」和「內閣蒙古堂檔」等四個部分。其中「內閣留存
蒙古文折件」61 件，「內閣留存理藩院記事檔」50 件，已於 1997 年由中國第
一歷史檔案館李保文編輯，以《十七世紀蒙古文文書檔案》（1600～1650）之
名，由內蒙古少兒出版社影印出版。

　　為了進一步開發和利用清代蒙古文檔案，中國第一歷史檔案館、內蒙古
自治區檔案館、內蒙古大學蒙古學研究中心合作整理所有「內秘書院內翰林
院蒙古文檔簿」，以《清初內國史院蒙古文檔案彙編》之名彙集成冊，由內蒙
古人民出版社出版。輯入本「彙編」的檔案共 33 冊，計 2000 多件，起止時
間為崇德元年（1636）至康熙九年（1670）。至今已出版 8 冊。其內容主要反
映清王朝與漠南蒙古、漠北蒙古、新疆、青海和西藏等地區的政治、經濟、
軍事、民族、宗教、文化等方面的關係，以及清王朝對以上地區統治政策和
當時發生的重大事件等，具有極高的史料價值。

　　《清內閣蒙古堂檔》，總計 113 冊，13000 多頁。內容涉及康熙十年至乾
隆初年清廷與漠北喀爾喀蒙古各部、衛拉特蒙古各部以及青藏僧俗高層與清
朝皇帝、理藩院的往來文書的抄件和滿文翻譯件。內容極為豐富。這一部分
蒙古文檔案還沒有被人系統利用，史料價值和研究價值極高。現由寶音德力
根教授、烏雲畢力格教授等主持整理，2005 年由年由內蒙古人民出版社影印
出版，共 22 冊。

　　除以上蒙古文檔外，還有一部分清初期滿文檔對研究清初滿蒙關係有較
高的史料價值。

　　《逃人檔》或《盛京滿文逃人檔》，共 140 件，現存中國第一歷史檔案館，
屬太祖和太宗朝時期用無點圈滿文書寫於《明會典》漢文行距之間的原始文
檔，形成於 1626～1630 年間，以年月日的順序記載了愛新國人民外逃或蒙古、
明朝人民逃入愛新國的詳細情況。各件左上方用無點圈滿文寫有「ara」（義為

「抄錄」或「寫」）或者「ume」（「不抄錄」或「不寫」）等字樣。凡寫有「ara」的均被抄錄到入關前編寫的《舊滿洲檔》，並對原件文句作了刪改和增補。由此可以認定這部分檔案是《舊滿洲檔》的資料來源之一。中國第一歷史檔案館在《清代檔案史料叢編》第十四輯（中華書局 1990 年）中整理出版了這部分檔案。

《盛京滿文清軍戰報》，現存中國第一歷史檔案館，包括滿文木牌和紙寫檔案兩部分。其中，《滿文木牌》28 件，屬戰報，記錄崇德元年（1636 年）阿濟格率八旗兵，在北京周圍與明軍作戰時攻克城堡、俘獲物品的數目，以及統兵之王、貝勒下達的命令等情況。〔註 2〕《紙寫檔案》共 104 件。崇德元年至八年間形成。是由統率清軍征明之王、貝勒將各軍呈送的戰報匯總後上奏閱覽之文件。由中國第一歷史檔案館在《清代檔案史料叢編》第十四輯（中華書局 1990 年）中整理出版。

《盛京吏戶禮兵四部文》，清入關前之吏、戶、禮、兵部部文，現存三十八件。內容多記載補放文武官員之缺，奏報各軍出征攜來俘獲物品數目，賞賜出征官兵對象數目，制定朝見、祭祀禮儀，宴請中外來朝官員，審察八旗倒斃馬匹數目，封爵定婚，清軍行獵、換防、處分曠職官員等。有些內容涉及蒙古人及蒙古官員的事情。中國第一歷史檔案館在《清代檔案史料叢編》第十四輯（中華書局 1990 年）中整理出版。

《清初內國史院滿文檔案》是中國第一歷史檔案館藏入關前的（天聰朝十八冊、崇德朝二十九冊）和順治朝（順治元年至順治十八年）內國史院編寫的國史檔案。內容大量涉及清初滿蒙關係。由第一歷史檔案館組織力量選譯爲漢文，於 1989 年由光明日報出版社出版。

這些滿文、蒙古文檔案，作爲滿州（女真）和蒙古各部間往來的文字見證，不僅成爲研究清初滿蒙關係的第一手資料，還可藉以考證清初官方文獻的形成情形，進而可以以此評判清代官修史籍的可靠性和其史料價值。

清初有關滿蒙關係檔案資料中除了上面提到的以外，還有一份特殊檔

〔註 2〕 松村潤研究該滿文牌（《關於崇德元年的滿文木牌》《日本大學人文科學研究所紀要第》13 號，1971 年），逐一檢查了崇德元年和崇德三年的木牌上所記載的事項，明確其內容是清遠征明朝時各旗、各人戰功記錄。崇德元年木牌在《滿洲原檔》（《舊滿洲檔》）編成之際作爲原始資料使用。據李勤璞的研究（《關於天聰五年正月蒙古文信牌》，載《八旗制度與滿族文化》，遼寧民族出版社，2002）這些木牌今收藏瀋陽故宮博物院。

案－tongki fuka akū hergen-i dangse,即《無點圈文檔》，或稱《舊滿洲檔》。它是現存唯一一部記錄愛新國時期（1607～1636）政治、軍事事件的較完整的檔案彙編，不僅爲研究清初滿蒙關係的詳實資料，而且也是考訂 tongki fuka sindaha hergen-i dangse，即《滿文老檔》和《太祖實錄》等文獻的可靠依據。

《舊滿洲檔》1931 年從原清朝內閣大庫發現 37 冊，1935 年又發現 3 冊（天命九年、天聰六年、天聰九年各 1 冊），共 40 冊。在日本侵華戰爭以及國內戰爭期間，這些檔案與其他文物，幾經輾轉，最終被臺灣故宮博物院收藏。1969 年臺北故宮博物院影印出版，起名爲《舊滿洲檔》。《舊滿洲檔》（本文以下統稱《舊滿洲檔》），編年體，用無點圈滿文（所謂老滿文）和有點圈滿文（所謂新滿文）、蒙古文記寫太祖、太宗兩朝政治和社會活動，是滿洲人自己書寫自己歷史的最早記錄之彙編。內容涉及 1607～1636 年間女眞愛新國的政治、軍事、外交等問題。記寫者爲噶蓋、達海、剛林等愛新國文房諸筆帖式。大多數內容按時間順序以編年體形式編寫。《舊滿洲檔》內容層次不同，有的是原寫內容，是最原始的筆錄；有的是重抄內容，是對原始內容的忠實抄寫。有的是重寫內容，即把原寫內容中的一部分有目的地挑選出來，進行增添或改寫。所以《舊滿洲檔》既有原始檔案面貌，又有經後人改動的內容，情況較爲複雜，需要分別對待。這與前述滿蒙文檔案不同。但其內容，有許多是現存滿蒙文檔案所沒有的。

因年久破損，乾隆年間將這部《舊滿洲檔》抄寫成有點圈文字本和無點圈文字本共 7 部，各 180 冊，貯藏在內閣大庫（今藏在中國第一歷史檔案館，稱大黃綾本）和盛京崇謨閣（今藏遼寧省檔案館，稱小黃綾本）、故宮上書房等處。〔註3〕其中崇謨閣藏的有點圈本，1905 年由日本學者內藤虎次郎（號湖南）　發現後拍片帶回日本，後來將其拉丁字轉寫並翻譯成日文，以《滿文老檔》之名從 1955 年開始到 1963 年在日本出版。原內閣大庫所藏有點圈本，經中國第一歷史檔案館和中國社會科學院歷史研究所譯注，由中華書局於 1990 年出版，也稱《滿文老檔》。遼寧大學歷史系根據崇謨閣藏本進行翻譯，以《重譯滿文老檔》之名於 1979 年內部印行。這些抄本和譯本固然方便了讀者，但其中的問題，我們不能不注意：抄寫本《滿文老檔》最大的問題是對原檔的有些內容做了刪改。

〔註3〕　閻崇年：〈《無圈點老檔》及乾隆朝鈔本名稱詮釋〉《滿學論集》，民族出版社，1999 年。

在沒有發現和利用《舊滿洲檔》及其他滿蒙文檔案之前，研究者並不大重視檔案資料的開發和利用，主要依靠官方文獻加以研究。如研究早期滿蒙關係，則利用乾隆朝定本《太祖高皇帝實錄》所提供的信息和內容。但到 20 世紀 90 年代爲止，研究者陸續得到了順治朝滿漢文《太祖武皇帝實錄》、乾隆朝滿蒙漢文《太祖高皇帝實錄》、康熙朝漢文《太祖高皇帝實錄》、滿蒙漢文《滿洲實錄》、漢文《太祖武皇帝弩兒哈齊實錄》等不同本子來開展研究。那麼，從文獻學角度而言，《太祖實錄》到底共有多少種本子？各本之間關係怎樣？哪個本子史料價值最高？其史料來源究竟如何？這些問題亟待得到解答。

爲此，從上世紀前期開始，學者們爲弄清清朝開國皇帝努爾哈赤《實錄》的各種文本內容及它的形成過程，進行過反覆的探討。從而《清太祖實錄》研究成了國際性的研究課題。但因種種原因，近百年的研究結果始終不能使人滿意。還有必要繼續系統地研究各本內容的形成及各本之間的異同，探索《清太祖實錄》的史料來源，以確定其史料價值。

從崇德年到乾隆年間，《太祖實錄》幾經修纂，流傳到今世的只不過有順治、康熙和乾隆朝本，而且滿蒙漢三種文本並不具備，所以難以辨別其源流和澄清修訂過程。就各朝文本之間的差異，人們往往以爲僅僅是格式、文字、語法上的變化而已，但我們更應該考慮各文本間內容上的差異，注意所記錄的內容和原始記錄間有沒有實質性改變等多方面問題。爲此，我們應當利用上述最原始的記錄，對《太祖實錄》進行仔細的對比驗證，以求其史料價值。

今天一般認爲，《太祖實錄》的史料大多來自《舊滿洲檔》，而《舊滿洲檔》基本上由滿文或蒙文原始文書檔案及日常記錄彙編而成。所以《舊滿洲檔》多數記載屬第一手資料，與《太祖實錄》的關係是檔案與文獻的關係。作爲封建王朝帝王的所謂《實錄》，《太祖實錄》能否全面、眞實地反映清朝開國皇帝努爾哈赤一生經歷？是否能全面反映清初太祖朝時期滿、蒙、漢、鮮等民族間複雜的關係？這也是如今《太祖實錄》吸引我們去研究和考證的原因。

綜上所述，《舊滿洲檔》在研究清初滿蒙關係及考訂《實錄》、《老檔》等文獻的時候，具有其他資料無法替代的價值。它的內容不僅拓寬了我們的視野，而且爲更深刻地瞭解清初社會歷史奠定了基礎。當然我們並不否定檔案和文獻各有各的風格、特點、價值，檔案提供原始記錄，文獻則對事件提供

較爲系統完整的描述。二者緊密結合可以使我們的研究更能獲得成果。

第二節　《舊滿洲檔》、《滿文老檔》、《清太祖實錄》
##　　　　的整理及研究概況

作爲清代重要檔案和文獻，《舊滿洲檔》、《滿文老檔》和《太祖實錄》的整理、研究工作，開始於 20 世紀初。最早對《舊滿洲檔》、《滿文老檔》和《太祖實錄》的整理和相關問題研究的發起者是日本人。1905 年，日本人內藤虎次郎在盛京崇謨閣發現乾隆年間抄寫的《舊滿洲檔》的抄本《滿文老檔》的加圈點本和無圈點本及乾隆朝抄寫的《滿洲實錄》等重要書籍。並於 1906 年他在《早稻田文學》上發表《在奉天宮殿看到的圖書》一文，開始了他對這些文獻的研究工作。在日本最早對《滿文老檔》進行日譯的是藤岡勝二，他於 1920 年開始翻譯，1939 年完成。雖然未能全部出版發行，但爲後來東洋文庫本的翻譯出版奠定了基礎。30 年代京都大學教授羽田亨、今西春秋、三田村泰助等人參照北京故宮博物院藏《滿文老檔》，對崇謨閣《滿文老檔》進行翻譯，1943～1944 年在滿鐵大連圖書館發行的雜誌《書香》連載。但由於特殊年代，他們所翻譯的《滿文老檔》未能全部刊行。戰後，日本成立「滿學研究會」，對《滿文老檔》繼續進行翻譯，1958 年完成太祖部分，1963 年完成太宗部分的日譯和注釋，以《滿文老檔》書名公開出版。1972（昭和四十七年）和 1974 年（昭和五十年）年東洋文庫清代史研究室在東洋文庫叢刊第十八日譯注釋出版天聰九年（1635 年）原檔，題爲《舊滿洲檔》。

日本學者整理、翻譯《滿文老檔》的同時，也陸續發表相關研究論文，如：內藤虎次郎《清朝開國期的史料》（1912 年，《藝文》第三年 12 號），鴛淵一《舒爾哈齊之死》（1932 年《史林》第 17 卷，第 3 號）、《褚英之死》（1933 年《史林》第 18 卷，第 2 號），三田村泰助《天命建元的年次——太祖滿文老檔的考察》（1635 年《東洋史研究》第 1 卷第 2 號）、《滿珠國成立過程的一個考察》（《清朝前史の研究》東洋史研究叢刊之十四。京都大學文學部內、東洋史研究會昭和四十年初版，昭和四十七年再版），松村潤《關於無點圈檔》（《滿學研究》第三輯，民族出版社 1996 年），今西春秋《滿文老檔重抄年次》（《東方紀要》Ⅰ，1959 年），小倉進平、金田一京助、服部四郎《〈滿文老檔譯稿〉序》（《滿學研究》第四輯，民族出版社 1998 年）。

　　同時日本學者對《太祖實錄》也進行研究，其中較爲突出的有今西春秋、神田信夫、松村潤、三田村泰助等人。

　　今西春秋對《清太祖實錄》各種文本進行研究，尤其對《滿洲實錄》的研究更爲突出。1938年完成盛京崇謨閣藏《滿洲實錄》（滿文本）的日譯，寫出了《滿和對譯滿洲實錄》（日滿文化協會，新京1938年）。後來又對《滿洲實錄》的蒙古文內容進行日文對譯，並以《滿和蒙和對譯滿洲實錄》之名在1992年，刀水書局出版。兩本書的前言寫於昭和十三年（1938），對《滿洲實錄》的編纂年代、滿文內容以及史料價值提出了自己的見解，並發現《滿洲實錄》的漢文本與漢文《清太祖武皇帝實錄》完全相同。甚至提出《滿洲實錄》的滿文本來自初纂《太祖實錄》，《滿洲實錄》根據初纂《太祖實錄》而形成等觀點。但他的《太祖實錄》最早或初纂本是《太祖武皇帝實錄》的看法有明顯的錯誤，因爲他此時尚未看到滿文《清太祖武皇帝實錄》，所以他還沒有弄清初纂《太祖實錄》與《滿州實錄》和《清太祖武皇帝實錄》之間關係。《武皇帝實錄的原典》（東西學術研究所論叢四十。關西大學東西學術研究所。1960年）一文中對華盛頓本（爲避免戰爭送往美國的北京圖書館善本書照片）和另一個北京圖書館本和《滿州實錄》的所用文字、語法間進行比較。指出三本中北京本爲最早一部。他還著有《關於我國傳存清實錄》（稻葉博士還曆紀念，滿鮮史論叢，1937年）等文章。

　　三田村泰助寫有《滿文清太祖實錄のテキスト》〔滿文清太祖實錄的原文〕（《清朝前史の研究》東洋史研究叢刊之十四。）。作者對昭和十年（1935年）日滿文化協會刊行的乾隆朝重抄《滿洲實錄》，舊北平京師圖書館藏善本縮微膠捲中的《滿文滿洲實錄》——國會圖書館本（戰後從美國議會圖書館送給日本國會圖書館），《滿文書籍聯合目錄》中的《清太祖武皇帝實錄》（發現於民國二十六年）本三者之間進行比較研究。國會本與《清太祖武皇帝實錄》本的前段內容殘缺，從己亥年開始，而且框架、行數、寫法、字體、標點完全一樣，但各行中所含字數不同。國會本與《滿洲實錄》本在各行中字數不同，卷數則同樣是八卷本，而《清太祖武皇帝實錄》是四卷本。標點上，《滿洲實錄》較規範，國會本、《清太祖武皇帝實錄》較混亂。綴字法不同，《滿洲實錄》用加點圈文字，國會本含古體字。固有名字的表現上不同，國會本寫法接近《滿文老檔》，如：給明朝和蒙古的書信中國會本表示尊敬之意，而《滿洲實錄》已經改變，康熙二十一年太祖實錄重修時有變化，如：「滿洲衛

馬法足下」改成「滿洲國主足下」等。他認爲《實錄》內容形成過程應該爲
《滿文老檔》－《滿文實錄》－《漢文實錄》。

《清太祖實錄の纂修》（《清朝前史の研究》東洋史研究叢刊之十四）認
爲《太祖實錄》內容大致來自乾隆重抄《滿文老檔》（指滿文老檔）。而老檔
和它原檔，內容從丁亥年（1607）開始，這以前內容是從什麼地方來的呢？
作者根據羽田亨博士藏《世管佐領執照》（hulun buir bai jalan halan bošoro nirui
janggin batma-i temgetu bithe）一份文中提到的個別詞語來考訂太祖實錄除老
檔、原檔（《滿文老檔》和《舊滿洲檔》）外還利用過此類原始檔案內容。

上原久《滿文滿洲實錄研究》（不眛堂書店，1960），根據昭和十年舊日
滿協會影印本《滿洲實錄》指出該本中滿、蒙、漢三文間的語法及翻譯上的
缺陷和差異。並提出對今西春秋用拉丁文轉寫本中的音寫錯誤。

松村潤的《清太祖實錄研究》（東北アジア文獻研究叢刊 2，2001 年）代
表著目前日本學者對《太祖實錄》研究的最高水平。利用「內國史院滿文檔」
等新資料，較全面地論證了《清太祖實錄》編纂過程，對各個時代編纂背景、
內容、名稱等作了細緻的考證。他還對《舊滿洲檔》、《滿文老檔》、《內國史
院檔》進行比較，考證《太祖實錄》中神話故事的由來，指出《太祖實錄》
中的三仙女神話故事內容應是順治朝修繕時加進，故事應該來自天聰九年
（1635）來歸的扈爾哈（Hūrga）部叫穆科希克（Muksike）的人講的故事。本
文另還對《滿洲實錄》的兩種本，崇謨閣藏昭和 10 年舊日滿文化協會影印刊
行的《滿洲實錄》本和今西春秋編《滿和對譯滿洲實錄》本進行了對比研究。

20 世紀初期的中國政治與社會動蕩，影響了中國學術界的正常運作和發
展，雖然學者們從 20、30 年代開始了對《舊滿洲檔》、《滿文老檔》、《太祖實
錄》的研究，然而進展不大。只有到了 80 年代才有人開始了全面系統的研究。

在國內對《舊滿洲檔》的研究，最早由金梁開始。1916～1918 年，他組
織通識滿文者十餘人，歷經二載，完成了對崇謨閣《滿文老檔》的漢譯，分
編百卷。1924 年，「因卷帙過多，校刊非易，遂擇要摘錄，名曰《滿洲老檔秘
錄》，分上下兩卷，先付繕印。此不及全書二十分之一。」〔註4〕1929 年以《滿
洲老檔秘錄》爲名再刊，1933 年再次出版。1935 年，在故宮博物院刊物《故
宮周刊》上以「漢譯滿洲老檔拾零」爲題，連續刊登了金梁譯稿的全部內容。
金梁翻譯的《滿文老檔》手稿今收藏在中國第一歷史檔案館。而後過了近半

〔註4〕 金梁等譯：《滿洲老檔秘錄》序。北京鉛印線裝本。

個世紀，在 70 年代末遼寧大學歷史系在「清初史料叢刊第一種」中出版了《重譯滿文老檔》（太祖朝第一分冊　1978 年，太祖朝第二分冊　1979 年，太祖朝第三分冊 1979 年，）。「清初史料叢刊第二種」中出版了《漢譯滿文舊檔》（太宗天聰九年檔 1979 年）。之後，中華書局於 1990 年出版了故宮藏乾隆朝抄本（加圈點）的漢譯本《滿文老檔》。

　　《舊滿洲檔》被發現後，1969 年臺北故宮博物院分十冊影印出版其全部內容。《舊滿洲檔》的公開，解開了人們過去對《滿文老檔》內容的懷疑和猜測，為研究太祖、太宗朝歷史提供了可靠依據。〔註 5〕此外，中國學者發表的相關論文有：閻崇年「論《滿洲老檔》」（《滿學研究》第 4 輯），佟永功「述崇謨閣《滿文老檔》」（《滿學研究》第 4 輯），趙志強、江橋「《舊滿洲檔》及乾隆抄本補絮」（《滿學研究》第 4 輯），白洪希「崇謨閣與《滿文老檔》」（《滿學研究》第 4 輯），周遠廉《滿文老檔》與清朝開國史研究」（《明清檔案與歷史研究》上），巴根那「天命十年八月至天聰三年二月科爾沁部與愛新國聯盟──滿蒙原文文書檔案及其在《清實錄》中的流傳」（《明清檔案與蒙古史研究》1，內蒙古人民出版社 2000 年），關孝廉「《滿文老檔》特點及其史料價值」（《滿學研究》第 4 輯）、「論《滿文老檔》」（《明清檔案與歷史研究》上）、「《滿文老檔》原本與重抄本比較研究」（《明清檔案與歷史研究論文選》上）、「《盛京老檔》原本與重抄本比較研究」（《明清檔案與歷史研究論文選》上），魏彌賢「《〈舊滿洲檔〉與〈加點圈檔〉》索校前言」（《滿學研究》第 4 輯，1998 年），劉厚生「從《舊滿州檔》看《滿文老檔》中的偽與誤」（《清史研究》1991．4）等。

　　國內對《太祖實錄》整理工作始於民國年間。《清太祖實錄》中滿文《清太祖武皇帝實錄》正本藏於北京第一歷史檔案館，北京圖書館本（僅後三卷）和臺北本是抄寫本。漢文正本和寫本共三部十二冊，貯藏在臺北。〔註 6〕蒙古文本到目前為止還沒被發現。康熙朝修《太祖實錄》滿文本藏中國第一歷史檔案館。漢文本日本有五種，國內有羅振玉刊行《太祖高皇帝實錄稿本三種》。

〔註 5〕　陳捷先：《舊滿洲檔》前言。廣祿、李學智：〈《清太祖朝老滿文原檔譯注》序》〉（《滿學研究》第 4 輯，民族出版社，1998 年）。

〔註 6〕　臺北國家圖書館藏《太祖實錄》以每部為一組的規律重新編了號：a 部為：A1（卷一）A2（卷二）A3（卷三）A4（卷四）；b 部為：A5（卷一）A6（卷二）A7（卷三）A8（卷四）；c 部為：A9（卷一）A10（卷二）A11（卷三）A12（卷四）。其中 A2、A3、A4、A9 是正本其餘是抄本。詳松村潤《清太祖實錄研究》，東北亞文獻研究叢刊 2，2001 年，東北亞文獻研究會發行。

乾隆朝《太祖實錄》滿漢蒙文本中國第一歷史檔案館藏。1930 年，遼寧通志館影印崇謨閣藏《滿洲實錄》漢文內容和圖畫，削去滿蒙文內容。1933 年羅振玉整理影印《〈太祖高皇帝實錄〉稿本三種》，所繫康熙重修《太祖實錄》部分內容。1934 年北平刊行國學文庫本《滿洲實錄》漢文內容。同年金毓黻在《遼海叢書》收入了通志館本《滿洲實錄》。1938 年偽滿洲國政府影印了崇謨閣藏《清實錄》全部內容，以《大清歷朝實錄》之名刊行。民國時期二十一年一月（1931 年）排印了故宮藏《清太祖武皇帝實錄》。1969 年（民國五十八年）臺北臺聯國風出版社出版該本的影印本。1959 年臺灣華文書局根據《大清歷朝實錄》出版了《大清滿洲實錄》、《大清太祖高皇帝實錄》合訂本。

臺灣文海出版社在《近代中國史料叢刊》中以《清太祖努爾哈赤實錄》為名出版了《大清太祖高皇帝實錄》。臺灣廣文書局影印藏臺灣故宮博物院（原故宮藏）《清太祖武皇帝實錄》本。

1986 年中華書局以據乾隆朝定本以《清實錄》為名出版《滿洲實錄》和《太祖實高皇帝實錄》。中國人民大學出版社 1984 年根據故宮博物院排印本在《清入關前史料選輯》中載入了《清太祖武皇帝實錄》。上海書店 1989 年據 1931 年故宮博物院排印本影印出版《清太祖努爾哈赤實錄》。

2001 年內蒙古大學出版社出版了齊木德道爾吉、巴根那編《清朝太祖太宗世祖朝實錄蒙古史史料抄——乾隆本康熙本比較》。這是本世紀初對清實錄研究整理一大成果，極大地方便了對清前三朝實錄中滿蒙關係史料的運用。

對《清太祖實錄》的研究，孟森著「康熙重修太祖實錄跋」（孟森著《清代史論著集刊》中華書局，1959 年），說明太祖實錄幾種版本的編纂過程。認為，「初纂《太祖實錄》成書於太宗九年，先成太祖戰績圖，每圖帶說。即成，而又摘圖中之說，別為一本。兩皆名之曰武皇帝實錄。」康熙重修太祖實錄稱為《高皇帝實錄》。乾隆定本《高皇帝實錄》，其修改之動議，是雍正末年。

莊吉發《國立博物院典藏清代檔案述略》（《清代史料論述》一，文史哲出版社中華民國六十八年），講述國立故宮博物院藏清代各種檔案數目、清代國史院的設立及所在地。當時編纂《實錄》的過程及收藏的規章制度。其中探討了《太祖實錄》的編纂過程、最早編寫的《太祖實錄》的內容、風格及後來的變化和最後的定型等問題。

莊吉發「文獻足徵——〈滿文原檔〉與清史研究」（《滿學研究》第 4 輯 1998 年）一文認為，天聰九年（1635）八月，畫工張儉、張應魁繪《清太祖

實錄》告成，因與歷代帝王實錄體例不合，由內國史院以滿蒙漢三體文字改編實錄，去圖加謚，於崇德元年（1636）十一月成，稱《太祖武皇帝實錄》，即《清太祖實錄》初纂本。

徐丹俍「努爾哈赤實錄考源」（《滿學研究》第 1 輯，吉林文史出版社 1992年）認為，努爾哈赤實錄最初完成的是圖畫本，名為《太祖實錄圖》或《英明汗實錄圖》，天聰九年八月完成。而不久完成以文字為內容的實錄。而且《太祖實錄》經過乾隆朝進行修改以後另出現《滿洲實錄》，即所謂的「實錄八冊」。另外還對《太祖太后實錄》進行考證，認為只是個名稱變更而已，並沒有實質性內容的變異。

徐丹俍「《清太祖實錄》考評」（《滿學研究》第 2 輯，1994 年）一文，對《太祖高皇帝實錄》康熙朝重修十二卷和雍正朝十三卷兩種文本進行了比較。認為，在康熙朝至少有五種稿本。其中三本已於 1933 年由羅振玉刊出。另兩種是：一是上世紀 30 年代從故宮發現的滿文《太祖高皇帝實錄》，是康熙皇帝御覽的小本。另一是北京圖書館從社會上購入的題簽為《皇朝實錄》中的《太祖實錄》本。此外，在日本還有四種名為《大清太祖承天廣運聖德神功肇紀立極仁孝睿武弘文定業高皇帝實錄》。但不是正本，屬於傳抄之本。進而指出《清太祖武皇帝實錄》和《高皇帝實錄》的各自優點和特點。

齊木德道爾吉「滿文蒙古文和漢文《清太祖實錄》之間的關係」（內蒙古大學學學報，2003 年 1 期），用蒙古檔、滿文檔的內容來比較《太祖高皇帝實錄》滿、蒙、漢本中的 1626 年愛新國努爾哈赤與蒙古科爾沁奧巴間的誓詞，說明清太祖實錄幾種文本間內容的差異。指出三種文字實錄在編寫時現將滿文原件根據實錄編寫需要撰寫為滿文實錄體文字，在此基礎上譯成漢文，最後從漢文譯成蒙古文的觀點。

齊木德道爾吉〈關於康熙本《三朝實錄》〉（內蒙古大學學學報，2002 年3 期）。文中用天聰二年皇太極致科爾沁部土謝圖汗奧巴的蒙古文文書和皇太極致喀喇沁部落議和誓言蒙古文文書來對康熙朝修三朝實錄（太祖、太宗、世祖三朝）和乾隆定本《三朝實錄》進行比較研究。指出康熙朝實錄文字書寫和內容敘述上更接近於原檔的觀點。

從近百年研究《舊滿洲檔》、《滿文老檔》、《清太祖實錄》的情況來看，主要以發掘、考證、整理為主。尤其發掘和整理上前輩們付出了寶貴的精力和時間，如：《舊滿洲檔》的發現和影印，《滿文老檔》的翻譯出版等。但對

其內容的系統研究還很欠缺，尤其對新近發現的滿文《清太祖武皇帝實錄》，並沒有開展專門研究。新資料的發現，給我們提出了新問題，要求我們更深刻、更全面地開展研究。現代技術手段和現代史學理論與方法的不斷提高，國內外學術交流的開拓，發現和挽救了更多的即將消失的文獻檔案，這對我們開展清初滿蒙關係史料研究提供了較爲充足的史料來源。雖然本人學識淺薄，但抱著對事業的追求和對學術的眞誠態度，擬以《舊滿洲檔》、《滿文老檔》和《太祖武皇帝實錄》中的有關滿蒙關係資料爲對象，進行文獻學的比較研究，以理清原檔與文獻間的關係及其所反映的諸種問題；尤其針對學術界利用滿蒙文原始原檔欠缺的實際，利用民族史語文學的研究方法，對無點圈和有點圈原始文檔進行直接識讀、解釋和漢譯。在此基礎上，經過與《清太祖實錄》相應記載的比較，以確定其史料價值。

第三節　《舊滿洲檔》、《清太祖武皇帝實錄》、《滿文老檔》研究的意義和重點問題

　　學界從文獻比較的角度研究清初滿蒙關係，還處於初步階段。目前對《舊滿洲檔》、《滿文老檔》、《清太祖武皇帝實錄》這三部重要史書的史料價值進行比較研究的成果還沒有。史學工作歷來重視對史料的科學分析和正確認識，滿蒙關係史料也不例外。上述三部史書對研究清初滿蒙關係具有非常重要的價值，但是由於這三部史書所依據的史料和編寫的環境不同等原因，要求我們對三部史書編撰的不同階段歷史背景有正確的認識和準確的把握。這直接影響到我們對清初社會政治等眾多問題的理解和認識。單從時間上看，《舊滿洲檔》形成的年代最早。愛新國的書房筆貼式們利用文書、筆錄等材料加上部分追述內容，記錄努爾哈赤一生的事迹和相關歷史事件。《清太祖武皇帝實錄》是順治年間清朝統治者按實錄體例給努爾哈赤一生所作的記錄。到了乾隆年間，因《舊滿洲檔》破損嚴重等原因重抄了《舊滿洲檔》，於是就有了《滿文老檔》。雖然這三部史料都以記載努爾哈赤一生事迹爲主，但在三部史書在形成過程中，時代在變遷，社會生活和文化環境在發生著重大變化，特別是清朝最高統治者的意識、觀念的變化，不可能不影響到三部史書的內容。對這些問題的研究和思考不只是一般意義上的史料或文獻學應關注的問題，更應該是眞正歷史研究所不能迴避的嚴肅問題。只要我們正確認識和把

握史料，我們的研究才取得較為理想的成果，對歷史研究能做一份貢獻。

除《舊滿洲檔》以外，保存至今的清太祖時期滿蒙文檔文書等原始資料畢竟為數不多。我們應從文獻學的角度對《舊滿洲檔》進行認真、細緻的比較研究，以便更好地發揮它在歷史研究中的作用。只有對史料有了充分的認識和正確的把握，才能弄清諸如滿蒙關係等一些列重大歷史事件的真實面目。本文在對《舊滿洲檔》和《太祖實錄》、《滿文老檔》進行史料學比較研究時，注意以下幾個方面的問題：一、《清太祖武皇帝實錄》的主要依據是什麼？它的內容來源是什麼？二、《清太祖武皇帝實錄》的內容是否可靠？它在清史研究和滿蒙關係史研究中佔有怎樣的地位。三、與蒙古科爾沁、喀爾喀、察哈爾三部建立盟約，是努爾哈赤一生業績的主要方面。那麼《清太祖武皇帝實錄》怎樣記錄滿洲與蒙古的關係，《舊滿洲檔》與《清太祖武皇帝實錄》在記錄上有什麼差異？哪一個更接近歷史事實；第四，乾隆朝抄錄《舊滿洲檔》是怎樣作的？《滿文老檔》是否完整地抄錄《舊滿洲檔》？還是有其它人為因素裏面？它的史料價值是否能與《舊滿洲檔》相提並論？

第四節　本文的結構

本文由五個部分組成：第一章為前言，敘述清初滿蒙關係及其史料的整理研究情況，第二章是《舊滿洲檔》與《實錄》史料的比較，第三章是《舊滿洲檔》與《滿文老檔》史料的比較，第四章是對《舊滿洲檔》、《滿文老檔》、《清太祖武皇帝實錄》及其相互間關係的認識。

第一章、探討清初滿蒙關係《舊滿洲檔》、《滿文老檔》、《清太祖武皇帝實錄》等史料概況和它們在研究滿蒙關係上的地位作用。第二章比較《舊滿洲檔》和滿漢《清太祖武皇帝實錄》中滿蒙關係史料關係和異同，找出它們的異同。第三章比較《舊滿洲檔》與《滿文老檔》中滿蒙關係史料流傳，所發生的變化。第四章總結《舊滿洲檔》、《清太祖武皇帝實錄》、《滿洲實錄》間關係、特點。

第二、三章為本文的主體部分，有一定的難度，篇幅大。第二章分三節進行：一是比較有關喀爾喀部在《舊滿洲檔》和《清太祖武皇帝實錄》中的記述，二是比較有關科爾沁部在《舊滿洲檔》和《清太祖武皇帝實錄》中的記述，三是比較有關察哈爾部在《舊滿洲檔》和《清太祖武皇帝實錄》中的

記述。三章中按上述順序比較《舊滿洲檔》、《滿文老檔》中這三部蒙古部史料流傳概況。比較中以年爲單元，說明該部記述在《舊滿洲檔》、《清太祖武皇帝實錄》、《滿文老檔》中的頁碼、所用的文字、所寫內容等等。

第四章，對《舊滿洲檔》、《清太祖武皇帝實錄》、《滿文老檔》的相關問題及它們之間的資料關係進行綜合探討。對《清太祖武皇帝實錄》、《滿洲實錄》《滿文老檔》關係，特點，尤其在史料價值方面探討我個人的所得到的體會。探討三部史料對蒙古史研究和乃至中國史研究中的展望與未來。

第二章　《清太祖武皇帝實錄》與
《舊滿洲檔》史料比較

　　《大清太祖實錄》的編寫始於皇太極天聰七年（1633），用滿、蒙、漢三種文字纂修成於崇德元年（1636年），初名爲《太祖太后實錄》。〔註1〕順治初年，多爾袞（1644～1650）攝政，對《太祖太后實錄》中的有些內容作了刪改。多爾袞死後，順治帝下令重新修訂，於順治十二年（1654）完成，形成了四卷本順治朝《太祖武皇帝實錄》，全稱《大清太祖承天廣運聖德神功肇紀立極仁孝武皇帝實錄》，滿洲文稱「daicing gurun-i taizu horonggo enduringge hūwangdi yargiyan kooli」。〔註2〕由於蒙古文本至今未能發現，其題目何稱，無法確定。

─────────────────────

〔註1〕　《舊滿洲檔》5229 頁載其滿文全名爲《dergi taidzu abkai hese-be alifi forgon-be mukdembuhe, gurun--i ten-be fukjin ilibuha, ferguwecuke gungge gosin hiyoošungga horonggo enduringge hūwangdi, dergi taiheo gosin hiyoošungga doro-de akūmbuha, ginggun ijishūn hūturingga eldengge enduringge hūwangheo-i yabuha yargiyan kooli》。漢譯應作《上太祖承天廣運聖德神功肇紀立極仁孝武皇帝、上太后孝慈昭憲純德貞順成天育聖皇后實錄》。此本未能流傳。

〔註2〕　順治朝本的滿文本中對努爾哈赤出生後的名稱寫爲「……gebu nurhaci: tukiyehe gebu sure beile::.tere manju gurun-i taizu genggiye han inu:」外，文中都稱作「taizu sure beile」「taizu kundulen han」「han」等。漢文本中寫「弩兒哈奇，號淑勒貝勒」外，文中也只稱作「太祖」「帝」「汗」等，除此則沒有其他稱號。值得注意的是，漢文本則以太祖謚號《大清太祖承天廣運聖德神功肇紀立極仁孝武皇帝實錄》爲書名，而滿文本僅以「daicing gurun-i taizu horonggo enduringge hūwangdi yargiyan kooli」（《大清國太祖武聖皇帝實錄》）來起名，說明滿文本更接近於天聰初纂本。

康熙二十一年（1654）一月特開局，重新修訂《大清太祖武皇帝實錄》，二十五年（1682）二月完成，稱《大清太祖承天廣運聖德神功肇紀立極仁孝睿武弘文定業高皇帝實錄》（29 字），滿文「daicing gurun-i taizu, abkai hese-be alifi, forgon-be mukdembuhe, gurun-i ten-be fugjin ilibuha, ferguwecuke gungge, gusin hiyoošungga, horonggu enduringge, šu-be iletulehe, doro-be toktobuha, genggiyen erdemungge dergi hūwangdi-i yargiyan kooli」，比順治年修《太祖實錄》多出「睿」、「弘文」、「定業」、「高」等六個字，將順治本的「武皇帝」改爲「弘文定業高皇帝」，並在「武」前加了一個「睿」字，並改編成八卷本。〔註3〕從此《太祖實錄》又多了一個文本《太祖高皇帝實錄》。

到雍正十二年（1734），因前三朝實錄內「人名、地名字句」，與聖祖仁皇帝實錄未曾畫一」，〔註4〕再次修訂《太祖高皇帝實錄》。但這部《太祖高皇帝實錄》最後完成的年代爲乾隆四年（1739），全稱《大清太祖承天廣運聖德神功肇紀立極仁孝睿武端毅欽安弘文定業高皇帝實錄》（33 字），十卷本，比康熙本多「端毅欽安」四字。

這些文本中順治朝《太祖武皇帝實錄》的滿文本今藏中國第一歷史檔案館，還有一抄本（缺第一卷）藏原北京圖書館，即現在的國家圖書館。漢文本的正副本均藏於臺北故宮博物院。

康熙朝《太祖高皇帝實錄》，國內 1924 年羅振玉刊行《太祖高皇帝實錄稿本三種》（殘本）以外，在日本有五種康熙本《太祖實錄》。〔註5〕乾隆朝滿、漢、蒙文《太祖實錄》今全部藏在中國第一歷史檔案館。

《大清太祖武皇帝實錄》和《大清太祖高皇帝實錄》是清代重要的官修史籍，是《大清歷朝實錄》中最早編纂，且最具特點的一部實錄，有其獨特的史料和研究價值。隨著《舊滿洲檔》的開發利用，學界對《大清太祖武皇帝實錄》和《大清太祖高皇帝實錄》的研究正在興起。鑒於此，充分利用《舊滿洲檔》所載豐富的原始資料，探索《太祖實錄》編纂過程，澄清其史料來

〔註3〕 關於康熙本《太祖高皇帝實錄》的卷數，莊吉發先生認爲共十卷，不知有何所據。根據日本內閣文庫所藏康熙本《太祖高皇帝實錄》抄本，可以確定其爲八卷本。參考莊吉發「《清太祖武皇帝實錄》敍錄」，載「故宮圖書季刊」1970 年第一卷、第一期，臺灣故宮博物院出版；齊木德道爾吉、巴根那編《清朝太祖太宗世祖朝實錄蒙古史史料抄》之「前言」。

〔註4〕 《大清世宗實錄》雍正十二年十二月庚子。

〔註5〕 齊木德道爾吉、巴根那編《清朝太祖太宗世祖朝實錄蒙古史史料抄》，前言。內蒙古大學出版社，2001 年。

源，確定其史料價值，是一項既有意義，又有非常必要的工作。

　　《舊滿洲檔》是編年體檔案彙編，由追述性記錄、日常記錄和遺留性資料組成。主要記錄著太祖、太宗時期（1607～1636）軍國大政、社會經濟、典章制度以及宮廷生活、風土人情等豐富而珍貴的內容，是「現存最爲原始、最爲系統、最爲詳盡、最爲珍貴的清太祖太宗時期編年體的史料長編。」〔註6〕《大清太祖武皇帝實錄》（以下簡稱《太祖實錄》）的史料絕大部分即源於此，從而形成文獻學意義上的檔案與文獻的關係。

　　《太祖實錄》所記載內容，有的是否《舊滿洲檔》史料中來，而這些史料如何在《太祖實錄》中得到體現，一些重要的歷史記載如何得以傳承等問題是本章研究的重點。爲了節省篇幅和避免比較研究的困難，下面對中國第一歷史檔案館藏滿文《daicing gurun-i taizu horonggo enduringge hūwangdi yargiyan kooli》（以下簡稱 taizu yargiyan kooli）、臺北故宮博物院藏漢文《大清太祖承天廣運聖德神功肇紀立極仁孝武皇帝實錄》（以下簡稱《太祖實錄》）與《舊滿洲檔》中的有關蒙古喀爾喀、科爾沁、察哈爾部的部分史料進行比較，以找出史料源流及原始記錄在歷史編纂中的諸種變化，漢譯文與滿文原文之間是否完全對等等問題。

　　爲了便於認讀：

　　滿文《太祖實錄》及《舊滿洲檔》史料均作拉丁文轉寫（Transcription）；對於《舊滿洲檔》的無點圈滿文記錄，採用有點圈滿文的標記法加以轉寫。

　　\斜槓表示史料比較單位；

　　\斜槓後面滿文黑體字爲《舊滿洲檔》內容；

　　\斜槓後面漢文黑體字爲漢譯《舊滿洲檔》相應內容。漢譯基本依據中國歷史檔案館、中國社會科學院歷史研究所譯注《滿文老檔》，同時參考東洋文庫叢刊第十二《滿文老檔》太祖 1～3。對有歧異的漢譯，另行漢譯。

　　置於句子之後的 ⊠ 爲《太祖實錄》無，《舊滿洲檔》有的內容，所屬史料單位用\斜槓分開；

　　置於句子之後的 ✄ 爲《太祖實錄》有，《舊滿洲檔》無的內容，所屬史料單位用\斜槓分開；

　　〔〕中文字爲《舊滿洲檔》中被刪，但還能認出的文字。

〔註6〕　閻崇年「論《滿洲老檔》」，載「滿學研究」第四輯，民族出版社，1998 年。

第一節　有關喀爾喀部史料之比較

　　喀爾喀萬戶，形成於達延汗統一時期，蒙古六萬戶中的左翼三萬戶之一，共十二部（鄂托克），因住牧於喀爾喀河附近得此稱呼。其中，達延汗第五子阿爾珠博羅特（Alču Bolod）統領下的巴林、扎魯特、弘吉拉特、巴岳特、烏濟業特等五部，稱內喀爾喀（Öbür qalqa）或五部喀爾喀（Tabun otoγ qalqa）。據史書記載，內喀爾喀五部中除扎魯特部外其餘四個部，均屬早期蒙古本部或蒙古高原部落，它們是從蒙元時期或更早時期一直活躍於蒙古高原。〔註7〕到明后期時它們越過大興安嶺南下，駐牧於明遼東邊外的遼河、西遼河流域。阿爾珠博羅特兩個兒子之一虎喇哈赤（Quraqači）是內喀爾喀五部的始祖，虎拉哈赤五個兒子，即兀把賽（Ubasi Üijing）、速把亥（Subaqai Darqan）、兀班（Uban Booimu Doγsin）、歹青（Sonin Daičing）、炒花卓裏格圖（Šooγan Joriγtu Hong Baγatur）。〔註8〕 這些人及它們後代與明末時期活躍在遼東，與明朝和愛新國（女眞）之間所發生了諸多關係。下面是1626年前有關喀爾喀部與女眞之間關係內容的兩部史料的比較，以觀察它們如何記錄喀爾喀與女眞間關係的。

〔註7〕　《蒙古秘史》、《史集》、《元史》等文獻記載，弘吉拉特部（hongirat）屬疊兒列斤蒙古的一支，成吉思汗少年與弘吉拉特部特薛禪女訂婚，後來弘吉拉特部世代和蒙古黃金家族完婚，元代弘吉拉特住牧於應昌路。1370年明軍佔領應昌府，弘吉拉特部失去領地。1371年它們被明朝安置在東勝衛附近。到明末弘吉拉特部分在土默特部和喀爾喀部中。巴林（baγarin）部是成吉思漢祖李端察兒所俘女所生叫巴阿裏歹人後代，成吉思汗時期巴林部作爲谿爾赤部眾，得到了從貝加爾湖和額爾齊河流域地區成了森林百姓一部，從元朝到明中期它們一直活動在阿爾泰和杭蓋山附近。巴嶽特部（bayoot）駐牧在薛靈哥河附近，忽必烈汗的皇后巴牙兀眞，蒙哥汗妻子巴牙兀眞，都出自這個部落，元代屬右翼萬戶中的一個千户。達延汗統一後，一部巴月特人在俺答汗統領下，一部在左翼喀爾喀部中。烏濟業特部（üjiyet）從兀者名稱演變爾來，金、元朝時期泛指松花江下游直到黑龍江下游以及精奇裏江南北、烏蘇里江東西從事魚獵和採集的許多不同族屬的部落。明代兀濟業特指朵顏衛。簡魯特特在明代新出現的蒙古部落名稱。

〔註8〕　據《遼夷略》記載「泰寧衛之夷酋虎喇哈赤，故矣。而五子：曰速把亥、曰炒花、曰歹青即伯要兒、曰委正、曰兀班」。另蒙古文史書《金輪千佛》記載「虎爾哈赤（Qurqači）子 Ubaši Üijing（兀把賽委正）、Subahai Darqan（速把亥達爾漢）、Uban Booimu Doγsin（兀班比麻道格新）、Sonin Dai čing（蘇寧歹青）、ŠooγanJoriγtu Hung Baturu（炒花卓裏格圖）」。兩部史料對喀爾喀五部統領者記錄得比較相近。《大黃冊》：「Qurhači（虎爾哈赤）子 oiJing noyan（委正諾言）、Subahai Uubang（速把亥襖榜）、Tabutai（塔布泰） Sioha Joriγtu（炒花卓裏格圖）」。

（1）1597 年　丁酉　明萬曆二五年

滿文史料拉丁文轉寫

"taizu yargiyan kooli"，ujui debtelin，108：〔註9〕

\fulahūn coko aniya⋯⋯ tuttu gashūha gisun-be yehei narimbolo beile gūwaliyafi sure beile-de weilengge monggo gurun-ci soosafi muhaliyan-i gebungge niyalma-i gajire dehi morin-be durime gaifi: muhaliyan-be jafafi morin-i ejen monggo-de buhe: jai bumbi seme gisurengge, gintaisi beilei sargan jui-be monggoi kalkai tatan-i jaisai beile-de buhe:.✂

《太祖實錄》漢譯

《太祖實錄》卷之一　三十五：

\丁酉年⋯⋯後蒙古得罪，太祖命木哈量伐之，獲馬四十匹。時納林卜祿背盟，將所獲盡得之，仍擒木哈量送於蒙古，又將金臺石之女與蒙古胯兒胯部戒沙貝勒結親。✂

【評論與注釋】

這段史料不載於《舊滿洲檔》。說的是葉赫國納林卜祿貝勒背叛了原定誓言，將努兒哈赤部下木哈量所奪蒙古馬再行搶奪，並連同木哈量一同送給蒙古馬主人的史實以及將答應嫁給努兒哈赤的金臺石之女改嫁蒙古喀爾喀部首領齋賽的史實。儘管記載簡略，却反映著努兒哈赤建國以前女眞與蒙古部之間的關係。

漢譯內容經過改編，與原文順序不一致。原義：「後葉赫國納林卜祿貝勒背叛誓言，當稱爲木哈量之人，從有罪於聰睿貝勒的蒙古人那裏搶得四十匹馬而來時，〔納林卜祿貝勒〕前去搶掠，將木哈量抓獲，送與馬之主人蒙古人。又將承應之金臺石之女嫁給了蒙古喀爾喀部齋賽貝勒。」

滿文本稱努爾哈赤爲「sure beile」，義爲「聰睿貝勒」，而漢文本稱其爲「太祖」，顯然是以後的改寫本的產物。本段中滿文「sosafi」（掠奪、俘虜）寫作「soosafi」，第一音節爲長元音。

這裏所說的「胯爾胯」即指「內喀爾喀」蒙古。「戒沙」即「齋賽」，是

內喀爾喀弘吉剌特部首領，即《開原圖說》、《遼夷略》等〔註10〕文獻中所說的兀班之孫宰賽。其父親在漢文獻中寫做「伯牙兒」、「伯言兒」，蒙古文獻《金輪千輻》中寫」Qitat qong taiji」（契塔特虹臺吉）。金臺石（？～1619），葉赫部首領。清太宗皇太極母葉赫納喇氏兄。

（2）1614年　甲寅年　明萬曆四二年

滿文史料拉丁文轉寫

"taizu yargiyan kooli"，***jai debtelin 59***；《舊滿洲檔》88 頁：

jorgon biyade\ **jorgon biyade,** \monggo gurun-i**monggo gurun-i** \jarut tatan-i**jarut bai** \eljige beilei **hara babai beilei,** \sargan jui-be taizu kudulen han-i jui degelei taiji-de sargan benjire-de, degelei taiji okdome genefi dorolome amba sarin sarilame gaiha. **jui daicing taiji ini naon-be han-i jui degelei taiji-de sargan benjihe bihe:**

《太祖實錄》及《舊滿洲檔》漢譯

《太祖實錄》卷二　21頁：

十二月\十二月，\蒙古扎掄衛兒**蒙古扎魯特地方的**\兒吉格貝勒送女與太祖子德格壘臺吉爲婚，臺吉親迎，設宴，以禮受之。**哈拉巴拜貝勒之子戴青臺吉送其妹與汗子德格類臺吉爲妻。**

【評論與注釋】

該段內容在《舊滿洲檔》88頁中有記錄。但《舊滿洲檔》和《太祖實錄》所記錄的人名有矛盾。《舊滿洲檔》中記錄爲「扎魯特地方的哈拉巴拜貝勒之子戴青送其妹……」。而《實錄》是「扎掄衛兒吉格貝勒送女……」。兩者所記錄人名不同。《王公表傳》及清朝皇室家譜《玉牒》〔註11〕中沒有該記錄。

〔註10〕 對當時喀爾喀五部世襲記錄較爲清楚的是王鳴鶴的《登壇必究》（清刻本）、馮瑗的《開原圖說》（玄覽堂叢書影印本）等文獻。有些內容比蒙古文獻《金輪千輻》的記錄還詳細。

〔註11〕 《玉牒》是清朝皇室家譜。順治十八年（1661）開始修，每十年修一次（乾隆十一年以前實際是九年一次），最後一次是1921年。記錄近300年清朝皇室家族所有男女生死，出嫁等內容。其中有586次的滿蒙婚姻記錄。今主要藏中國第一歷史檔案館、遼寧省檔案館等地。有關《玉牒》的研究成果主要

《愛新覺羅宗譜》〔註12〕的記錄與《實錄》相同。

「哈拉巴拜」和「兒吉格」兩人不是同一個人。《開原圖說》說扎魯特部有「一營哈剌把拜，係以兒鄧次男……一營小耳只革，係以兒鄧五男……」，《遼夷略》說以兒鄧「次男哈剌把敗……五男小耳只革，……」。《金輪千輻》中有兩個叫「兒吉格」的人。一是，脫伯戶（toboqu mergen）之子「兒吉格」（elǰige ǰoriɣtu），另一個是布尼斯琴（büni sečen 或 čačaɣ）子「兒吉格」（elǰige ǰoriɣtu），都是「哈拉巴拜」同輩人。《王公表傳》載：「太祖高皇帝甲寅年，內齊以其妹歸我貝勒莽古爾泰，鍾嫩及從弟額爾濟格來締姻」。所以，這裏提到的「兒吉格」雖然分不清，但這兩人應該是同輩人。

《太祖實錄》中寫的「兒吉格」（額爾濟格）和《舊滿洲檔》中的「哈拉巴拜」子「戴青臺吉」的輩分也不同，兒吉格應該爲戴青的父輩人。從《太祖實錄》改寫的內容來看，是有目的的。因爲，一般和滿洲人結親的扎魯特人後來它們都成爲扎魯特左和右翼的統領者。這點上《實錄》盡可能避免後來與扎魯特部統領者無關的記錄。

（3）1615　乙卯　明萬曆四三年

滿文史料拉丁文轉寫

"taizu yargiyan kooli"，jai debtelin 64～65；《舊滿洲檔》96～103頁：

ninggun biyade taizu kundulen han-i beyede bumbi seme jafan gaiha yehei buyanggū beile-i non-be monggoi kalkai bagadarhan beilei jui manggūltai taiji-de bumbi seme donjifi,**ninggun biyade sure kundulen han-i beyede bumbi seme jafan gaiha yehe-i buyanggū beile-i naon-be monggoi bagadarhan beilei amba haha jui〔mangūldai〕taiji-de bumbi seme donjifi**: \ geren beise ambsa hendume: musei jafan bufi yabuha sargan jui-be yehe, te monggo-de buci tereci goro ai bi: tere sargan jui-be

有屈六生：《清代玉牒》（明清檔案論文選編）；鞠德源：《清朝皇族宗譜與皇族人口初探》（明清檔案與歷史研究）；杜家冀：《清朝〈玉牒〉中的蒙古史料及其價值》（明清檔案與蒙古史研究　第二輯）等。以後所徵《玉牒》內容，均移自杜家驥著《清朝滿蒙聯姻研究》，人民出版社，2003 年。

〔註12〕　《愛新覺羅宗譜》,1938 年奉天愛新覺羅修譜處金松喬等根據光緒三十三年所修直格《玉牒》，再增入以後出生之皇族男性人口（不全）而編成。

monggo-de bume jabdunggala muse cooha geneki, bume jabduci benere onggolo hoton-be kafi afame gaifi gajiki. gūwa buya beise-de yabuha sargan jui geli waka kai:**beise ambasa hendume yabufi ulga jafan buhe sargan jui-be gūwade yehe monggo-de buci tereci koro aibi, tere sargan jui-be monggode bure onggolo muse cooha geneki: bume jabduci gamame jabdure onggolo muse hoton-be kafi afame gaifi gajiki: gūwa buya beise-de gisurehe sargan 〔jui〕 waka kai: han-i beyede gisurehe sargan jui-be monggode burebe donjifi muse bafi tehei gūwade adarame gaibufi unggimbi 〔seme〕 muse čooha geneki seme mitandume marame gisureci:** \han-i beye-de yabuha sargan jui-be monggo-de bure-be donjifi muse babi dehei gūwa-de adarame gaibufi unggimbi: muse cooha geneki dere seme maddndume gisureci han hendume.gūwa aika amba weilei turgunde: dain cooha geneci acambi dere sargan jui-be gūwade bure turgunde cooha geneci acarakū: tere *babi* banjiha sargan jui waka: tere sargan jui turgunde, hada, hoifa, ula ilan gurun efujehe: tere sargan jui babai gurun-be efuleme oforo acabume dain degdebume wajifi, *te yehe-de nikan dafi*, yehei sarga jui-be muse-de buburakū. monggo-de bubume: yehe-be efujekini seme, amba dain arame ere weile-be uttu korsobume monggo-de burengge kai: muse hūsun tucime dailafi tere sargan jui-be bahafi gajiha seme aniya goidame bisirakū bucembi: elemanggan jobolon gasacun ombi: yaya-de buhe seme tere sargan jui inu aniya ambula banjirakū: gurun-be efuleme dain arame akūmbuha: te bucere erin isika seme henduci **han hendume gūwa aika amba weilei jalinde hendume dain cooha geneci acambidare sargan jui-be gūwade bure jalinde cooha geneci acarakū kai: tere sargan jui babi banjiha sargan jui waka: gurumbe *efuleme* banjihabikai: tere sargan jui 〔turgun〕-de hadai gurun efujehe: jai hoifai gurun efujehe: ulai gurun inu tere sargan jui turgun-de efujehe: ere sargan jui jusen gurumbe gemu oforo acabume dain dekdebume wajifi: ere yehebe: te *nikande latubufi* sargan jui-be muse-de buburakū monggode bubume musede yehebe efujekini seme amba dain arabume ere weilebe uttu koro obume monggode burengge kai: ere sargan jui-be muse gajiha seme musede bisirakū: yayade buhe seme ere sargan jui** aniya ambula banjirakū: gurumbe efuleme wajiha dain arame akūmbuha: te amasi bederere isika: ere sargan jui-be musei hūsun ambula tucifi kiceme gajiha seme musede bisirakū kai: 〔muse gajifi tere sargan jui〕 hūdun amasi bedereci musede elemangga koro gasacun ombikai: seme henduci,\beise ambasa dahūn dahūn-i marame cooha geneki sehe manggi**beise ambasa dahūn dahūn-i cooha geneki seme marame gisurehe manggi:**\han hendume:.bi cooha geneki seme jili banjici suwe dafulaci acambikai: mini yabuha sargan jui-be gūwade gaibuci bi korsorakū doro bio: bi korsoro babe sindafi gūwai beye, siden-i niyalma ofi, cooha nakaki seme dafulaci: suwe ainu uttu weilei ejen bata ofi mimbe gasabume marambi: sargan jui-be gaijara ejen bi korsorakū bade: suwe mujakū korsofi ainambi: korsombi seme suweni gisun-be gaifi cooha geneci ojorakū: suwembe tafulare seme hendufi cooha jurambi seme isabuha morin-be gemu amasi bederebufi nakaha:**han hendume bi cooha geneki seme mitaci acambi: geren beise mabasa suwe mimbe tafulaci acambikai:bi gūwai beye sideni niyalma ofi 〔nakaki〕 seme tafulaci: suwe ainu uttu weilei ejen bata ofi mimbe gasabume 〔ainu marambi〕mini yabuha sargan-be gūwa-de gaibuci bi kororakūn: korombi seme suweni gisumbe gaifi mujakū erinde 〔ninggun biyade meni〕 cooha geneki seci mini dolo ojorakūbe ainara: sargan jui-be gaijara ejen bi kororakū bade suwe bafi mujakū korofi ainambi: bi gūwai beye ofi tafulara: suwe naka seme, cooha jurambi seme isabume isinjiha morin-be gemu amasi bederebuhe::** \tere sargan jui-be monggo-de bufi emu aniyai onggolo yala goidahakū bucehe。✄**beise ambasa geli hendume tere sargan jui-be han beyede bumbi seme gisurefi orin aniya oho kai:tuttu orin aniya oho asaraha sargan jui-be ere nikan-i wanli han cooha tucifi yehe-de tuwakiyame tefi: ere yehe-i gintaisi buyanggū nikan han-de ertufi orin aniya asaraha gūsin ilan se baha sargan jui-be: te monggo-de buci muse nikan-be dailaki seme gisureci: han geli ojorakū hendume: nikan cooha ini jase-be tucifi yehe-de 〔dafi〕 tuwakiyame tehebe abka 〔toktome〕 tuwakini: aniya ambula goidakini: *〔yehe〕 muse oci encu gisun-i jusen gurun kai*: nikan oci abkai fejergi gurunde ini gurunbe ejen sembikai:**

ejen oci gubci gurun-de gemu uhereme ejen dere: mini canggi-de emhun ainu ejen: waka uru-be duilefi beiderakū bodofi darakū balai uttu hūsun durime abka-de eljere gese abkai wakalaha yehede dafi cooha tuwakiyame daci tekini suwe ume ebšere,muse te nikan-be dailaci, musei uru-de abka musebe gosimbikai: abka gosici muse ainci bahambikai baha seme tere ūttele baha olji niyalma ulga-de ai ulebumbi: musede jekui ku akū kai: dailafi 〔baha seme baha〕niyalma ulga-de ulebure anggala musei-〔de〕niyalma hono gemu bucembikai: erei sidende musei gurun-be neneme bargiyaki: ba na-be bekileki: jasa furdan-be jafaki, usin weilefi jekui ku gidame gaiki seme hendume 〔tere aniya〕dain deribuhekū: ☒

《太祖實錄》及《舊滿洲檔》漢譯

《太祖實錄》卷二　22頁：

六月，初夜黑布羊姑以妹許太祖，受其聘禮。又欲與*蒙古胯兒胯部蟒孤兒太臺吉（乃八哈搭兒憨子也）。*\六月，據聞聰睿恭敬汗〔註13〕所聘葉赫貝勒布楊古之妹，欲改適*蒙古貝勒巴噶達爾漢之長子*〔莽古爾岱臺吉〕。\諸王臣曰，聞夜黑將汗聘之女欲與蒙古，所可恨者，莫過於是。當此未與之先，可速起兵，若已與之，乘未嫁時，攻其城而奪之。況此女汗所聘者，非諸王可比。既聞之，安得坐視他適。皆力諫興兵不已。\諸貝勒、大臣曰，今葉赫若將已送牲畜行聘之女改適它蒙古，尚有何恨更甚於此？應於該女子嫁與蒙古之前興師前往。若已許嫁，則乘其未娶之前，圍攻其城奪取之。此非其他小貝勒所聘之〔女〕也！既聞汗所聘之女改適蒙古，我等安能坐視他人娶去耶？請興兵討之。群情激憤而力諫之。\太祖曰，或有大事可加兵於彼，以違婚之事興兵，則不可。蓋天生此女，非無意也，因而壞哈達、輝發、兀喇，使各國不睦，干戈擾攘至此。*大明助夜黑*，令其女不與我而與蒙古，是壞夜黑，釀大變，欲以此事激我忿怒故。如是也，今盡力徵之，雖得其女，諒不久而亡，反成災患，無論與何人，亦不能久，啟釁壞國已

〔註13〕這裏已經稱努爾哈赤為 sure kundulen han 聰睿恭敬汗。努爾哈赤建國是在1616
　　　　年，這裏提前稱其為汗號，顯然是《舊滿洲檔》的編寫者追述這段歷史時改寫
　　　　了歷史。

極，死期將至矣。諸王臣反覆諫之，必欲興兵。\汗遂曰，若有其他大事，自當問罪致討，僅因將女許給他人之故而興師，則未可也。此女之生，非同一般者，乃爲亡國而生矣！以此女〔故〕，哈達國滅，又輝發國亡，烏拉國亦〔因〕此女而覆亡。此女用讒挑唆諸申國，致*啓*戰端。*今唆葉赫勾通明國*，〔註14〕不將此女與我而與蒙古，其意使爲我滅葉赫而*啓大釁*，藉端*挾怨*，故與蒙古也！我即得此女，亦不能長在我處，無論聘與何人，該女壽命不會久長。毀國已終，*挾釁*已盡，今其死期將至也。我縱奮力取此女，亦不能留於我處。〔倘我取後〕迅即殞命，反流禍於我矣！諸貝勒，大臣仍再三堅請出兵。\太祖曰，吾以怒而興師，汝等猶當諫之，況吾所聘之女爲他人娶，豈有不恨之理。予尚弃其忿恨，置身局外，以罷兵。汝等反苦爲仇校，令吾怨怒何也。聘女者不恨汝等，深恨何爲。豈因忿，遂從汝等之言乎，汝等且止。言畢，令調到人馬皆回。\汗曰，倘我以怒而欲興師，爾*眔*貝勒、大臣猶當諫止矣！我置己爲中人勸〔阻〕爾等，爾等爲何如此以事主爲敵，堅請〔不已〕，令我生怒？我所聘之妻，爲他人所取，我豈不恨？然絕不可因怨恨即聽從爾等之言而興不時之兵。娶女之主我尚無怨，爾等爲何深以爲憾？我以旁觀者之身勸爾等作罷。遂令將爲出征已調集之馬匹盡行撤回。\其女聘與蒙古，未及一年果亡。✂\諸貝勒，大臣又曰，該女子許與汗，已二十年矣！因明萬曆帝出兵駐守葉赫，葉赫錦泰希、布楊古方才倚仗明帝之勢，將受聘二十年之久、年已三十三歲之女嫁與蒙古。故我宜往征明國也！夫汗仍不允，曰，明兵〔出〕邊，援守葉赫，但願上天〔鑒〕之，任其久長。*〔葉赫〕與我乃操另一語言之諸申國也。*明自稱彼國爲天下各國之主，主者乃各國共主，爲何獨對我稱主耶？不辨是非，不加思量，仗勢橫行，猶如抗天，以兵助守天譴之葉赫。任其守之，爾等勿急。今若征明，義在我方，天祐我也！天即祐我，或有所得。即有所得，則其所得人畜何以養之？我等尚無糧庫，養其陣獲之人畜，則我等原有之人均將餓死矣！乘此閒暇，宜先收我國人，固我疆土，整修邊關，墾種農田，建倉庫以積糧。故此於〔是年〕未曾興兵。☒

〔註14〕　《舊滿洲檔》此段詞義與《太祖實錄》的滿文記錄產生明顯的歧異。《太祖實錄》將「*今唆葉赫勾通明國*」改寫爲「*大明助夜黑*」，致使語義發生了根本變化。

【評論與注釋】

　　這是一段體現努爾哈赤建國前夕女眞、蒙古內喀爾喀部、葉赫部與明朝之間微妙關係的重要史料。當時，葉赫部在明朝的支持下，將應聘於努爾哈赤的女子改適蒙古內喀爾喀弘吉剌特部，幾乎導致戰爭。努爾哈赤對當時的力量對比作了客觀冷靜的考慮，提出避免戰爭，努力增強自己實力的方針。

　　根據以上的比較，可以確定《太祖實錄》根據《舊滿洲檔》96～103頁內容，採取改寫、增刪、簡化等手段，將這一段重要的史實納入了《實錄》體系中。

　　首先《太祖實錄》將 manggūltai 莽古爾泰所屬喀爾喀（*胯兒胯*）部落交代清楚了，却又將其父親 bagadarhan 巴噶達爾汗的名字略去。以後在抄寫時又用小字補入一段文字：（*乃八哈搭兒憨子也*）。巴噶達爾汗，弘吉剌特部臺吉，即明代史籍所錄之「暖兔」。宰賽父伯言兒之兄。參加了天命四年（1619）喀爾喀與愛新國的盟誓。但他並沒履行誓言，天命五年（1620）四月，努爾哈赤致書譴責巴哈達爾漢的背盟行爲。天命六年（1621）三月，愛新國攻下瀋陽、遼陽，巴哈達爾漢屬下人前來掠奪瀋陽財物。天聰八年（1634）閏八月，隨察哈爾土巴濟農歸附愛新國。據《金輪千輻》記載，「莽古爾歹」是「兀班」孫「諾木兔達爾漢」之子，「諾木兔」，即「暖兔」之諧音。《遼夷略》寫爲「莽骨大」。〔註15〕努爾哈赤建國前，蒙古內喀爾喀部與葉赫有通婚關係。《實錄》在這條史料的末尾加了一句「其女聘與蒙古，未及一年，果亡」，以此加強努爾哈赤預言之準確。這是封建史學的慣用手法。

　　尤其值得注意的是未爲《太祖實錄》所收的一段重要文字。其中努爾哈赤所說的一句話：「*〔yehe〕muse oci encu gisun-i jusen gurun kai:*」《滿文老檔》譯作：「*〔葉赫〕與我皆乃另一語言之諸申國也*。」《滿文老檔》日譯本作：「yehe と我等は，明とは言語の異なる，同じ jušen 國であるぞ」是爲正確的理解。古漢語中「諸申」和「女眞」讀音相近，發「jusen」或「jušen」音。將這段滿文原文可以直譯爲：「〔葉赫〕我等是另語之諸申國也。」其義異常明瞭。說明葉赫部所操語言與努爾哈赤諸申國語言相同。葉赫部首領是土默特蒙古人，因其部民女眞化程度高所操語言也應爲女眞語。所以努爾哈赤將其視爲

〔註15〕茅瑞徵《東夷考略》：「（萬曆）四十三年五月，白羊骨竟以老女許婚暖兔子蟒谷兒大……」。所以，這裏說的「巴噶達爾漢」就是《金輪千輻》中弘吉剌特部之「nomtu darqan」（暖圖達爾漢）。「manggultai」莽古爾泰即其子。

「操同語言的諸申國」。

（4）1617　丁巳天命年二年

滿文史料拉丁文轉寫

"taizu yargiyan kooli"，jai debtelin 86；《舊滿洲檔》161 頁：

juwe　biyade　monggo　gurun-i　kalkai　bayot　tatan-i　enggeder
taiji-de,**juwe biyade monggoi gurun-i kalkai enggederi taiji-de**\taizu
genggiyen han-i deo darhan baturu beilei **amba genggiyen han-i deoi**\
sargan jui sundai gege-be bufi hojihon obuha:\ **juibe sargan buhe:**

《太祖實錄》及《舊滿洲檔》漢譯

《太祖實錄》卷二　30 頁：

二月，皇弟打喇漢把土魯\二月，**將大英明汗弟**\郡主孫帶**女**\與蒙古胯
兒胯部巴約衛恩格得裏臺吉為妻。**嫁給蒙古國喀爾喀恩格德爾臺吉。**

【評論與注釋】

這是後金政權建立之後，嫁女於蒙古貴族的最早記錄。

《舊滿洲檔》中與該內容較接近的記載有兩處：161 頁和其重寫內容 341
頁。《舊滿洲檔》中的「amba genggiyen han」（大英明汗），在滿文《清太實錄》
中寫作「taizu genggiyen han」，而漢文中簡稱為「皇」。

《舊滿洲檔》記錄中沒有寫嫁給恩格德爾之女的名字及其父名。而滿漢
文《太祖實錄》清楚地寫著：「darhan baturu beile」（達爾漢巴圖魯）之女「sundai
gege」（孫帶格格）。據《玉牒》的記錄，這是舒爾哈齊第四女，福晉瓜爾佳氏
索爾和之女所生。〔註16〕該女名在漢文《太祖實錄》另一處寫作「巽代郡主」。
〔註17〕

這裏所說的達爾漢巴圖魯是努爾哈赤大弟舒爾哈齊的封號。舒爾哈齊
（1564～1611），明萬曆十五年（1587）稱船將。三十五年，同侄褚英、代善
擊敗烏喇兵，賜號達爾漢巴圖魯。旋以與太祖意見不合，移居黑扯木自立，
被奪所屬人口。後被太祖所囚，三十九年（1611）病卒于禁所。順治十年（1653），

〔註16〕《玉牒》28 號 2 頁。
〔註17〕《清太祖武皇帝實錄》卷四，十頁。

追封和碩莊親王。

「巴約衛」是「巴岳特部」Bayot 的單數（Bayo-Bayon）形式，《太祖實錄》中還將扎魯特部稱作「扎掄衛」（Jaru-Jarun）。

「恩格德裏」，也寫作「恩格德爾」（？～1636），內喀爾喀巴岳特部人，博爾只濟特氏。1607 年他隨同喀爾喀其他首領會見努爾哈赤，獻以努爾哈赤「昆都倫汗」之稱號。1617 年，努爾哈赤將舒爾哈齊之女許配給他。後歸隸滿洲正黃旗，授以三等總兵官的世職。死於 1636 年，1655 年諡「端順」，1729年追封他爲三等奉義公。

他是最早帶部民投靠愛新國的巴岳特部首領，爲蒙古部落整體歸附愛新國開了先河。所以，《實錄》特別記錄了他與郡主孫帶的婚姻。其中特別提到 hojihon obuha「〔使他〕成爲〔後金國〕之女婿」，以凸顯其尊貴地位。在以後的記錄中，這樣檔次的「女婿」改稱爲 efu，即「駙馬」。由此可以看出《太祖實錄》初纂時的古樸和簡約。

（5）1618 年　戊午　天命三年

滿文史料拉丁文轉寫

"taizu yargiyan kooli"，jai debtelin 97；《舊滿洲檔》191 頁：

duin biyai juwan ilan-de**duin biyai juwan ilan-de tasha inenggi**……
tere yamji: han monggo gurun-i beile enggederi efu: *sahalca gurun-i amban*
sahaliyan *efu* juwe *hojihon*-i baru**ilifi tere yamji han gisureme tefi**
monggo gurun-i beile *enggederi gebungge hojihon*: *sahalca gurun-i*
***amban sahaliyan-i gebungge hojihon*-i baru** *julgei aisin han-i banjiha*
kooli-be alafi hendume: julgeci ebsi banjiha han beisei kooli-be tuwaci,
beye suilame dailanduha gojime yaya enteheme han tehengge inu akū: *te bi*
ere dain-be deribuhengge: han-i soorin-be bahaki: enteheme banjiki seme
deribuhengge waka: ere daiming gurun-i wanli han, mimbe korsobuha
ambula ofi, *bi dosorakū, dain deribuhe* seme henduhe: *julgei aisin han-i*
banjiha koolibe alafi **jai hendume julgeci ebsi banjiha: han beisei**
koolibe tuwaci beye suilame, dailanduha gojime yaya enteheme
akumbume han tehengge inu akū: *te bi ere dain-be deribuhengge han-i*
soorimbe bahaki enteheme banjimbi seme deribuhengge waka: ere

nikan-i wanlii han mimbe korsobuha ambula ofi _bi doosorakū dain deribuhe_ \seme hendufi tubade deduhe: ⊠

《太祖實錄》及《舊滿洲檔》漢譯

《太祖實錄》卷二　34 頁：

……是晚，帝將 _先朝金史_ 講於 _恩格德裏厄夫_（原係蒙古）、查哈量厄夫（_原係查哈兒國臣_），\……是夜歇，汗將 _金帝往事_ 講與蒙古國貝勒 _恩格德爾婿，薩哈爾查國大人薩哈廉婿_。乃曰，朕觀自古爲君者，身經征戰之苦，皆未得永享其尊。今興此兵，非欲圖大位而永享之，但因大明累致我忿恨，容忍不過，無可奈何，故興師也。\乃曰，從觀自古帝王，雖身經戰伐，當甚勞累，亦未有永享者。今我興此兵，非欲圖帝位，而永享之。因明萬曆帝欺我太甚，不得興此兵也。\言畢，既住宿於此處。⊠

【評論與注釋】

《太祖實錄》該段內容根據了《舊滿洲檔》191 頁，356 頁的記載。天命三年（1618）四月 13～14 日間，努爾哈赤宣布著名的「七大恨」，出發征明國時，與當時成爲愛新國女婿的恩格德爾和薩哈爾查部首領薩哈廉作了一次重要談話。在此談話中，努爾哈赤給他們講述了金朝皇帝所頒行的法規，然後總結了古代帝王的功過，表述了自己征伐明朝的動機。

漢文《實錄》中將「sahalca gurun-i amban sahaliyan efu」段內容譯爲「查哈量厄夫（原係查哈兒國臣）」，有明顯的翻譯上的的錯誤。「sahalca gurun」（薩哈爾查國）是當時女眞之一部。薩哈廉爲其部長，其歸附原委不詳。值得注意的是，這裏對一個部落首領不稱爲「beile」，而稱「amban」，顯然表示其地位要低於「beile」。後來補充的部分稱其爲「原係查哈兒國臣」，把薩哈爾查部誤作察哈爾，是大謬誤也。

《太祖實錄》在這裏首次出現 efu「厄夫」這一概念，並與 hojihon「女婿」一詞並用。

《舊滿洲檔》中的 _julgei aisin han-i banjiha koolibe alafi_ 之句，《太祖實錄》譯作「將先朝金史講於」，《滿文老檔》譯作「將金帝往事講於」，日文《滿文老檔》作「昔の金の帝の暮らした例を告げ」。我認爲 _banjiha kooli_ 的詞義相當於蒙古語 γaryaγsan qauli，應當理解爲「所頒布的律例」，而不是「金帝往

事」或「先朝金史」。這是努爾哈赤在作戰前夕，與新近歸附的蒙古和薩哈爾查部落首領談話，要他們遵循後金律例，以保證戰爭的勝利。在以後的征服和吸引蒙古諸部時，努爾哈赤的繼承者無不遵循這一先例，有效地將科爾沁等蒙古部落置於自己的控制之下。

努爾哈赤在這裏解釋自己與明朝開展的原由是「非欲圖大位而永享之」或「非欲圖帝位而永享之」，而是由於明朝皇帝著實讓他憤恨，不得已而興此兵。這段表述可以為解釋和理解「七大恨」提供參考。

（6）1619　己未　天命四年

滿文史料拉丁文轉寫

"taizu yargiyan kooli"，*ilaci debtelin 66～70*　；《舊滿洲檔》454、455、569、571、572、457頁：

\nadan biyade…… *genggiyen han emu dobori tolhin-de*，garu，bulehen geren gasha ler ler seme deyere-be han wadan makdafi emu šanggiyan bulehen-be gidame jafafi bi monggoi jasai-be jafaha seme hūlame getehe：tere tolhin-be，han，fujise-de alara jkade: fujise hendume, deyeme yabure gashai adali banjire jaisai-be si abide bahafi jafara sehe: jai cimari geren beise-de，han tere tolhin-be alara jakade：beise jabume, ere tolhin urunakū sain：abka ainci yamaka temgetu sain niayalma-be muse-de bufi jafabure-be doigon-de bitubuhebidere seme jabuha:\✂*manju gurun-i taizu genggiyen han*，bolori ujui biya-de beise ambasa geren cooha-be gaifi daiming gurun-be dailame tiyeling hecen-be gaime juraka：orin sunja-de isinafi tiyeling hecen-be kame genere-de \（454頁）〔**nadan biyai**〕**orin sunjade, tiyeiling-i hecen-be** 〔**gaime**〕**genere-de** \…… manju gurun-i cooha hecen-i dorgi *iogi hergen-i yu ceng ming, se fung ming, li ke tai*: geren cooha-be gemu wame wacihiyaha manggi: taizu genggiyen han hecen-de dosifi dooli yamun-de ebuhe\…… **hecen-i tulergi dorgi batabe gemu baime wame wacihiyafi: olji-be gemu bargiyame isabufi wajiha manggi: jai han-i beye hecende dosifi dooli tatara amba yamun-de** 〔**tataha**〕**ebuhe:**\ …… tere dobori monggoi kalkai tatan-i jaisai beile: jarut tatan-i bag beile: bayartu daicing: sebun taiji, buya taiji se orin funceme: uhereme emu tumen funceme cooha-be gaifi dobori dulime jifi šušu usin-i dolo buksime ilifi gerembume bisire-de: abka gereme manju gurun-i cooha-i niyalma-i kutule jafaha juwan isire niyalma morin ulebume hecen tucifi genere-be monggoi jaisai cooha sabufi sacime gabtame wara-be manju gurun-i cooha sabufi hecen tucifi monggoi cooha-be takafi uthai afaki seci han-i hese akū: afarakaū oci musei niyalma-be wahabi seme dahalame yabure-de\······ （569頁）**jai cimari erde, heceni duka jakade morin ulebumbi seme, kutule jafaha niyalma: morin kutulefi genere niyalmabe, monggoi jaisai beilei cooha: bak bayartu sebun-i cooha uhereme emu tumen funcere cooha dobori jifi šušui dolo ilifi gerembume bifi hecen-i duka-be morin tuwakiyame tucire niyalmabe sacime kabtame warabe safi: heceni dorgi cooha tucifi tuwaci nikan cooha waka: monggoi cooha-be takafi uthai afaci, han-i gisun akū adarame afara: afarakūci musei niyalmabe wahabi seme dahame yaburede** taizu genggiyen han hecen tucifi ere cooha-be ainu afarakū: hasa afa seme henduhe manggi: amba beile hendume muse afaci aikabade amala aliyacun ojoro ayo: han hendume ere cooha monggoi jaisai cooha sere ere jaisai-de musei korsoho sunja weile bi: te geli musei niyalma-be i neneme wahabi: ede muse amala aliyacun ojoro ai bi sehe manggi: \ **han-i beye tucifi ere cooha-be ainu sacirakū hasa seci seme henduci: amba beile hendume amala aika seme aliyara ayoo seme henduci: han hendume aiseme aliyambi: ere cooha jaisai cooha sere:\☒\musei yabuha yehei gintaisi beilei sargan jui-be: ere** （571頁）**jaisai durime gaiha tere emu: jai musei ujalu gebungge gašan-be sucuha tere juwe: jai musei takūraha hotoi gebungge niyalma-be umai weile akū-de bafi jafafi sele futa hūwaitafi tere elčin ukame tucifi jiderebe jugūn-de nikan waha tere ilan: terei amala muse nikan-de dosorakū dain ojoro jakade: nikan-i emgi emu hebe ofi musebe dailara, 〔minde〕šang ambula nonggime gaji seme gisurefi, abka na-de gašūha bi tere duin jai geli nikan-i tungse-de minde šang ambula bufi bi manju-be dailarakūci ere** abka sakini seme weihun šanggiyan ihan-i daramabe lasha sacifi, morin-i ningguci ini galai tere ihan-i senggi-be abka-de sooha tere sunja：te geli musei niyalma be i neneme wahafi tere ningun: ede musei amala aliyara ai bi: musei coohai niyalma（572 頁）hasa dosifi sači seme henduhe manggi:*geren beise ambasa* cooha-be gaifi uthai sacime dosifi tere cooha-be gidafi bošome wame liyoohai bira-de fekumbufi ambula waha: jaisai beye, jaisai juwe jui: sethil, kesitu: jarut tatan-i bag, sebun: korcin-i minggan beile-i jui sanggarjai: jaisai meye daigal tabunong: jai juwan funcere amban: coohai niyalma-be emu tanggū susai funceme weihun jafafi\\ tereci *amba beile gaifi* sacime dosifi wame genehei, liyohai birabe doome sacime bošofi liyoha birade ambula waha: monggoi jaisai beilei beye: jaisai-de banjiha〔setkil kesiktu〕juwe jui〔gebu setkil hesiktu〕: jarut gurun-i bak sebun-i ahūn deo korcin-i minggan beilei jui sanggarjai uhereme ninggun beile jaisai beilei beyei gese amban daigal tabunong jai juwan funcere amban uhereme emu tanggū susai niyalmabe weihun jafaha:\\ tere monggoi coohabe gidafi jaisai-be jafafi amasi heceni baru bedereme jici nikan-i cooha ilan jurgan-i jidere doron-be sabufi hecembe dulefi coohai ergide okdome genefi aliyaci: nikan-i cooha hanci jihekū amasi bederehe:⊠\\ *hecen-i dulimbai leose-de horiha:*\\monggoi jaisai-be jafaha inenggi genggiyen han-de acabuha akū:（457 頁）*tiyeiling-i heceni duin jugūni arbuni dulimbai leose-de tafambufi tebuhe:**jaisai-be jafaha manggi: geren beise ambasa gemu hendume han-i enduringge tolhin-de acabume jaisai-be bahafi jafaha seme ambula ferguwehe:*✂\\jai inenggi amba sarin sarilame tungken dume laba bileri fulgiyeme: buren burdeme: jaisai beilei jergi jafaha niyalma-be han-de hengkileme acabure-de jaisai beilei uhuci gebungge hiya, genggiyen han geren beise ambasa gemu saiyun seme fonjire jakade: genggiyen *han-i duici jui hong taiji beile* han-i ashan-de tehengge uthai hedume meni coohai niyalmai kutule jafaha emu juwan jusei uju hūwajaha: jai gemu sain: suweni yaluha morin tohoho enggemu gemu saiyun seme hendure jakade: monggoso ambula girufi uju fusihūn gidafi umai seme jabuhakū: tereci ilan dedume hafan coohai gung bodome šangnafi geren cooha-de olji dendeme bume wacihiyafi:**jai inenggi ihan honin wafi amba sarin sarilame tungken tūme laba bileri fulgiyeme buren burdeme han-de hengkileme acabuha:: acabume hengkilefi jaisai beilei uhuci hiya mendu fonjime genggiyen han geren beise gemu saiyun seme fonjiha: han-i ici ergi ashanci _hong taiji beile_ jabume meni kutule yafahan emu juwan jusei uju hūwajaha, jai gemu sain: suweni yaluha morin tohoho enggemu gemu saiyun seme fonjici monggo girufi yaya jabuhakū_tiyeiling-i hecen-be afame gaifi: tere hecende ilan tedume olji icihiyafi cooha bederehe:**jaisai beilei gucu boroci gebungge amban, jai juwan emu niyalma-be sidafi unggime: meni cooha suweni jaisai cooha-be gidafi jaisai beye uheri ninggun beiel, emu tanggū susai funceme niyalma-be weihun jafaha medege-be alaname gene seme sindafi unggifi: tereci amba cooha bedereme jihe: genggiyen han beise, amabasai baru hendume jaisai beye-be muse emgeri ujime wajiha: jaisai cooha gemu muse-de wabuha: erei jušen irgen adun ulga-be gūwa beise durime gamame wajirahū: jafaha emu tanggū dehi niyalma-be sindafi unggiki seme hendufi sindafi unggihe:\ **cooha bederehe inenggi jaisai beilei gucu boroci gebungge amban-de sini monggoi cooha: meni niyualma-be takafi, neneme tanggū niyalma-be waha: minggan morin-be gaiha: tereci meni cooha suweni monggoi coohabe gidafi niyalma ambula waha: sini jaisai beile beye uhereme ninggun beile 〔uhereme〕 emu tanggū funceme niyalma-be weihun jafaha medegebe alame gene seme juwan niyalmabe sindafi unggihe:\ boode isinjire inenggi: fulgiyan-i ala 〔gengbunge bade〕 fujisa okdofi** （458 頁） **han-de hengkileme acaha: jai fujisa-de amba beile gaifi geren beise hengkileme acaha: terei amala jasai beilei emgi jafabuha monggoi beise fujisa-de hengkileme acaha: tuttu acame wajiha manggi amba sarin sarilaha:** ⊠

《太祖實錄》及《舊滿洲檔》漢譯

《清太祖武皇帝實錄》卷三　15 頁：

　　七月……帝夜夢天鵝、鸕老 及群鳥往來翱翔，羅得一白鸕老執之，聲言吾捉得宰賽矣，隨呼而覺（宰賽，蒙古之長，與帝有隙，常思捉之，故夢中云）。將此夢語后妃，后妃曰，宰賽爲人如飛禽，何以捉之。次日，復語諸王臣，諸王臣對曰，此夢主吉，蓋天將以大有聲名之人爲吾國所獲，故爲之兆也。是月，帝率諸王臣領兵取鐵嶺，二十五日至其城，將圍之。**七月，二十五日，往取鐵嶺城。**\……喻成明、史鳳鳴、李克泰及士卒盡殺之。帝入城，駐於兵備道衙門。\……**待城內外之敵，搜殺殆盡，俘獲收聚完畢，汗始入城，駐於道員之大衙門內。**\……

　　是夜蒙古胯兒胯部宰賽，扎掄衛巴格與巴牙裏兔歹青，色蚌諸臺吉等約二十人共領兵萬餘，星夜而來，伏於禾地內。及天明，有出城牧馬者約十人，宰賽兵見之，發矢追殺。我兵一見，即出城，知是蒙古，欲遶戰，又無上命，不戰，而吾人已被殺，但躡其尾而行。**時，蒙古齋賽貝勒兵巴克、巴雅爾圖及色本之兵萬餘人，乘夜而至，伏於高粱地內。待及天明，見出城門放馬之小廝及步行人，即發矢砍殺。我城內兵聞訊出城，非知明兵，是蒙古兵，即欲戰。因未奉汗命，何以戰之？若不戰，又使我人被殺，遂隨之而行。**\帝出城見曰，何爲不戰，可急擊之。大王曰，今一戰，恐貽後悔。帝曰，此兵乃宰賽兵也，吾與宰賽之 *恨有五*，今又先殺吾人，如此何悔之有。**汗出城曰，爲何不殺此兵？速攻殺之！大貝勒曰，恐曰後悔之。汗曰，何以悔之耶？據知此乃齋賽之兵。**\図 *我所聘葉赫錦泰希貝勒之女，齋賽其人奪而娶之，是一也。又曾侵烏扎魯嘎查，是二也。無辜執我使臣和托，以鐵索縛之，該使臣得逃脫返回，中道爲明人所殺，是三也。其後，我以不堪明之虐害，興師征之矣。而彼與明人同謀，對天地立誓伐我。以己求厚賞者，是四也。再者，曾謂明通事曰，賜我重賞，夫倘不征伐滿洲，上天鑒之。遂折斷活白牛之腰，於馬上對天灑祭牛血，是五也。今彼又先殺我人，是六也。由此戰之，我何悔耶？乃著我軍士，急進砍殺之。***諸王臣**遂領兵衝殺，敗其兵，追之遼河，溺死殺者甚眾，生擒宰賽並二子色別希兒、克石兔及巴格、色蚌並廓兒沁桑剛裏寨（明安貝勒子也）、宰賽妹夫代剛兒塔不能，又酋長十餘人，兵百五十餘，\於是，*大貝勒*率兵進擊，追殺渡遼河，大殺其兵於遼河。生擒蒙古齋賽貝勒及其〔叫色特奇爾、柯希

克圖〕二子色特奇爾、柯希克圖，扎魯特國巴克、色本兄弟，科爾沁明安貝勒之子桑噶爾寨等，共六名貝勒，及齋賽之親信大臣岱噶勒塔布囊以及大臣十餘人，共一百五十人。\図 敗蒙古兵，正執齋賽班師還城，時見*烟塵騰起*，明兵分三路而來。我兵遂越城往迎。明兵未敢近前，既行撤退。\盡囚於鐘樓內。\擒蒙古齋賽之當日，未令齋賽見英明汗，安置於鐵嶺城四條狀街中的正中樓裏。\諸王大臣俱奇之日，*得擒宰賽，正應汗神夢也*。✂\次日設宴，張鼓樂。宰賽等叩見。其部下蝦兀胡七日，汗與王臣皆無恙否。時四王在側，答曰，吾軍中之僕厮有十數人破頭顱者，餘皆無恙。不知汝等鞍馬俱保全否。蒙古等皆赧然垂首，竟無以對。屯兵三日，論功行賞，將人畜盡散三軍。\次日，宰牛羊設大宴，擊鼓吹喇叭、哨吶、海螺，令其謁汗。叩見畢，**齋賽貝勒從下人烏胡齊侍衛問曰，英明汗及諸貝勒皆安好也？洪臺吉勒自汗右則答曰，我等僕從十人破頭，餘皆安好。爾等鞍馬俱完好耶？蒙古人羞愧，無言以對。鐵嶺城既攻取，駐城三日，辦理俘獲事畢，回兵。**

先放宰賽部臣孛落機等十一人還國，寄言宰賽兵敗及二子並兵百五十餘被擒之事。乃班師。帝謂諸王臣曰，今既留宰賽，其兵已盡被殺，恐所屬軍民牲畜爲他人所掠，奈何。不如將所捉百四十人放還可也。言訖，遂令回。\回兵之日，**放回齋賽貝勒之僚友稱博羅齊之大臣及十人諭曰，爾蒙古兵，認得我人，先殺我百人，奪馬一千匹。於是，我兵擊敗蒙古兵，誅戮甚多。生擒爾齋賽等六貝勒及百餘人。著爾往告此信。**\返家之日，*眾福晉*迎於富爾簡崗，叩見汗。大貝勒率*眾*貝勒拜見諸福*晉*。然後齋賽貝勒一齊被擒之蒙古諸貝勒叩見諸福*晉*。叩見畢，設大宴。図

【評論與注釋】

這是一段經過添加不實內容而形成的關於內喀爾喀弘吉剌特部首領齋賽被擒，最後導致內喀爾喀部被愛新國吞並的史事。

《太祖實錄》中關於努爾哈赤夢見羅得一白鵝老 ，解夢爲齋賽和抓得齋賽後眾臣祝賀努爾哈赤之夢得到靈驗的記載均不見於《舊滿洲檔》，顯然是史臣的臆造，意在神化努爾哈赤。在《太祖實錄》中類似的處理手段不僅此一

處。如，滿族形成的仙女下凡的故事，就是利用了呼爾哈部的傳說。〔註18〕

這段史事基本來源於《舊滿洲檔》中454、455、569、571、572、457等頁所載內容。《舊滿洲檔》將這段內容分別記錄在四塊不相連接的頁面上，是臺灣故宮博物院編輯時所產生的疏誤，與滿文原檔並無關係。

《太祖實錄》的記載已經完全按照實錄體稱努爾哈赤爲 *manju gurun-i taizu genggiyen han*（滿洲國英明汗），而漢文只作「帝」；《太祖實錄》中有鐵嶺城守將喻成明、史鳳鳴、李克泰等人的名字，而《舊滿洲檔》中不見這些人的名字。可見漢文編纂不是滿文本的忠實對譯，而且還有其他史料來源的補充。

如同努爾哈赤對明朝有七大恨，對齋賽也有六大恨。《太祖實錄》卻只提五大恨，然後並爲具體羅列齋賽之罪。《舊滿洲檔》卻詳細記載了齋賽所犯六大罪責。從中可以獲得許多重要史迹外，還可以瞭解《太祖實錄》編纂的特點。

關於帶領女眞兵擊破齋賽兵的將領，《太祖實錄》只作 *geren beise ambasa*（諸王臣），而《舊滿洲檔》明確記載是 amba beile（大貝勒）。大貝勒，即努爾哈赤次子代善（1583～1671）。初爲貝勒，以作戰勇敢，賜號古英巴圖魯。天命元年（1616）封和碩貝勒，稱大貝勒，爲正紅旗旗主，與阿敏、莽古爾泰、皇太極並稱四大貝勒。屢伐女眞各部，征蒙古及攻明，戰功卓著。天命十一年（1626），與諸子擁立皇太極爲汗。崇德元年（1636），晉封和碩禮親王。八年（1643），皇太極死，八月，與諸王貝勒擁世祖福臨繼位，以鄭親王濟爾哈朗、睿親王多爾袞同輔政。康熙十年（1671）卒。

擊破齋賽兵後，明兵曾試圖增援齋賽的記錄不見於《太祖實錄》。

努爾哈赤巧妙地利用齋賽的影響和地位，向蒙古內喀爾喀部施行人質戰略，迫使他們就範。緊接著出現的內喀爾喀諸諾顏與愛新國皇帝及諸貝勒舉行祭天地盟誓儀式，就是蒙古部落被征服的序幕。

關於努爾哈赤之子皇太極，《太祖實錄》作 *han-i duici jui hong taiji beile*（汗之第四子皇太極貝勒，而《舊滿洲檔》只作 **hong taiji beile**（皇太極貝勒）。皇太極（1592～1643），應爲太祖第八子。初爲正白旗旗主，與大貝勒代善、二貝勒阿敏、三貝勒莽古爾泰被稱爲「四大貝勒」，以年齒序稱「四貝勒」。

〔註18〕詳見松村潤著《清太祖實錄研究》，東北亞文獻研究叢刊2，東北亞文獻研究會發行，2001年，19～23頁。

天命十一年（1626）太祖去世後登愛新國汗（皇帝）位，年號天聰。天聰十年（1636），改國號爲清，改元崇德，受尊號爲「寬溫仁聖皇帝」。崇德八年（1643）崩，葬盛京（今瀋陽）昭陵，廟號太宗，諡文皇帝。

滿文《太祖實錄》uhuci gebungge hiya（稱作兀胡七的侍衛），漢文《太祖實錄》譯成「其部下蝦兀胡七」。「hiya」（蝦）蒙古語「侍衛」的意思，突厥語〔xia〕，詞義相同。滿語借用該詞，表達「侍衛」之義。

滿文《太祖實錄》中的「manju gurun-i taizu genggiyen han bolori ujui biya-de beise ambasa geren cooha-be gaifi daiming gurun-be dailame tiyeling hecen-be gaime」在漢文《太祖實錄》中譯作「是月，帝率諸王臣領兵取鐵嶺」。這裏「manju gurun-i taizu genggiyen han bolori ujui biya-de」（滿洲國英明汗於秋初月）簡譯爲「是月」。

（7）1619 己未 天命四年

滿文史料拉丁文轉寫

"taizu yargiyan kooli"，*ilaci debtelin92～97*；《舊滿洲檔》*491～500* 頁：

tuweri omšon biyai ice inenggi kalkai sunja tatan-i geren beisei elcin-i emgi manju gurun-i genggiyen han-i elcin eksingge，cohur：yahican，kūrcan：hifa ere sunja amban-de gashūre bithe jafabufi：kalkai sunja tatan-i geren beise-i emgi doro acafi emu hebei banjiki seme unggihe：kalkai sunja tatan-i beise gakca modu：ganggan-i seterhei gebungge bade acafi abka-de šanggiyan morin：na-de sahaliyan ihan wafi：emu moro-de arki：emu moro-de yali：emu moro-de senggi：emu moro-de šanggiyan giranggi：emu moro-de boihon sindafi abka na-de akduleme gashūme：**kalkai sunja tatan-i beisei emgi juwe gurun doro jafafi emu hebei banjikiseme gashūre bithe arafi: omšon biyai ice inenggi eksingge: cūhur: yahican: kurcan: hifa sunja amban sa ungghe bithei gisun** 〔ere inu〕:\manju gurun-i genggiyen han-i juwan gūsai doro jafaha beise monggo gurun-i sunja tatan-i kalkai doro jafaha beise: meni juwe gurun-be: abka na gosifi doro jafafi emu hebei banjikini seme acabuha dahame: abka na-de gashūmbi:

daci kimungge daiming gurun-be emu hebei dailambi: yaya funde daiming gurun-de acaci gisurefi emu hebei acambi: abka na-de gashūha gisun-be efuleme sunja tatan-i kalkai beise-de hebe akū: manju gurun-i genggiyen han daiming gurun-de neneme acaci daiming gurun meni juwe gurun-i hebe-be efuleki seme manju-de dorgideri šusihiyeme niyalma takūraha-be sunja tatan-i kalkai beise-de alarakū oci: abka na wakalafi manjui juwan gūsai doro jafaha beise se jalgan foholon ofi ere senggi gese senggi tucime: ere boihon-i gese boihon-de gidabume: ere girangi gese giranggi šarame bucekini: \sunja tatan-i kalka-i beise: kundulen genggiyen han-I juwan tatan-i beise meni 〔muse〕 juwe gurun-be: abka na gosifi doro jafafi emu hebei banjikini seme acabuha dahame meni juwe gurun: abka na-de gashūmbi: kundulen genggiyen han-i juwan tatan-i doro jafaha beise: kalkai sunja tatan-i doro jafaha beise juwe gurun-i amba doro jafame: suwayan honin aniya jorgon biyade: abka-de šanggiyan morin wafi: nade sahaliyan ihan wafi: emu moro-de arki: emu morode yali: emu morode boihon: emu morode senggi: emu morode šanggiyan giranggi-be sindafi: unenggi akdun gisumbe gisureme: abka na-de gashūki: daci kimūngge nikan gurumbe: meni juwe gurun emu hebei dailambi: yaya fonde nikan gurunde acambihede: gisurendufi emu hebei acambi: uttu abka na-de gashūha gisumbe efuleme: sunja tatan-i kalka-de hebe akū: kundulen genggiyen han nikan gurun-de neneme acaci: nikan gurun meni juwe gurun-i hebebe efuleki seme meni doro jafaha juwan beisede dorgideri šiosihiyeme niyalma takūraci: tere gisumbe sunja tatan-i kalkade alarakūci: abka na wakalafi meni juwan tatani doro jafaha beise se jalgan foholon ofi ere senggi gese senggi tucime: ere boihon-i gese boihon-de gidabume: ere girangi gese girangi šarame bucekini: \monggo gurun-i sunja tatan-i kalkai beise-de daiming gurun acaki seme dorgideri šusihiyeme niyalma takūraci tere gisun-be manju gurun-i genggiyen han-de tucibume alarakū oci sunja tatan-i kalkai doro jafaha beise dureng hong baturu: ooba daicing: esen: babai, *asut-in* manggūldai: ebugedei hong taiji, ubasi dureng: gurbusi: dai darhan:

manggūldai daicing: bidengtu yeldeng: cohur: darhan baturu: enggeder: sanggarjai: budaci dureng: sanggarjai: bayartu: dorji: neici: uijang: uljitu: burgadu: eteng: eljige: ere geren beise-be: abka na wakalafi: se jalgan foholon ofi ere senggi gese senggi tucime: ere boihon-i gese boihon-de gidabume: ere giranggi gese giranggi šarame bucekini meni juwe gurun: abka na-de gashūha gisun-de isibume banjici: abka na gosifi ere gese arki-be omime: ere gese yali-be jeme: meni juwe gurun-i doro jafaha beise, se jalgan golmin: juse omosi tangkū jalan tumen aniya-de isitala juwe gurun emu gurun emu gurun-i gese elhe taifin-i banjikini seme gashūha:**sunja tatan-i kalkade nikan gurun acaki seme dorgideri šiosihiyeme niyalma takūraci: tere gisun-be mende donjibume alarakūci: kalkai doro jafaha dureng hūng baturu: ooba daicing: esen taiji: babai taiji: *asut-in* manggudai:: ebugedei hong taiji: ubasi taiji: dureng: gurbusi: dai darhan: manggūldai daicing: bidengtu yeldeng: cūhegur:: darhan baturu: enggeder: sanggarjai: butaci dureng: sanggarijai:: bayartu: dorji: *neici han*: uijeng: ūljeitu: burgatu: edeng: eljige: sunja tatan-i kalkai doro jafaha beisei se jalgan foholon ofi: ere senggi gese senggi tucime: ere boihon-i gese boihon-de gidabume: ere giranggi gese giranggi šarame bucekini: meni juwe gurun akba na-de gashūha gisun-de isibume banjici: abka na gosifi ere arkibe omime: yali-be jeme: meni juwe gurun-i doro jafaha beise: se jalgan golmin juse omosi tanggū jalan: tumen aniya-de isitala juwe gurun emu gurun-i gese elhe taifin-i 〔banjikini〕 banjirebe buyeme: abka nai salgabuhangge dere seme gūnifi, kundulen genggiyen han: sunja tatan-i beise meni juwe gurun emu hebe ombiseme: abka na-de hengkileme niyakūrame gashūmbi 〔gashubi seme bithe arafi unggihe〕::**

\tere sunja tatani kalka-i elcin jiderede: jarut bai gūsin beile jaisai emgi jafabuhe bak sebun juwe beilei jalinde gūsin morin ilan temen benjihe 〔manggi〕: genggiyen han hendume bi ulin ulgabe baitalarakū: bučetele unenggi manatala silemi-be baitalame gūnimbi: suweni akdun mujilen-be saha manggi: ulin ulgabe gaijarakū bafi unggimbi: unenggi akdun serengge ai seci: suweni jarut beise nikan gurun-be dailarabe tuwafi akdun-be sembidere: suweni monggoi beise encu gisun-i mujakū nikan gurun-de emu hebe ofi: mimbe dailaki seme abka na-de gashūhabe abka na wakalafi suweni monggoi beise-be minde jafabuha: abkai bufi jafabuha beisebe bi suweni akdun-be sabura onggolo sindafi unggirakū: jafabuha bak sebun-be teme goidambi seme gosici bak sebun-i emte juse jifi fonde tehede bak sebunci emge neneme genekini: genehe niyalma amasi jihe manggi jai geli emge genekini: jurceme yabubure seme hendufi unggihe: monggo-i sunja tatan-i kalkai beisebe gashūbume genere-de jaisai beilei emgi jafabuha jaisai jui hesiktu-be unggihe: ⊠

\taizu genggiyen han hendume: jaisai beye juwe juse gemu muse-de jafabuhabi: terei jušen irgen: adun ulga-be ahūn deui niyalma gidašame durime gaime wajirakū: jaisai juwe jui jurcenjeme emu jui tubade bisire jušen irgen adun ulga-be tuweme geneci: emu jui ubade bisire ama-be tuwame bikini: sunja tatan-i kalkai beise emu hebei daiming gurun-be dailafi guwang ning-ni babe baha manggi: tere fonde jaisai-be tucibufi unggre-be, bi seolere seme hendufi jaisai jui kesigtu-be sindafi unggime sekei dakū: sekei hayagan jibca: silun-i dakū, mahala gūlha uimiyesun etuku emu jergi etubufi, enggmu hadala tohohoi emu morin šangnafi unggihe:**tere hesiktu-de seke-i doko seke-i hayaga alha cehemu buriha jibca silun-i dahū mahala umiyesun gūlha gahari fakūri yoni halame etubufi morin-de enggemu hadala tohofi yalubufi unggire-de: genggiyen han hendume:〔jaisai beyebe〕muse juwe gurun emu hebei nikan gurun-be dailame guwangnin-i ba-be baha manggi jaisai beye-be tere fonde bi seolere: guwangnin-i bade bahara onggolo jaisai juwe jui jurceme emu jui tubade bisire boo adun ulga gurun-be tuwame geneci emu jui ubade bisire amabe tuwame bikini: juwe jui emge geneme: emge jime amasi julesi yabukini: emu jui generakūci tubade bisire gurumbe ahūn deui niyalma gidašame gaime wajirahū seme hendufi unggihe:**

（496～503 頁）\tere elcin genere-de jarut beisei takūraha sunja niyalmabe unggihekū gaifi tebuhe: tede arafi unggihe bithei gisun〔ere inu〕:

jongnon sanggarjai suweni gurun: mini yehei bade jifi jeku juwere: yehede bihe niyalmabe dulga niyalma-be wahabi: dulga niyalma gamarabe: meni coohai niyalma safi emu tanggū gūsin niyalma-be jafaha bihe: bi emu tanggū niyalma-be sindafi unggihe: doro jafafi sain banjiki seme duin jergi bithe niyalma takūraci ojorakū: suweni monggo geli uttu doro-be efuleme mimbe fusihūlame kiyen-i hoton-de muhaliyanfi sindaha uksin aikan jakabe gemu gamahabi: terei jalinde bi umai seme henduhekū: mini beye jobome mini coohai niyalma buceme afafi efuleme gaiha: kiyen cilin yehei bai jeku niyalma morin ihan aika jaka-be gemu suweni monggo ai jalinde gamambi: mini hoton efulerede suweni monggo mini emgi efulehe biheo: tere usin-be suweni monggo emgi acan weilehe biheo: suweni monggo gurun ulgabe ūjime yalibe jeme sukūbe etume banjimbikai: meni gurun usin tarime jekube jeme banjimbikai: muse juwe emu gurun geli waka: encu gisuni gurun kai: suweni monggo gurun uttu dorobe efuleme weile arame yaburebe beise suwe sambio: saci sembi seme gisun hendufi unggi: beise sarkū oci sain doro-be efuleme yabure niyalmabe adarame weile arambi beise suwe sa: bi duin jergi doro jafafi sain banjiki seme bithe unggime niyalma takūraci ojorakū: suweni monggo gurun gisurehe 〔gisurere〕 sain doro-be efuleme ainu uttu yabumbi: sain doro adarame ehe: ehe doro abarame sain: suweni juwe beile-i gurun-i gamaha jeku minggan hule gamahabi: minggan hule jekube gemu bederebume ineku inde benjiu: gamaha jeku-be jeme wajiha bici, minggan hule jeku-i jalin-de minggan honin tanggū ihan benjiu: tuttu benjihede mini neneme unggihe tanggū niyalmai eden gūsin niyalmabe unggire: jai yeheci burlame genehe niyalma morin ihan gemu bederebu: yehe-ci suweni gamaha niyalma morin ihan-be gemu baicafi unggi: suweni waha niyalmai beyebe ūren ilibu: jarut ba-i beise suwe: mende jihe niyalma morin ihan meni gajiha niyalma morin ihan-be gemu bedereme buhe: waha niyalmai beyebe ilibume wajiha: emu niyalma emu morin emu ihanbe somime gidafi burakūci abka na sakini seme beise-i beye gashūhade suwende akdafi fe kooli niyaman hūncihin seme yabumbidere: suweni gamaha niyalma morin ihan-be baicafi burakū: waha niyalmai beyebe ilibume burakūci gisurehe gisun-de isiburakū bade adarame akdafi suwende elcin yabure seme bithe 〔arafi〕 unggihe:: sunja tatan-i kalkai beise meni meni bade tefi bihengge gemu bade acafi juwan tetume hebedeme gisurefi: yeheci burlame jihe niyalma morin ihan-be gemu bedereme buki: juwe gurun emu gurun-i gese banjiki seme hebedefi jorgon biyai orin ilan-i inenggi gakca modo sere emhun mooi ganggan-i seterhei gebungge bade genggiyen han-i unggihe bithei emu gisun-be jurcehekū eksingge cūhur yahican kurcan hife-de ceni galai bithe arafi abka na-de šanggiyan morin sahaliyan ihan wafi bithe dejime gashūha meni kalkai sunja tatan-i beise: kundulen genggiyen han-i juwan tatan-i beise: muse juwe gurun-be abka na gosifi doro jafafi emu hebei banjiki seme acabuka dahame meni juwe gurun abka na-de gashūmbi: kalkai sunja tatan-i beise doro jafaha beise kudulen genggiyen han-i juwan tatan-i doro jafaha beise juwe gurun-i amba doro jafame: suwayan honin aniya jorgon biyai orin ilan inenggi dergi abka ama-de šanggiyan morin wafi: fejergi na eniye-de sahaliyan ihan wafi: emu morode arki: emū morode yali: emu morode boihon: emu morode senggi: emu morode šanggiyan giranggibe sindafi, unenggi akdun gisunbe gisureme: abka na-de gashūmbi: daci kimūngge nikan gurunbe: meni juwe gurun emu hebei dailambi: yaya fonde nikan gurunde acambihede gisurendufi emu hebei acambi: uttu abka na-de gashūha gisun-be efuleme: kundulen genggiyen han-i juwan tatan-de hebe akū: nikan gurun-de sunja tatan-i kalkai beisebe neneme acaci: nikan gurun meni juwe gurun-i hebe efuleki seme meni sunja tatan-i kalkai doro jafaha beise-de nikan dorgideri šiosihiyeme niyalma takūraci: tere gisumbe: kundulen genggiyen han-i doro jafaka juwen tatan-i beisede alarakūci: abka na wakalafi meni sunja tatan-i kalkai doro jafaha: dureng hong baturu: ooba daicing: esen taiji: babai taiji: asut-in mangguldai:: ebugedei hong taiji: ubasi taiji: dureng: gurbusi:: dai darhan: manggūldai daicing: bidengtu yeldeng: cūhur:: darhan baturu: enggeder: sanggarjai: butaci dureng: sanggarijai:: bayartu: dorji: neici : uijeng: uljei tu: burgatu: edeng: eljige: meni sunja tatan-i kalka-i doro jafaha beise,se jalgan foholon ofi ere senggi gese senggi tucime : ere boihon-i gese boihon-de gidabume：ere giranggi gese giranggi šarame bucekini：kundulen genggiyen han juwan tatan-i doro jafaha beise suwe：meni sunja tatan-i kalkade hebe akū：nikan gurun-de neneme acaci：suweni juwan tatan-i doro jafaha：kudulen genggyen han：guyang baturu: amin taiji: mangguldai: hong taiji: degelei: ajige age: dodo: buyangkū: delger: se jalgan foholon ofi: ere senggi gese senggi tucime: ere boihon-i gese boihon-de gidabume: ere giranggi gese giranggi šarame bucekini: meni juwe gurun: abka na-de gashūha gisun-de isibume banjici: abka na gosifi: ere arkibe omime: ere yali-be jeme: meni juwe gurun-i doro jafaha beisei: se jalgan golmin juse omosi tanggū jalan：tumen aniya-de isitele juwe gurun emu gurun-i gese elhe taifin-i banjire-be buyeme: abka na-i salgabuhangge dere seme gūnifi: kundulen genggiyen han-i juwen tatan: kalkai sunja tatan-i beise meni juwe gurun emu hebe ombi seme: abka na-de hengkileme niyakūrame gashūrengge ere inu seme bithe arafi: abka-de dacime gashūha: tere gashūre-de: jarut ba-i jongnon beile: ba goro ofi genehekū bihe: tere gashūre sidende monggo gurun jeku akū ofi emu dubei kiyen cilin-i jekube gajime jifi gamara niyalma gamaha: nambuhe niyalmai beyebe jafafi ulga-be gaihangge nadan jakūn jergi emu minggan funceme ihan gaiha: ☒

《太祖實錄》及《舊滿洲檔》漢譯

《太祖實錄》卷三 23頁：

　　十一月初一日，\十一月初一日，\帝令厄革腥格、褚胡裏、鴉希讒、庫裏纏、希福五臣賷誓書與胯兒胯部五衛王等，**與喀爾喀五部相盟和好，繕寫誓書。遣額克興額、楚胡爾、雅希禪、庫爾禪、希福五大臣賷書與喀爾喀五部諸貝勒。**\共謀連和，同來使至岡幹色得裏黑孤樹處，遇五衛之王，宰白馬烏牛，設酒肉、血、骨、土各一碗，對天地\☒ \誓曰，蒙皇天后土祐我二國同心。故滿洲國主並十固山執政王等，今與胯兒胯部五衛王等會盟，征仇國大明，務同心合謀。倘與之和，亦同商議。若毀盟而不通五衛王知，輒與之和，或大明欲散我二國之好，密遣人離間而不告，則皇天不祐，奪吾滿洲國十固山執政王之算，即如此血出，土埋，暴骨而死。**書曰，**

五部喀爾喀貝勒與恭敬英明汗之十部諸貝勒，我二國既蒙天地眷祐，願相盟好，同謀共處。故我二國對天地發誓。恭敬英明汗之十部執政貝勒，喀爾喀五部之執政貝勒，執掌二國大政，於己未年十二月，刑白馬、烏牛，置設酒一碗、肉一碗、土一碗、血一碗、骨一碗，以誠信之言誓告天地。我二國素與明國為仇，今將合謀征之。何時與明國修好，必共同商議而後和之。若毀天地之盟，不與五部喀爾喀商議，恭敬英明汗與明和，或明欲敗我二國之盟，密遣人挑唆我執政之十部貝勒，而不以其言告五部喀爾喀，當受天地譴責，奪我十部執政貝勒壽算，濺血，蒙土，暴骨而死。\若大明欲與五衛王和，密遣人離間而五衛王不告滿洲者，胯兒胯部主政王都稜洪把土魯、奧巴歹青、厄參、八拜、阿酥都衛蟒古兒代、厄布格特闊臺吉、兀把什都稜、孤裏布什、代打裏汗、蟒古兒代歹青、弼東兔、葉兒登、褚革胡裏、大裏漢把土魯、恩格得裏、桑阿裏寨、布打七都稜、桑阿裏寨、巴丫裏兔、朵裏吉、內七漢、位徵、偶兒宰兔、布兒亥都、厄滕、厄兒吉格等王，皇天不祐，奪其紀算，血出，土埋，暴骨亦如之。吾二國若踐此盟，天地祐之，飲此酒，食此肉，壽得延長，子孫百世昌盛，二國始終如一，永享太平。\若明國欲與五部喀爾喀媾和，密遣人離間之，而不以其言告我，則奪喀爾喀執政之杜楞洪巴圖魯、奧巴戴青、厄參臺吉、巴拜臺吉、*阿索特之莽古爾岱*，額布格德依黃臺吉、烏巴希臺吉、都楞、古爾布什、岱達爾漢、莽古爾岱戴青、畢登圖葉爾登、楚胡爾，達爾漢巴圖魯、恩格德爾、桑噶爾寨、布達其都楞、桑噶爾寨，巴雅爾圖、多爾吉、內其汗、微徵、烏力吉圖、布爾噶圖、額登、額爾吉格五部喀爾喀執政貝勒等之紀算，亦濺血，蒙土，暴骨而死。我二國若守此天地之盟，則蒙天地之祐矣。飲此酒、食此肉，我二國執政諸貝勒可得長壽，子孫百世，及於萬年。願二國如同一國，永享太平，亦乃天地之意。恭敬英明汗、五部諸貝勒，二國共立此誓。遂拜天地誓之。

　　\五部喀爾喀使者來時，扎魯特地方之三十貝勒乃因其貝勒巴克、色本二人與齋賽一同被擒，特送來馬三十匹，駱駝三峰。英明汗曰，吾不需財畜，惟需至死不渝之誠心。見爾等篤信之意，即不受財物畜，盡行退還。若言何為誠心？以待見爾扎魯特諸貝勒舉兵伐明，方知可信與否焉。爾蒙

古貝色竟與語言殊異之明國合謀，盟誓天地，欲征討於我，故天地不容，致爾蒙古貝色，爲我所執。此天之所賜爲我所獲之貝勒，未見爾之誠信，不予放歸。倘以被執之巴克、色本居此過久爲憐，可遣巴克、色本之子各一人前來替代。至於巴克、色本二人，可一人先歸。歸者轉來後，另一人再歸，如此更番往來之。言畢遣歸來使。✄

　　＼帝曰，宰賽與二子俱被擒，但恐其所屬人畜爲族人侵奪，可令其二子輪流往來，一子在彼保守人畜，一子在此侍父，若宰賽之歸期，須待五衛王同征大明得廣寧後再籌之。於是，賜其子克石格兔輕裘三領（貂二、猞猁孫一），靴帽衣帶鞍馬，令還。＼與蒙古五部喀爾喀貝勒盟誓時，將與齋賽貝勒一同被擒之齋賽子克希克圖遣歸。賜克希克圖貂皮裏貂皮鑲邊閃光倭鍛面皮襖，猞猁猻皮端罩及帽、腰帶、靴子、布衫、褲子等換穿之，並賜鞍馬騎乘。行前，英明汗曰，待我二國合謀征明，得廣寧地方後，我再考慮齋賽之事。克廣寧地方之前，可令爾齋賽二子更番往來。一子於彼處監護牲畜房舍及國人，一子則在此地侍父。倘不遣一子歸彼，恐彼所有之國人盡被兄弟欺凌侵奪。言畢令還之。

　　＼此次遣還使者時，扎魯特貝勒遣來之五人未歸，仍留駐居之。爲此遣書曰，鍾嫩、桑噶爾齋：爾國人等來我葉赫地方，將我於該地輸運糧穀之人殺掠各半。我兵聞知，擒獲百三十人，釋放一百人。我曾四次遣人致書，欲修和好，爾竟不從。爾等蒙古，仍如此渝盟輕我，將我存放於開原城之鎧甲諸物，盡數掠去。對此，我可置不問，唯我本人辛苦，我軍士死戰攻破之開原、鐵嶺、葉赫等地所獲之糧穀、人口、馬匹、牛隻等物，爾蒙古爲何盡奪之？我破城時爾蒙古與我同破乎？其田地，與爾蒙古合種耶？爾蒙古以養牲食肉、衣皮爲生，而我國則以耕田食穀物爲生矣！兩國本非一國乃語言相異之國也！爾蒙古人等如此悖理作惡者，爾貝勒等知否？知之則寄語告知。倘貝勒等不知之，則其沮壞和好之道者如何處治，爾貝勒等知之。我四次遣人致書修好，爾竟不從。爾蒙古何故如此沮壞所議和好之道？和好之道何惡有之，不和之道何善存之？爾二貝勒屬下國人搶我糧穀千石，當將此糧盡數歸還。倘已食盡，可輸羊千隻、牛百頭，以抵償所搶糧穀。若能照辦，則將其餘三十人放還。再自葉赫逃往之人、牛、馬，盡

行退還。爾等自葉赫搶去之人、牛、馬，亦皆查還。至被爾等誅戮之人，悉立碑位祭之。扎魯特地方諸貝勒，爾等若以盡數歸還投歸我之人、馬、牛及我等所取之人，所殺之人，悉立碑位以送來。倘匿一人、一馬、一牛不還，則天地鑒之等語盟誓，則我必信爾等！仍照舊例，待以親戚，互通來往。若不查還爾等所掠人、馬、牛畜，所殺之人，弗立牌位，行不踐言，則我更何以相信爾等，遣使往來耶！五部喀爾喀貝勒，由各自住地會聚一處，商議十日後，稱曰，自葉赫逃來之人、馬、牛，盡數歸還，願兩國親睦如一。十二月二十三日，於噶克察謨多、岡幹塞特爾黑地方五部喀爾喀諸貝勒會英明汗所遣之額克興額、楚胡爾、雅希禪、庫爾禪、希福，依照汗所遣之書，繕寫誓言，刑白馬烏牛，對天地焚書盟誓：吾喀爾喀五部貝勒與恭敬英明汗之十部諸貝勒，我二國蒙天地眷祐，願相盟好，同謀共處，故我二國對天地發誓。喀爾喀五部之執政貝勒與恭敬英明汗之十部執政貝勒，爲執二國大政，於己未年十二月二十三日，對上天父刑白馬、對下地母刑烏牛，置設酒一碗、肉一碗、血一碗、骨一碗，以誠信之言誓告天地。我二國素與明國爲仇，今將合謀征之。何時與明國修好，必共同商議而後和之。若毀天地之盟，不與恭敬英明汗同謀，喀爾喀諸貝勒和明先商議，或明欲敗我二國之盟，密遣人挑唆我執政之貝勒，而不以其言告英明汗之執政十部貝勒，當受天地譴責，我喀爾喀執政之杜楞洪巴圖魯、奧巴戴青、厄參臺吉、巴拜臺吉、阿索特部之莽古爾岱，額布格德依黃臺吉、烏巴希臺吉、都楞、古爾布什，岱達爾漢、莽古爾岱戴青、畢登圖葉爾登、楚胡爾、達爾漢巴圖魯、恩格德爾、桑噶爾寨、布達其都楞、桑噶爾寨，巴雅爾圖，多爾吉、內其、微徵、烏力吉圖、布爾噶圖、額登、額爾吉格，吾五部喀爾喀執政貝勒等之壽短，亦濺血，蒙土，暴骨而死。英明汗執政爾十貝勒，若不與吾五部喀爾喀同謀，先和明國修好，爾英明汗、古揚巴圖魯、阿民臺吉、莽古爾泰臺吉、洪臺吉、德格雷臺吉、阿機格臺吉、鐸都、布羊古、德力格爾壽短，亦濺血，蒙土，暴骨而死。我二國若踐此天地之盟，則蒙天地祐之矣。飲此酒、食此肉，我二國執政諸貝勒可得長壽，子孫百世，及於萬年。願二國如同一國，永享太平，亦乃天地之意。恭敬英明汗、五部諸貝勒，二國共立此誓。盟誓之時，扎魯特地方鍾嫩貝勒以地

處窵遠未至。盟誓期間，蒙古國因無糧穀，屢至開原、鐵嶺掠糧。或掠糧而去，或被擒拿，奪其牲畜，凡有七八次，獲牛計千餘。✄

【評論與注釋】

《舊滿洲檔》中與《太祖實錄》這段內容相一致或接近的記載集中在491～500頁之間。我們從《舊滿洲檔》的內容看，這次盟誓經過了以下過程。首先，由愛新國方面提出盟誓要求，並預先繕寫好誓書，於是年十一月初一日派五位使者齎書前往喀爾喀五部駐牧地。第二、於是年十二月二十三日，在內喀爾喀噶克察謨多、岡幹塞特爾黑地方與五部26名首領舉行了盟誓。第三、為了達到盟誓目的，努爾哈赤採取輪流入質，遣返俘虜等措施，逼他們就範。第四、為了徹底解決扎魯特部搶掠愛新國新得地方糧食、牲畜以及葉赫部逃民問題，努爾哈赤採取強硬態度，逼迫扎魯特部首領作出最終抉擇。

《太祖實錄》的記錄沒有明確交代五部首領與愛新國首領舉行盟誓的日期，更未記錄愛新國十旗（這裏說十營）貝勒之名。從內喀爾喀首領名單可以看出其執政貝勒的構成，其中還有阿蘇特部首領莽古爾臺，說明內喀爾喀諸部構成之複雜。

《舊滿洲檔》的記載如實地展現了當時的史實。尤其愛新國執政十貝勒的名單，反映著當時權力集團的構成。他們是：英明汗（努爾哈赤）、古英巴圖魯（大貝勒代善）、阿敏臺吉（二貝勒）、〔註19〕莽古爾泰臺吉（三貝勒）、〔註20〕皇太極（四貝勒）、〔註21〕德格類臺吉、〔註22〕阿濟格臺吉、〔註23〕

〔註19〕阿敏臺吉（1586～1640）清宗室。太祖弟莊親王舒爾哈齊次子。其父因謀叛被囚禁而死，阿敏被養於太祖處。初封貝勒，多有戰功。太祖創建八旗，任鑲藍旗旗主。天命元年（1616）封和碩貝勒，尊稱二貝勒，與代善、莽古爾泰、皇太極並稱四大貝勒。統鑲藍旗。曾統兵參加薩爾滸、遼瀋等戰役。天聰元年（1627）領兵攻朝鮮，迫使朝鮮國王稱弟納貢。四年，以棄永平四城，僭擬國君，心懷異志等十六大罪，幽禁籍沒。崇德五年（1640）十一月，死于禁所。

〔註20〕莽古爾泰臺吉（1587～1633）清太祖第五子。天命元年（1616）封和碩貝勒，統正藍旗，與代善、阿敏、皇太極合稱四大貝勒。在薩爾滸之戰及滅葉赫、攻蒙古、取遼瀋等戰役中，屢立軍功。天聰五年（1631）被太宗藉故革大貝勒，奪五牛錄，罰銀一萬兩，以摧抑三大貝勒之權勢。後以暴病卒。

〔註21〕即清太宗皇太極（1592～1643）。太祖第八子。初為正白旗旗主，與大貝勒代善、二貝勒阿敏、三貝勒莽古爾泰被稱為「四大貝勒」，以年齒序稱「四貝勒」。天命十一年（1626）太祖崩，被諸貝勒推為愛新國汗，年號天聰。天聰十年（1636），改國號為清，改元崇德，受尊號為「寬溫仁聖皇帝」。崇德八年（1643）

杜度、〔註24〕布羊古、〔註25〕德爾格勒。〔註26〕

　　根據標點符號所指示的的含義，《舊滿洲檔》所記錄的這次立盟的喀爾喀五部官員人名共分四組 26 人，而這四組人應該分別屬喀爾喀五個不同鄂圖克。第一組：1、dureng hūng baturu 杜楞洪巴圖魯 2、ooba daicing 奧巴戴青 3、esen taiji 厄參臺吉 4、babai taiji 巴拜臺吉 5、asut-in mangguldai 阿蘇特之莽古爾岱。第二組：6、ebungedei hong taiji 額布格德依黃臺吉 7、ubasi taiji 烏巴希臺吉 8、dureng 都楞 9、gurbüsi 古爾布什 10、dai darhan 岱達爾漢 11、mangguldai daicing 莽古爾岱戴青 12、bidengtu yeldeng 畢登圖葉爾登 13、cūhur 楚胡爾。第三組：14、darhan baturu 達爾漢巴圖魯 15、enggeder 恩格德爾 16、sanggarjai 桑噶爾寨 17、budaci dureng 布達其都楞 18、sanggarijai 桑噶爾寨。第四組 19、bayartu 巴雅爾圖 20、dorji 多爾吉 21、neici han 內齊汗 22、uijeng 微徵 23、uljeitu 烏力吉圖 24、burgatu 布爾噶圖 25、edeng 額登 26、eljige 額爾吉格。

　　第一組：1、dureng hūng baturu 杜楞洪巴圖魯 2、ooba daicing 奧巴戴青 3、esen taiji 厄參臺吉 4、babai taiji 巴拜臺吉 5、asut-in manggldai 阿蘇特之莽古爾岱等屬烏濟業特部。〔註27〕

崩，葬盛京（今瀋陽）昭陵，廟號太宗，諡文皇帝。

〔註22〕德格類臺吉（1596～1635）清太祖第十子。初授臺吉。天命六年（1621）從征明奉集堡，會同嶽托擊敗明軍。八年，隨徵蒙古紮魯特部。十一年，隨徵蒙古紮魯特部，封多羅貝勒。天聰五年（1631）掌戶部事。次年，兄莽古爾泰病故，代統正藍旗，晉和碩貝勒，屢率軍攻明。天聰九年十月，病死。

〔註23〕阿濟格臺吉（1605～1651）清太祖第十二子。初授臺吉。天命五年（1620）為和碩額真。崇德元年（1636）以軍功封多羅武英郡王。六年率部大敗明軍於錦州。順治元年（1644），晉和碩英親王，任靖遠大將軍，統兵入陝西敗大順軍。七年，以心懷異志，削爵籍沒幽禁，旋責令自盡。

〔註24〕杜度（argatu）（1597～1642）清宗室。太祖長子褚英第一子。天命間為貝勒。天聰元年（1627），從阿敏進攻朝鮮。三年從皇太極攻明，進至京郊，激戰受創。崇德元年（1636），封多羅安平貝勒。三年，同揚威大將軍嶽托領兵攻明，嶽託病卒，代統右翼兵，破城數十座，擄掠甚多。七年率兵圍攻錦州，旋病卒於盛京。

〔註25〕努哈爾赤侄子，舒爾哈赤子。

〔註26〕德爾格勒臺吉，葉赫部首領金臺什之子。被愛新國俘虜。天命四年（1619）八月，愛新國攻破葉赫國，努爾哈赤命德爾格勒勸其父投降。

〔註27〕據《金輪千輻》、《遠夷略》中「杜楞洪巴圖魯」是烏濟業特鄂圖克的統領炒花，這時的「杜楞洪巴圖魯」可能是另一個稱號。「奧巴戴青，厄參臺吉」是炒花子。阿蘇特部屬察哈爾部。這時莽古爾岱屬下一部分阿蘇特人與烏濟業特部在一起。

第二組：6、ebungedei hūwang taiji 額布格德依黃臺吉 7、ubasi taiji 烏巴希臺吉 8、dureng 都楞 9、gurbüsi 古爾布什 10、dai darhan 岱達爾漢 11、manggldai daicing 莽古爾岱戴青 12、bidengtu yeldeng 畢登圖葉爾登 13、cūhur 楚胡爾等屬巴林和弘吉剌特部。〔註28〕

第三組：14、darhan baturu 達爾漢巴圖魯 15、enggeder 恩格德爾 16、sanggarjai 桑噶爾寨 17、butac dureng 布達其都楞 18、sanggarijai 桑噶爾寨。以屬巴岳特和部分扎魯特左翼人為主。〔註29〕

第四組：19、bayartu 巴雅爾圖 20、dorji 多爾吉 21、neici han 內齊汗 22、uijeng 微徵 23、uljeitu 烏力吉圖 24、burgatu 布爾噶圖 25、edeng 額登 26、eljige 額爾吉格等，屬扎魯特右翼一部。〔註30〕因史料有限，《舊滿洲檔》記錄的以上人名，有的無法考清。〔註31〕

滿文《清太祖武皇帝實錄》中所記錄人名這次參加盟誓的人為 1、dureng hūng baturu 杜楞洪巴圖魯 2、ooba daicing 奧巴戴青 3、esen taiji 厄參臺吉 4、babai 巴拜 5、asot-in mangguldai.阿索特的莽古爾岱 6、ebugedei hong taiji 額布格德依黃臺吉 7、ubasi dureng 烏巴希臺吉都楞 8、gurbusi 古爾布什 9、dai darhan 岱達爾漢 10、mangguldai daicing 莽古爾岱戴青 11、bidengtu yeldeng 畢登圖葉

〔註28〕 莽古爾岱戴青，畢登圖，葉爾登，楚胡爾是暖圖子，兀班（oban-booimu-doγsin）孫，屬弘吉剌特部人。而額布格德依黃臺吉據《遼夷略》：「速把亥有三子，長卜言兔，無子，次卜言顏，有三子，其三男把兔兒有七焉。卜言顏三子，曰都令，即額參臺吉，曰額木素郎，即矮要世，曰古路不四。把兔兒之子，長曰額伯革打黃臺吉……」速把亥第四代孫，屬巴林。

〔註29〕 恩格德爾是巴嶽特部人，達爾漢巴圖魯是他父親。漢文中寫「伯兒亥」，蒙古文中寫（sonin-dai č ing）。《金輪千佛》中「sonin-daičing（索寧歹青）」，《登壇必究》中「歹青即伯要兒」，《遼夷略》中寫「虎爾哈赤」子「歹青」。布達其都楞是恩格德爾弟，老思子，《遼夷略》中之卜塔赤。

〔註30〕 巴雅爾圖都喇子，兀把賽（obasi-oijing）孫。多爾吉都喇孫。額登，額爾吉格是套布虎子兀把賽（obasi-oijing）孫。烏力吉圖也兀把賽孫。内齊汗為《王公表傳》中的「内齊汗」，屬左翼紮魯特，但他部分人主要紮魯特部右為主。

〔註31〕 達力紮布先生對這些人進行分辨後認為，烏濟業特部：都楞洪巴都魯（卓裏克圖洪巴圖魯之誤）、奧巴岱青、厄參臺吉、巴拜臺吉；巴林部：額布格德依、杜楞、古爾布希、莽古爾岱青、烏巴錫臺吉；翁吉剌特部：岱達爾漢、阿索特金莽古爾岱、畢登圖葉爾登、楚胡爾；巴約特部：達爾漢巴圖魯、恩格德爾、桑噶爾寨；紮魯特部：内齊汗、衛徵、鄂爾哲依圖、部爾噶圖、額登、巴雅爾圖、額爾濟格，多爾濟。共24人。《明代漠南蒙古歷史研究》内蒙古文化出版社1998年1月。

爾登 12、cuhur 楚胡爾 13、darhan baturu 達爾漢巴圖魯 14、enggeder 恩格德爾 15、sanggarjai 桑噶爾寨 16、budaci dureng 布達其都楞 17、sanggarijai 桑噶爾寨 18、bayartu 巴雅爾圖 19、dorji 多爾吉 20、neici 內齊 21、uijeng 微徵 22、uljeitu 烏力吉圖 23、burgatu 布爾噶圖 24、edeng 額登 25、eljige 額爾吉格。滿文《清太祖武皇帝實錄》把 7、ubasi taiji 烏巴希臺吉 8、dureng 都楞寫成一個人 ubasi dureng 烏巴希臺吉都楞。所以，人數變爲 25 人。有些人名的稱呼上有差別。如：《舊滿洲檔》「neici han」（內齊汗），《太祖實錄》寫作「neici」（內齊），去掉了「汗」字。

漢文《清太祖武皇帝實錄》1、都楞洪把土魯 2、奧巴歹青 3、厄參 4、八拜、5、阿酥都衛 6、蟒古兒代 7、厄布格特闖臺吉 8、兀把什都稜 9、孤裏布什 10、代打裏汗 11、蟒古兒代歹青 12、弼東兔 13、葉兒登 14、褚革胡裏大裏把土魯 15、恩格得裏 16、桑阿裏寨 17、布打七都楞 18、阿裏寨 19、巴丫裏兔 20、朵裏吉，21、內七漢 22、位徵 23、偶兒宰兔 24、布兒亥都 25、厄滕 26、厄兒吉格。與滿文記載基本相合。值得注意的是將「內齊汗」寫作「內齊漢」，將內喀爾喀五部中唯一具有汗號的扎魯特部「內齊汗」，通過改寫一個字而使其成爲普通諾顏。

從這次參加盟誓人名單上看，內喀爾喀部這時以烏濟業特、巴林、巴岳特、扎魯特等四部爲主，弘吉剌特部人名單則和巴林部人放在一起。由此可以看出弘吉剌特部已經歸入巴林部，很少單獨行動。巴林部統領者是速把亥子孫，弘吉剌特部統領者爲兀班（oban-boimu-dogsin）、暖圖子孫，據《萬曆武功錄》，速把亥時期的巴林部曾經在喀爾喀各部中力量最強。對明邊的軍事行動也非常頻繁，「東西到錦、義一千五百里所在皆可直入犯……」，而且「嘉靖中，炒花最稚弱，……竟歸速把亥。」這時弘吉剌特部的暖圖等也跟隨速把亥，聽他號令。大概 1583 年速把亥死，一時烏濟業特部炒花的力量達到強盛，在喀爾喀部中代替速把亥位置，也能號令喀爾喀各部，而參加軍事行動中也有弘吉剌特部。自從 1619 年齋賽被俘後，弘吉剌特部的踪影很少出現於史書。所以《舊滿洲檔》中巴林和弘吉剌特部人寫在一起，更能反映這一情況，這時它們可能被吸收到巴林部中。

愛新國派遣的這五名使臣中「厄革腥格」、「褚胡裏」的身份不清楚。其他三人都有文獻記載。「鴉希讒」、「庫裏纏」（努爾哈赤外甥）是當時愛新國

五大扎爾古齊（斷事官）之一。「希福」是「巴克什」，在崇德元年任內國史院承政、內弘文院大學士等職，參與太宗和順治朝編寫《太祖實錄》的工作。〔註32〕

第二節　有關科爾沁部史料之比較

科爾沁萬戶〔註33〕形成於 15～16 世紀，明代蒙古六萬戶以外的獨立萬戶。由成吉思汗弟哈巴圖哈薩爾（qabutu qasar）後代統領下部民組成。元代哈薩爾後代駐牧在今額爾古納河流域，其家族在今額爾古納河與根河匯流處東岸黑山頭、今俄羅斯後貝爾加州境內額爾古納河支流烏龍桂河和昆兌河畔曾建宮室，其遺址仍存，其牧地向南至海拉爾河一帶。16 世紀科爾沁一部南遷游牧在嫩江流域，稱「嫩科爾沁」。史書對嫩科爾沁部變遷史記載雖不詳細，但明末嫩科爾沁南遷至嫩江流域游牧後的零零碎碎記錄在漢蒙文獻中可以看到。如：有關他們世系記載中有哈巴圖哈薩爾十四傳至奎蒙克塔斯哈喇（küi möngke tas qara），有二子，長博第達拉卓爾郭勒諾顏（bodidara ǰoryol），次諾捫達喇噶勒濟皋諾顏（namadara γalǰü noyan），博第達喇有九子，長齊齊克巴圖爾諾言（čečegei batur），次納穆賽都喇勒諾言（ama sai dural），次烏巴什鄂特根諾言（obaši otqan noyan），次烏延岱（ündei），次科托果爾（qotoγor），次托多爾喀喇拜新（todü qara baising），次額勒濟卓裏克圖（el ige origtu），次愛納噶車臣楚湖爾（ainaqu sečen čükür），次阿敏（amin baγ-a noyan）。諾捫達喇（namadara）子一，哲格德爾（ǰegder）。〔註34〕而《舊滿洲檔》更詳細記錄著，明萬曆末年（1607）到清崇德元年（1636）間這些科爾沁部統領者子孫如：齊齊克巴圖爾諾言（čečegei baγatur）子「翁果岱」（ongγodai）等與愛

〔註32〕《滿漢名臣傳》第 53、65、135 頁。《清史稿》列傳十四　雅希禪，列傳十五庫爾纏，列傳十九希福。

〔註33〕科爾沁（qorčin），蒙古語，「弓箭手」或「攜弓箭者」之意。成吉思汗時指薛怯兵中的弓箭手。早期科爾沁概況在《元史》或《史集》有些記錄。明代科爾沁人概況在《明實錄》、《萬曆武功錄》、《黃金史》、《蒙古源流》、《黃史》等漢蒙文史書中也有一些簡便的記錄。

〔註34〕嫩科爾沁統領者為哈薩爾後代博第達拉卓爾郭勒諾顏的九個孩子和諾捫達喇一個孩子的後代。《金輪千輻》和《王公表傳》的說法基本相同。《金輪千輻》中「溫岱（undei），科托果爾（qotoγor），托多爾喀喇拜新」三人在《王公表傳》中寫為「烏延岱科托果爾（uyndai qotoγor），托多巴圖爾喀喇（todo baγtur qara），拜新（baising）」三人。

新國（女眞）之間所發生的眾多內容。下面作《清太祖武皇帝實錄》與《舊滿洲檔》中有關科爾沁部內容記錄的比較。

（1）1612 年　壬子　明萬曆四十年

滿文史料拉丁文轉寫

***"taizu yargiyan kooli"*，jai debtelin 35～36：《舊滿洲檔》35 頁**

sahaliyan singgeri aniya:**sahaliyan singgeri aniya**\taizu kundulen han, monggo gurun-i korcin-i minggan beilei sargan jui-be *sain* seme donjifi elcin takūrafi gaiki sere jakade：minggan beile ini sargan jui-be da eigen-ci hokobufi ini yehe-de dafi uyun halai gurun-i cooha jihe fonde bontoho morin yalufi burlame tucike orici aniya✄ \ini sargan jui-be benjire-de: taizu kundulen han dorolome okdufi amba sarin sarileme gaiha: **sure kundulen han-i susai duin se-de duin biyade: monggo gurun-i minggan beile-i jui-be sure han-de sargan benjihe::**

《太祖實錄》及《舊滿洲檔》漢譯

《太祖實錄》卷二　13 頁：

壬子年，\壬子年，**聰睿汗五十四歲。**

昔蒙古廓兒沁部明安貝勒，*嘗*從夜黑九部兵來，戰敗，乘<u>驏</u>馬逃回，至是已二十年矣。\✄

太祖聞其女頗有<u>丰姿</u>，遣使欲娶之。明安貝勒遂絕先許之婿，送其女來。太祖以禮親迎，大宴成婚。\<u>***四月***</u>，蒙古國明安貝勒送女與聰睿汗爲妻。

【評論與注釋】

科爾沁部中明安貝勒是最早與建州女眞部首領努爾哈赤建立姻親關係的貴族。

《舊滿洲檔》35 頁記載該事。內容簡便，且寫有明安貝勒「四月」送女的時間。《太祖實錄》記錄無日月，並追述明安於二十年前參加九部聯軍，大敗後騎<u>驏</u>馬狼狽逃竄之事。然後寫太祖主動求婚，明安積極響應，絕先許之婿，親自送其女爲努爾哈赤之妻。從中可以看出努爾哈赤的用心：不計前嫌，主動建立姻親關係，以拉攏和爭取科爾沁部。這一著正中明安下懷，他欣然

應允，主動送女，與努爾哈赤成爲翁婿關係，可以盡享榮華富貴。這也是當時絕大多數蒙古貴族的沒落心態。

《舊滿洲檔》稱努爾哈赤爲「sure kundulen han」（聰睿汗），反映的是當時的眞實稱號。《太祖實錄》稱「taizu kundulen han」（太祖恭敬汗），是以後修實錄時追加的諡號。

《舊滿洲檔》的記載準確地提到努爾哈赤娶科爾沁明安貝勒之女時的年齡爲五十四歲，沒有任何忌諱，然《太祖實錄》則刪除了他的年歲，明顯地帶有封建史學的忌諱傳統。

滿文《太祖實錄》中的「sain seme dojifi」，意爲「聞其賢惠……」，並沒有「saiqan」（漂亮、有丰姿）之義。

奇怪的是《玉牒》中沒有努爾哈赤從科爾沁部聘娶福晉的記錄。〔註 35〕努爾哈赤一生共娶 15 個女子爲妻，根據《舊滿洲檔》的記載，他從蒙古科爾沁部娶了兩名女子爲妻。

（2）1619 年　己未　天命四年

滿文史料拉丁文轉寫

"taizu yargiyan kooli"，*ilaci debtelin 89*：

…… tere aniya manju gurun-i taizu genggiyen han dergi mederici wasihūn daiming gurun-i liyoodung-ni jase-de isitala：amargi monggo gurun-i korcin-i tehe dube non-i ulaci julesi solgo gurun-i jase-de niketele：emu manju gisun-i gurun-be gemu dailame dahabufi uhe obume wajiha.\✄

《太祖實錄》及《舊滿洲檔》漢譯

《太祖實錄》卷三　22 頁：

滿洲國自東海至遼邊，北自蒙古嫩江，南至朝鮮鴨綠江，同一音語者，俱征服。是年，諸部始合爲一。\✄

【評論與注釋】

天命四年八月，隨著葉赫部的滅亡，努爾哈赤實現了統一女眞諸部的目

〔註 35〕參看杜家驥《清朝滿蒙聯姻研究》附錄一：滿蒙聯姻總表。

標。《太祖實錄》的這段記載，明確了當時愛新國的地域範圍，同時也清楚地交代了科爾沁部所居方位。《舊滿洲檔》沒有此記錄，當是《太祖實錄》編纂時的創造。

滿漢文《太祖實錄》均將愛新國稱爲「滿洲國」，顯然是崇德年後的所爲。對滿文《太祖實錄》中的「amargi monggo gurun-i korcin-i tehe dube non-i ulaci julesi」之句譯成「北自蒙古嫩江，南至」，翻譯不全。tehe 爲 tembi 的過去時態，義爲「居住著的」，dube，義爲「極邊」、「末端」。這裏應譯爲「北自蒙古國科爾沁駐地末端嫩江以南……」。

滿文《太祖實錄》作「julesi solgo gurun-i jase-de niketele」，應譯爲「南倚朝鮮國之境」。漢文《太祖實錄》作「南至朝鮮鴨綠江」，將 jase「國境」改爲「鴨綠江」。這是一種修飾性處理方法，以與「嫩江」相對應。鴨綠江，當時就是朝鮮與女眞的界河。

滿文《太祖實錄》作「emu manju gisun-i gurun-be gemu dailame dahabufi uhe obume wajiha」，應譯爲「將同操一種滿洲語的部眾全部征服後，盡行成爲共體」。漢文《太祖實錄》作「同一音語者，俱征服。是年，諸部始合爲一」，未說明何種語音，然後將滿文記錄中前置的 tere aniya 「是年」，置於句尾加以處理。

（3）1623 年　癸亥　天命八年

滿文史料拉丁文轉寫

"taizu yargiyan kooli"，duici debtelin 54；《舊滿洲檔》1497～1498頁

sunja biyai juwan nadan-de monggoi korcin-i konggor beilei sargan jui-be benjime jidere-de: jaisanggū taiji: dudu taiji: ninju bai dubede okdofi \sunjia biyai juwan nadan-de korcin-de elcin genehe mandarhan isinjifi konggor beilei sargan jui-be ini ahūn benjime jimbi seme han-de alaha manggi: juwan jakūnde jaisanggū age dudu age: soohai sumingguwan: darhan fujan: han-i bayarai hiyasebe gaifi ninju bai dudebe juwe nihan wame okdoho: orin-de…… ineku tere inenggi konggor beilei jui *mujai taiji ini naon-be han-de benjime jimbi seme* han-i fujisa geren urusa-be gaifi ihan honin wame dung jing hecenci tucifi sunja bai dubede okdofi

sarin sarilafi：\sarin sarilafi gajime jihe manggi：\hecen-de dosiha manggi：han beise ambasa-be gaifi jakūn hošoi yamun-de tucifi tehe： tereci *ice benjihe fujin* yamun-de dosifi han-de hengkileme acaha：acafi juwe fujin-i sidende tehe：jihe monggo beile：yamun-i dele tafafi：uce-i tule hengkilefi：jai hanci jifi han-i bethe-be tebeliyeme acaha：acama wajiha manggi：\ajige taiji-de sargan bume amba sarin sarilaha :\×\jihe monggo beile-be yamun-i dolo tebufi amban sarin sarilafi boode jiderede sunja kiyoo-de: sunja fujisa-be tebufi gajiha:⊠

《太祖實錄》及《舊滿洲檔》漢譯

《太祖實錄》卷四　8頁：

　　五月十七日，蒙古廓兒沁部孔課裏貝勒送女來。上命債桑孤臺吉、都督臺吉至六十里外宴。\五月十七日，赴科爾沁之使者滿達爾漢至，禀汗曰：孔果爾貝勒之女，將由其兄送來。十八日，齋桑古阿哥、多鐸阿哥、索海總兵官、達爾漢副將，率汗之巴牙喇侍衛等，於六十里外，殺二牛相迎。二十日，……是日，孔果爾貝勒之子穆齋臺吉，將其妹送於汗。故汗之諸福晉率諸媳，殺牛羊，出東京城，迎於五里外，筵宴之。\迎入城，復設大宴。\入城後，汗率諸貝勒大臣出御八角殿。*送來之新福晉*入殿叩見汗。謁見後，坐於二福*晉*之間。前來之蒙古貝勒登殿，於門外叩拜，並上前抱汗足而見。與阿吉格臺吉爲妃。\×\謁見畢，蒙古貝勒坐於殿內，大設筵宴。回家時，使五福金乘五輛歸。⊠

【評論與注釋】

　　這是一段具有重要意義的記載。《舊滿洲檔》全面、詳細地記載了科爾沁貝勒孔果爾送女至愛新國的事件：天命八年五月十七日，愛新國赴科爾沁使臣報告孔果爾之子穆齋送其妹到來；十八日汗派人出城迎接，二十日穆齋送妹於努爾哈赤，眾福晉率諸兒媳出城五里外迎接；入城後謁見努爾哈赤，成親。

　　《太祖實錄》的記載都集中在十七日，並且大大地簡化，既沒有體現送女者爲誰，又未記錄迎親時努爾哈赤諸福晉出現的場面。然後却增加了一條令人驚奇的內容：將此女嫁給了努爾哈赤十二子阿濟格。

　　《舊滿洲檔》「mujai taiji ini naon-be han-de benjime jimbi」「穆齋臺吉送來其妹於汗」之句，只能理解爲將要嫁給努爾哈赤。然後又說「ice benjihe fujin」「新送來之福晉」，與「urusa」「諸兒媳」形成鮮明的對照。如果是阿濟格之妃，不能與其他福晉等同，更不能坐在二福晉之間。究竟以後發生了什麼事情，在《舊滿洲檔》中沒有記載，也不見就此事作進一步考證的結果。

（4）1625年　乙丑天命十年

滿文史料拉丁文轉寫

"taizu yargiyan kooli"，duici debtelin 89～94；《舊滿洲檔》1909頁：

　　ineku jakūn biya-i ice uyun-de monggoi cahar gurun-i _lingdan han-i_ cooha: korcin-i ooba hong taiji-be dailame jimbi seme ooba hong taiji: manju gurun-i taizu genggiyen han-de bithe unggime elcin takūrafi isinjiha: tere bithei gisun :\ **ice uyun-de korcin-i ooba taiji unggihe bithei gisun:** \musei juwe gurun emu gurun oki seme: abka-de šanggiyan morin: na-de sahaliyan ihan wafi senggi soome gashūme: muse yaya gurun-de dain jici cooha deki sehe bihe\ **juwe gurun emu gurun oki seme: abka-de sanggiyan morin wafi: na-de sahaliyan ihan wafi gashūme senggi soome gisurehe bihe: muse yaya-de dain cooha deki sehe bihe:** \julergi cahar: amargi arui caharai lingdan han-de acanafi: juhe jafarai: orhoi olgoro onggolo _ishun biyai tofohon-de_ cooha tucifi meni korcin-be hafirame dailaki sembi sere: duleke aniya caharai cooha jidere-be yargiyalame medege donjifi elcin takūraki seme bitale: han neneme medege donjifi: han isamu-be _juwe morin-i_ ebšeme takūraha bihe: \ **hong batur unjiyekei jarguci-be elcin takūrame: suwede cahar _ice biyai tofohonde_ cooha jurambi arui cahar isinjifi: julergi cahar-de jifi gisureme: juhe jafara: orhoi olhoru onggolo hafiraki sembi sere: duleke aniya yargiyan medege donjifi elcin takūraki seme bitele: han medege donjifi isamu-be _juwan morin-i_ ebsiyeme takūraha bihe:** \te cooha jidere medege-be yargiyalaha：cooha geren komso nemere-be han sa: poo sindara minggan niyalma-be unggi: sunja tatan-i kalkai beise gūwa-be sarkū: hong batru beile usin-i jeku-be ebšeme bargiyafi mende acaki sembi：hong baturu beile: barin ere juwe-de: be akdahabi: jaisai: baga darhan juwe nofi caharai emgi acafi mende cooha jidere dursun bi: cahar kalka mende jici amargideri ini gurun-de cooha genere-be: han-i genggiyen-de sa:\ **te ere medege yargiyala ha: cooha geren komso nemere-be han sa：minggan poo sindara niyalma gaji: gūwa kalka-be sarkū: hong baturu usin-be ebšeme bargiyafi mende acaki sembi: hong baturu: barin ere juwe de: be agkdahabi: jaise bagadarhan junafi caharai emgi jidere dursun bi sere: cahar kalka mende jici amargideri ini boode genere-be han genggiyen-de sa:**\taizu genggiyen han tere medege-be donjifi ineku jakūn biyai juwan-de duin niyalma-be korcin-i ooba taiji-de elcin takūrame: _poo sindarea jakūn niyalma-be_ beneme unggihe \ **（1913）juwan-de korcin-de arjin : sindasi：babun: niki ere duin nofi-be elecin takūraha: esede poo sindare jakūn nikan-be unggihe:〔jakūn nikan-de be iogi ning‥‥‥ ciyansong‥‥‥ fusi efu wangju el-be‥‥‥ unggirede henduhe gisun suweni nenehe jugūn-be mutebuki amasi jihe manggi kemuni‥‥‥ gisun basun‥‥‥ seme‥‥‥ bithe‥‥‥〕**\ bithei gisun: ooba hong taiji suwe cooha ambula gaci seci ambula unggire: komso gaji seci komso unggire: suwe asuru ume joboro: geren komsoi haran waka: abkai haran kai: gemu abkai benjibuha gurun kai: geren seme: komso-be waci abka geli ombio:\ **（1914）ooba taiji-de unggihe bithei gisun: suweni gaji sehe cooha: ambula gaji seci ambula unggire：：komsu gaji seci komsu unggire: suwe asuru ume joboro: geren komso haran waka: abkai haran kai gemu abkai banjibuha gurun kai: geren seme komso-be waci abka geli ombio: ** suwe hoton-be bikileme dasafi: hoton-de alime afaci: cahar baharakū bederembi: tuttu akū oci cahar burlafi terei doro efujembi: burlarakū bai bedereci-be cahar inu suwembe jai baharakū seme necirakū: sewe inu tere fonde dolo sula ombi kai: **suwe hoton-be bekileme dasafi: hoton de alime gaifi afafi cahar bakarakū bederembi: tuttu akūci burlabi teri doro efujembi: burlarkū bai bederejibe tere inu suwembe jai baharakū seme gūnimbi: suwe inu tere fonde dolo sola ombi **neneme caharai tumen jasaktu han hoifai gurun-be dailama genefi hoifai sunja tanggū cooha susai uksin-de afame mutehekū: cooha bederefi jai hoifa-be necihekūbi: \ **neneme jasaktu han hoifai sunja tanggū cooha: susai ugsin-be mutehekū bederebi：jai hoifa-be necihekū bi：**\tala-de cooha acafi afambi serengge: gancuha makdafi oncohon umusihun tuhere gese etere anabure-be boljoci ojorakū: cooha komso bime tala-de tucifi afaki sere niyalma tere oolihadame burlaki sembi kai: terei gisun-de ume dosire: hoton-de alime gaifi afafi baharakū bedereci: tere fonde tucifi afafi eteci unenggi baturu niyalma serengge tere kai: te suwe aikabade caharai baru doro acafi weile wajiha seme: suweni korcin-i beise julgei caharai tumen jasaktu han-de acafi tereci ebesi ere fonde isitala cahar kalka suwembe kemuni dailafi gamarangge suwen-de aika weile biheu: udu acafi welen wajiha seme cihalafi waki sembihede: suwen-de weile akū seme tere nakambiu:\ _**tala-de acambi serengge gancuha maktafi umesihun oncohon tuhere gese kai:**_ **tala-de afaki sere niyalma: tere ooliha niyalma: terei gisun-de ume dosire: hoton-de alime gaifi afaki sere niyalma: tere baturu niyalma: hoton-de afafi eterekū bedereci: tere fonde tucifi afaci etembi：unenggi baturu niyalma serengge tere kai: te cahar baru acafi weile wajika seme: julge tumen han i fonci ebsi ere fonde isitala cahar kalka kemuni suwembe sonjofi gamarangge suwende aika weile biheu: udu acafi weile wajika seme cikalafi waki sembihede: suwende weile akū seme nakambu:** \ _daiming_：solgo: ula: hoifa: yehe: hada: meni manju gurun-de hecen hoton akū bihebici: suweni monggo gurun _membe elhe tebumbiheu:_ meni budun-de be _hecen hoton_-de akdafi banjimbikai seme bithe arafi unggihe: \ _**nikan**_ **solgo ula hoifa yehe hada meni manju gurun mende hoton akūci suweni monggo** _membe emu moro buda ulebumbio:_ **meni budun-de be** _hoton_**-de aktabi banjimbikai：**

《太祖實錄》及《舊滿洲檔》漢譯

《太祖實錄》卷四　19 頁：

　　八月……初九日，廓兒沁奧巴聞查哈拉國靈丹汗興兵來侵，乃遣使馳書於帝曰，\八月……**初九日，科爾沁奧巴臺吉來書曰，**\向者我二國曾宰白馬烏牛，對天地歃血結盟，願合為一，遇有敵兵，必互相救援。**昔我兩**

國欲合爲一國，曾刑白馬於天，刑烏牛於地，歃血盟定，凡有軍事互相救援。\今聞南查哈拉與北阿祿會靈丹汗舉兵，於*九月十五日*，乘河未結、草未枯來夾攻我。自去年欲探其興兵之的實往告，不意汗已預聞，急遣益撒木乘*二馬*先來告我。\茲據洪巴圖魯遣溫吉葉克依扎爾固齊爲使告稱，察哈爾將於*新月十五日*出兵往征爾處。又傳北察哈爾到南察哈說，欲結冰草枯前，夾擊科爾沁。去年確聞此消息，正欲遣使者，汗先聞之，曾遣伊薩穆以*十馬*兼程前來。\今聞舉兵已實，助兵多寡，惟汗裁之。其炮手火器乞助千人。五衛王中吾不能盡知，獨鬧巴土魯急刈其禾，欲與我合。吾所恃者鬧巴土魯、巴領二人而已。其宰賽、巴剛塔兒漢皆有附查哈拉加兵於我之意。彼若連兵而來，乘虛襲後，其睿算唯在汗也。\今此消息確切，援兵多寡汗自知之，務來炮手千人。不知其他喀爾喀情況如何。聞洪巴圖魯，欲速割禾後再前來會我。洪巴圖魯、巴林二部我等可以相信。至於齋薩、巴噶達爾漢二人，有與察哈爾同來之勢。倘察哈爾、喀爾喀來攻我，請即由背後操其家國，惟汗睿鑒。*〔帝覽畢，遂〕*於初十日發炮手八人，遣四使，賫書往送之。〔註36〕初十遣阿爾津、新德喜、巴本、尼奇等四人爲使赴科爾沁，並遣八名漢人炮手同往。〔八漢人有，游擊……千總……百總……撫西額駙……並日……。〕\帝覽畢，遂修書答之曰，奧巴鬧臺吉，汝用兵或多或寡，吾皆應之，不必過慮也。蓋兵不在眾寡，惟在乎天。凡國皆天所立者也，以眾害寡，天豈容之。\致奧巴臺吉書曰，爾等借兵，多則多遣，少則少遣，勿庸過慮。兵不在多寡，而在天意。國皆天之所命。以*眾凌少*，天豈容之？\但當堅備城郭，守禦於城上，彼不能拔，必退。若折兵敗走，彼國自壞。即不敗而回，彼知難取，亦不敢復侵，汝自無虞矣。爾宜堅固城池，據城而戰，察哈爾攻城不克，則自退。或者敗逃，其勢必毀。縱使不敗而退，亦知爾之不可復得。是時爾之心能安之。\昔土們扎撒兔汗（靈丹之祖也）曾征輝發時，輝發兵五百，帶甲僅五十人，與之戰，不勝而回，以後無復敢侵。昔扎薩克圖汗未能勝輝發五百兵、五十甲而歸，遂不復侵犯輝發。*凡兩軍交戰，勝負難必*，有兵寡而欲出戰者，此人必是怯敵，欲其便於走也。慎勿從之。若據城待戰，伺其攻城不拔回時，乘機一戰而致勝者，誠爲英勇者也。汝設欲與之和而圖無事，昔汝廓兒沁王等曾與土們

〔註36〕該段內容漢文本《太祖實錄》置於末尾，不與滿文本一致。

扎撒兔和好，至今屢屢來侵，汝等何罪之有。即與和，以圖無事，彼果有意侵汝，即曰無罪，彼遂干休耶。*所謂野地交手，猶如徒手搏鬥摔交*。欲戰野外之人，乃怯懦之人，其言勿信。欲據城而戰者，乃勇敢者也。敵攻城不克而退*却*時出戰而勝者，誠乃勇敢者也。今欲與察哈爾和好息事，然自昔圖門汗時至今，察哈爾、喀爾喀一直侵擾搶掠爾等，抑或爾等有罪乎？即使已和好息事，若欲尋釁而殺之，爾等無罪，*却*也能幸免乎？*大明*、朝鮮、兀喇、輝發、夜黑、哈達、滿洲苟無城郭，蒙古豈令我等得安居哉。因我等之弱，所以恃城池也。*漢人*、朝鮮、烏拉、輝發、葉赫、哈達、我滿洲國，我等若無城池，*爾蒙古人能賜一碗飯與我食之乎*？我等懦弱，唯恃城池而存矣！

【評論與注釋】

　　這是科爾沁部首領奧巴洪太吉受到察哈爾林丹汗進攻威脅時，根據以前與愛新國盟誓約定，向努爾哈赤緊急求援的一段記錄。奧巴洪太吉與努爾哈赤的信件來往中含有許多重要信息，從中可以看出科爾沁部與愛新國訂立同盟關係的重要步驟。

　　《舊滿洲檔》1909頁、1914頁載有這段史實的三處內容。首先是奧巴洪太吉派人向努爾哈赤通報南北察哈爾會合喀爾喀部於九月十五日，結冰草枯前攻打科爾沁部的緊急消息，並要求愛新國方面根據盟誓約定向科爾沁派出一千名炮手加以增援，同時讓努爾哈赤出兵襲擊察哈爾腹部。努爾哈赤則泰然應對，舉林丹汗祖輩圖門札薩克圖汗圍攻弱小的輝發部而未果之例，大談以少勝多的道理，突出築城守禦，敵退進擊的必要性。最後只派出四人使團和八名漢人炮手，以應付奧巴洪太吉的請求。

　　《舊滿洲檔》的記錄中未提「林丹汗」一字，只是說察哈爾要來進攻。滿文《太祖實錄》作「monggoi cahar gurun-i lingdan han」，漢文《太祖實錄》譯作「查哈拉國靈丹汗」，以代替《舊滿洲檔》的「cahar」「察哈爾」。「林丹汗」，蒙古音 lindan～ligdan，滿文《太祖實錄》作 lingdan，讀音有歧異。

　　《舊滿洲檔》用 ice biya「新月」來記寫「下月」。而滿文《太祖實錄》寫作 ishun biyai，即「下月」。漢譯時根據前後文義，改譯為「九月」。

　　《舊滿洲檔》記載，愛新國曾遣伊薩穆以「十馬」「juwan morin」兼程前來，而在《太祖實錄》裏改為「juwe morin」「二馬」。

　　《舊滿洲檔》裏奧巴洪太吉信之後就是努爾哈赤派遣使臣和八名炮手的記載，而且寫有他們的漢語名字。儘管這些名字被**塗**掉了，但還能看出一些來。而在《太祖實錄》中將這一段文字放在最後，明顯地表現出敘述層次安排的需要。八名炮手的名字當然不會出現，就連四名使臣的名字也未能讓出現。

　　《舊滿洲檔》中努爾哈赤一句話「tala-de acambi serengge gancuha maktafi umesihun oncohon tuhere gese kai」，《太祖實錄》的滿文改寫爲「tala-de cooha acafi afambi serengge: gancuha makdafi oncohon umusihun tuhere gese etere anabure-be boljoci ojorakū」，漢譯更是改譯爲「凡兩軍交戰，勝負難必」。通過蒙譯此段文字，可以更好地理解其含義：tal-a-dur abuldumui kemekü inü gar qogosun-iyar orkiju eligelen jaidalaqu adali bulai，相當於「所謂野地交手，猶如徒手搏鬥摔交」。可見編纂實錄時，對原始記錄的理解具有很大的任意性。

　　《舊滿洲檔》中對明朝、明人、漢人，常常統稱爲 nikan。《太祖實錄》則用滿文作 daiming，漢譯「大明」，考慮得更加深刻。

（5）1626 年　丙寅年　天命十一年

滿文史料拉丁文轉寫

"taizu yargiyan kooli"，duici debtelin 114；《舊滿洲檔》2080 頁、2081 頁、2082 頁:

sunja biyai⋯⋯ juwan ninggun-de monggo-i korcin-i ooba taiji taizu genggiyen han-de hengkileme jimbi seme donjifi: genggiyen han, ooba hong taiji-be encu gurun-i emu ujulaha beile seme han-i jui manggūltai beile: hong taiji beile: geren taijise-be goro okdome unggifi ilaci inenggi *kai yuwan hecen-i harangga jungguceng hecen-de* ooba hong taiji-be acafi okdoho beise: ooba hong taiji ishunde tebeliyeme acafi: amba sarin sarilafi: *juwan uyun-de fan hoo bihan-de* isinjiha manggi: ooba taiji ini gajiha ihan honin wafi okdoho beise-de sarilaha: jai inenggi okdoho beise geli karu sarilaha: orin emu-de oobe hong taiji-be isinjimbi seme alanjiha manggi: genggiyan han ooba hong taiji-be ogdome tangse-de hengkilefi juwan bai dubede okdofi cacari-de tehe manggi. ooba hong taiji ini gucu se-be gaifi genggiyen han-de acame juleri faidame ilifi ooba hong taiji: horhodai taiji: baisagal taiji ilan nofi julesi ibefi emu jergi hengkilefi ooba taiji julesi jifi han-i bethei jakade niyakūrafi hengkilefi tebeliyere de: genggiyen han besergen-i dele tehengge julesi ibefi ishun tebeliyehe: terei sirame horhodai, baisagal siran siran-i hengkileme tebeliyeme acame wajifi amsi bederefi-de niyakūrha bade niyakūrafi: genggiyen han geren beise gemu saiun seme fonjime wajiha manggi: amba beile: amin beile: geren beile geren taijise gemu jalan bodome ooba hong taiji ishunde hengkileme tebeliyeme acame wajiha manggi: ooba hong taiji, horhodai taiji, baisagal taiji gajiha sahaliyan seke: sekei jibca dahū: morin temen-be han-de alibume hendume: cahara kalka mende dain jifi meni aika jaka-be gemu gamaha: han-de sain jaka-be bahafi gajihakū: genggiyen han hendume: cahara kalka bahaki seme jihe niyalma esi gamaci: tere-be aiseme hendumbi: musei beye sain-i acaci tetendere seme hendufi: amba sarin sarilame wajiha manggi: han foloho enggemu hadala tohohoi ilan morin: hūha goksi ilan: fili aisin-i foloho umiyesun ilan: moncon hadaha deresu boro ilan buhe manggi: ooba hong taiji urgunjeme hendume: han-i te buhe-be cimari amasi gaijira ayu seme meni dolo urgunjeme akdarakū ferguweme gūnimbi: han hendume: ere emu majige jaka ai hihan: ereci amasi bure niyalma ini mujilan-i burengge ai sain-be bumbi: beisei etuhe etuku yaya sain jaka-be seci ergeleme sume jafame gaicina seme henduhe: tereci taizu genggiyen han: ooba hong taiji-be gajime *sin yang hecen-de* jihe manggi: ambula kunduleme ienggi dari amba sarin sarilame bisire-de: ooba hong taiji: horhodai: baisagal juwe taiji-be takūrafi: beise-i baru fonjime: han neneme minde jui buki sehe bihe: te buci gaiki seme fonjire jakade: geren beise tere gisun-be: han-de wesimbuhe: han seoleme gūnifi: ini deo darhan baturu beilei jui tulung taiji-de banjiha sargan jui junje gege-be ooba hong taiji-de bume ihan honin-be ambula wafi amba sarin sarilame yangsileme buhe: ✄

  \ninggun biyai ice ninggun-de korcin-i ooba hong taiji baru: doro jafame abka-de šanggiyan morin: na-de sahaliyan ihan wame: manju gurun-i genggiyen han-i gashūha gisun: mini dondo banjire-be daiming gurun:

monggo gurun-i cahara kalka gidašara akabure-de bi dosorakū ofi: abka-de habšara jakade: abka mimbe urulehe: jai cahara kalka acafi korcin-i ooba hong taiji-be waki gaiki seme cooha jihe: abka ooba hong taiji-be urulehe: ooba hong taiji cahara kalka-de korsofi doroi jalin hebedeki seme minde acanjihangge meni juwe joboro-be abka acabuha bidere: abkai acabuha-be gūnime ishunde geudeburakū sain yabuci, abka gosime ujikini: abkai acabuhe-be gūnirakū geudebume holdome yabuci abka wakalafi jobobukini: meni juwe nofi jafaha doro-be amala banjire juse omosi efuleci: efulehe niyalma-be abka wakalafi jobobukini: kemuni akūmbume banjici: jalan halame juse omosi-be abka kemuni gosikini: \ (2080) **fulgiyan tasha aniya ninggun biyai ice ninggun-de korcin-i ooba taiji baru doro jafame abka-de šanggiyan morin wame, na-de sahaliyan ihan wame gashūha gisun: abka na-de aisin gurun-i han, nurahaci gashūrengge mini tondo banjire niyalma-be nikan cahar kalka gidašara agabure-de bi dosorakū abka-de habšara jakade: abka mimbe urulehe: jai cahar: kalka acafi korcin-i ooba hong taiji-be waki gaiki seme cooha jihe: abka ooba hong taiji-be urulehe: ooba hong taiji cahar kalka-de korsofi: doroi jali hebedeki seme minde acanjihangge meni juwe joboro-be abka acabuhabidere: abkai acabuha-be gūnime, ishunde geudeburakū sain yabuci abka gosime dele 〔gosikini〕: ucikini dele 〔ucikini〕: abkai acabume gūnirakū holtome yabuci: abka wakalafi dele 〔wakalakini〕 jobobukai dele 〔jobobukini〕, meni juwe nofi jafaha doro-be amala banjire juse omosi efuleci: efulehe niyalma-be abka 〔wakalafi〕 wakalaha dele 〔wakalakini〕 jobobukai dele 〔jobobukini〕 kemuni akūbume banjici: jalan halame juse omosi-be abka gosin dele 〔gosikini〕 ujikini; dele ujikini::** ooba hong taiji gashūha gisun: dergi abkai fulinggai julgei han-i babe baha necin mujilengge genggiyen han: salgabufi acanjiha ooba hong taiji, abka-de gashūmbi: bi dondo mujilen-i cahara kalka-de jasagtu han-i fonci ebsi: meni korcin-i beise emu majige ehe akū dahame sain banijiki seci ojorakū: wara gaire-be nakarakū: meni gurun-i korcin-i beise-be wacihiyaha: terei amala weile akū banjire-de meni dalai taiji-be waha: terei amala jaisai jifi meni ninggun beile-be waha: facuhūn akū sain banjiki seci ojorakū: weile akū gajara wara-de: be iselehe: islere jakade: ainu iselehe seme: cahara kalka, minbe waki gaiki seme cooha jihe: abka ama gosifi guwebuhe: manju gurun-i genggiyen han geli majige aisilaha: abka gosifi guwebuhe-be: genggiyen han-i aisilaha-be onggorakū gūnime banjiki seme: genggiyen han-de acame jifi: abka na-de doroi jalin-de: akdun gisun-i jalbarime gashūmbi: abka-de gashūha gisun-be efuleme: genggiyen han-i gosiha-be onggofi: cahar kalka-i emgi acaci:ooba hong taiji-be abka wakalafi jobobukini: abka-de gashūha gisun-de isibume genggiyen han-i gosiha-be onggorakū sain yabuci abka gosime ujikini: ere gashūha-be amaga jalan-i juse omosi aikabade efuleci: efulehe niyalma-be abka wakalafi jobobukini: ere gashūha-be efulerakū: jalan halame kemuni sain yabuci: abka kemuni gosikini: gashūre-de hunehe birai dalin-de: šanggiyan morin: sahaliyan ihan wafi: hìyan dabufi yali-be gemu dobofi: genggiyen han: ooba hong taiji-be gaifi ilan jergi niyakūraha: uyun jergi hengkilehe: juwe bithe-be geren-de donjibume hūlafi dejihe: （2081）**\ooba qong taiji gashūha gisun** 〔註37〕**: deger-e möngke tngri-yin ǰayaɣan-ber tngri ɣaǰar-a üre sačuɣsan-ača boluɣsan: dengkil ügei qad-un törül oluɣsan. tegsi sedkil-tü gegen qaɣan: dürbel ügei učiraldyɣsan ooba qong tayaǰi qoyar: tngri-dür üčig üčimüi** 〔註38〕 **: čing ünen sedkil-iyer čaqar qalq-a-du ǰasaɣ-tu qaɣan-eče inaɣsi qorčin-i noyad bide gem ügei daɣaǰu sayin yabuy-a getel-e: ülü bolǰu alaqu abquyiban ülü bayiǰu: boro qorčin-i bidan-u daɣusqaba** 〔註39〕 **: tegün-ü qoyin-a yal-a ügei**

〔註37〕 這段滿文是在記錄奧巴誓詞蒙古文原文時加上的題目。題目中稱奧巴爲 hong taiji。在以後的滿蒙漢文實錄中都去掉了 hong taiji 的封號，只稱「臺吉奧巴」。《太祖武皇帝實錄》更簡稱爲「奧巴誓曰」，連「臺吉」一詞也省略掉了。值得注意的是康熙本《太祖高皇帝實錄》中完整地稱呼爲「奧巴烘臺吉」。

〔註38〕 《舊滿洲檔》蒙古文原件直譯漢文應爲「以上之長生天眷祐，在天地間撒播種子的原由而獲得不朽皇統之平心英明皇帝與注定相遇的奧巴琿臺吉倆向天宣誓」。滿蒙文實錄翻譯爲「對上天眷祐，獲得古代帝王之業的平心英明皇帝，靠緣分而前來會見的奧巴（臺吉）向天宣誓」，與原文之義相抵牾。漢實錄的譯文多出「天生奧巴」，又將滿文 babe 一詞誤譯爲「疆土」。

〔註39〕 這段文字裏包含不少珍貴的歷史事實。科爾沁諾顏自從紫薩克土汗（1539年

bügetele dalai tayiǰi-yi alaba: tegüni qoyin-a ǰayisai ireǰü: ǰirγuγan noyad-i alaba〔註40〕: gem ügei sayin yabuy-a geküle: ülü bolǰu: yala ügei alaqu abqu-du esergülebe bide: esergülekü-dü čaqar qalq-a či yaγun-dur esergülebe geǰü alay-a abuy-a geǰü čerig mordaeru iregesen-dü tngri ečige ibegeǰü γarγaba: 〔註41〕 manǰu-yin qaγan bas-a bayaqan qayiralaba:〔註42〕 tngri-yin ibegeǰü γarγasan: manǰu-yin qaγan-i qayiralaγsan-i martal ügei sanaǰu yabuy-a geǰü: manǰu-yin qaγan-du ǰolγar-a ireged: tngri yaǰar-tu törü-a-yin tustu itegeltü ügeben üčiǰü amaldanam: tngri-dü amaldaγsan-i ebdeged: manǰü-yin qaγan-i qayiralaγsan-i martaǰu čaqar qalqa luγ-a eseküle: ooba qong tayieri-yi buruγusiyaγsan deger-e buruγusiyatuγai: ǰobaγsan deger-e ǰobaγatuγai: tngri-dü amaldaγsan ügen-degen kürcü:manǰu-yin qaγan-i qayiralaγsan-i martal ügei sayin yabuqula: tngri qayiralaγsan degere qaiyiralatuγai: tejiyegsen degere tejiyetügei ene amaldaγsan-i qoyitu ači ür-e biden-ü ker-be ebdeküle ebdegsen kümün-i tngri buru γ usiya γ san deger-e buru γ usiyatu γ ai ǰobaγaγsan deger-e ǰobaγatuγai: ene

生，1558～1592 年在位）以來恭敬地對待察哈爾、喀爾喀部落，結果一直受到他們的攻掠和殺伐，以至於將科爾沁部落首領剪除無遺。蒙古語 boro qorčin「褐色科爾沁」一詞，在滿文中譯爲 meni gurun-i korcin-i beise「我國科爾沁之諸貝勒」，蒙古文做 manu ulus-un noyad「我國之諸諾顏」。蒙古文原件中，在 boro qorčin 一詞後還有後置定語 bidan-u，可譯爲「我等之褐色科爾沁」。根據前後文之間的關係，boro qorčin 一詞是科爾沁諸部貴族的代名詞。

〔註40〕達賴臺吉其人其事，不見記載。介賽，內喀爾喀紥魯特部首領，爲虎喇哈赤次子兀班之孫，由於在內喀爾喀五部中最爲強大，曾統轄內喀爾喀五部。他對科爾沁部進行欺壓攻掠，殺死六位臺吉的事情，不見其他史料中。

〔註41〕這段文字生動地勾勒出當時蒙古各部之間矛盾鬥爭的情況。科爾沁部獨立行事，不聽察哈爾林丹汗的指揮，竟敢反抗，導致天命十年（1625）察哈爾林丹汗與內喀爾喀部聯合攻擊，圍困奧巴臺吉於格勒珠爾根城的重大事件。努爾哈赤掌握時機，及時派出援兵，迫使察哈爾林丹汗退兵。由此達成科爾沁和愛新國聯盟的成立。

〔註42〕《舊滿洲檔》原文 manǰui-yin qaγan bas-a bayaqan qayiralaba「滿洲皇帝又稍愛助」。滿文翻譯爲 han geli majige aisilaha「汗又稍微援助」，除了「滿洲汗」改爲「汗」外，與原件意義基本相符。蒙古文則做 tngri -yin örüsiyegsen qaγan-u tusalaγsan-dur itegeǰüǰabsiyan-dur olǰu γarbai 與漢文「仰蒙天祐，又賴皇帝助我，幸而獲免」完全一致。比較《太祖武皇帝實錄》「又得滿洲汗協助」和康熙本《太祖高皇帝實錄》「以天祐免，皇帝又稍稍助我」，康熙本與原件詞義相接近。

amaldaɣsan-i ülü ebdeǰü ürgülǰi-de sayin yabuqul-a tngri teǰiyegsen degere tejiyetügei: qayiralaɣsan deger-e qayiralatuɣai ::

gashūre-de julergi birai dalin-i ten-de šanggiyan morin sahaliyan ihan wafi, hiyan dabufi yali-be gemu yooni dobofi, han, ooba hong taiji-be gaifi, ilan jergi niyakūraha uyun jergi hengkilehe: hengkileme wajiha manggi juwe bithe-be geren-de donjibume hūlafi dejihe:

ice nadan-de amba sarin sarileme korcin-i ooba hong taiji-de han gebu bume: genggiyen han hendume: ehe waka-be: abka wakalaci: doro-be wesimbume efulembi: tondo sain-be abka gosici doro-be wesimbume han obumbi: eitereci abkai ciha kai: cakarai han: ooba hong taiji-be waki seme cooha jihe: abka ooba hong taiji-be gosiha: bi abkai jurgan-be dahame gebu bumbi seme hendufi: caharai cooha-de ahūn deu-i niyalma burlaci: ooba hong taiji tušafi alime gaifi afaha seme tusiyetu han seme gebu buhe: ooba hong taiji ahūn tumai-de: dai darhan: deu budaci-de, jasag tu dureng: horhodai-de cing joriktu seme gebu bufi: uksin saca: duin erin-i etuku: hacin hacin-i manggun-i tetun: foloho enggemu hadala: gecuheri suje: mocin samsu eletele ambula buhe manggi: tusiyetu han gebu buhe doroi genggiyen han-de hengkilehe: juwan-de tusiyetu han: genggiyen han-i buhe sargan jui junje gege-be werifi: ini korcin-i bade bedereme genere-de: genggiyen han, geren beise ambasa-be gaifi emu dedume fudeme benefi: amba sarin sarilafi sin yang hecen-i amargi pu hoo hecen-i julergi ala-ci han amasi bedereme: amba beile: amin beile-be tiyeling hecen-de isibume fudeme bene seme unggifi: han sin yang hecen-de jihe\ （2082）**ice nadan-de: jakūn gūsai jakūnju dere dasafi: jakūn honin wafi sarin sarilame: korcin-i ooba hong taiji-de bithe hūlame gebu buhe bithei gisun: ehe waka-be abka wakalaci: doro-be wasibume efulembi: tondo uru-be abka gosici, doro-be wesibume han obumbi, eitereci abkai ciha kai, caharai han, ooba hong taiji-be waki seme cooha jihe, abka, ooba hong taiji-be gosiha, abkai gosiha niyalma-be han seki seme, abkai jurgan-be dahame, bi ooba hong taiji-de tusiyetu han-i gebu buhe: tumai-de dai darhan: butaci-de jasaktu dureng: horhodui-de cing joriktu gebu buhe:**

tese gemu tusiyetu han-i ahūda deude;\〔da gebube haha niyalma gebuleci yaluha morin gaimbi: hehe niyalma gebuleci etuke etuku gaimbi::〕\✂

《太祖實錄》及《舊滿洲檔》漢譯

《太祖實錄》卷四　27 頁：

五月……十六日，帝聞廓兒沁部奧巴閧臺吉來叩見，以奧巴乃異國之都領也，即令三王、四王並眾臺吉等遠迎之。

行三日，*遇於中固城*，行接見禮，大宴畢，*至汎河郊外*。奧巴亦宰牛羊以宴諸王。次日，諸王復設宴答之。

二十一日，奧巴將至，帝謁廟，乃出郭迎十里，升帳。奧巴率部屬列於帳前，同賀兒禾代、擺沙剛兒二臺吉進見，叩首。奧巴復詣帝膝下，再拜，摟見。帝離坐答之。賀兒禾代、擺沙剛兒二人隨之，亦各如此見畢，復位而跪。帝問臺吉等安否後，諸王亦依次行接見禮。奧巴等獻貂皮、貂裘、駝馬，曰，我等之物俱被查哈拉、胯兒胯兩家兵掠去，竟無堪獻者。帝曰，彼二部兵原爲貪得而來，掠其所有，不待言也。今爾我無恙，得相會，足矣。遂大宴畢，各賜雕鞍、馬匹、金頂帽、錦衣、金帶。奧巴大喜曰，今蒙賜太重，吾等意，後必有掣回之日，是以且喜且訝而未敢深信也。帝曰，些**須**之物，何足爲意。但以後賜與之物，不過隨其心而已，誰肯以好物給之。爾等若見諸王所服之衣暨奇異之物，即任意逼取之可也。遂與奧巴等*同入城*，每日設宴，待之甚厚。奧巴令賀兒禾代、擺沙剛兒二人問諸王曰，汗曾許我以女，若果允之，吾可娶也。諸王轉奏之。帝乃酌定，大設宴具奩資，以禿龍臺吉女肫姐妻之（禿龍乃打喇漢把土魯貝勒子，帝侄也）。\✂

六月初六日，宰白馬烏牛與奧巴結盟，誓曰，我本安分守己之人，被大明國並查哈拉、胯兒胯部欺凌，隱忍無奈，乃昭告於天，天遂祐之。又查哈拉、胯兒胯連兵侵廓兒沁部，奧巴亦蒙天祐。今奧巴懷恨二部，爲國事來與我共議。彼此受厄之人，蓋天所湊合也。如能體天心，相好不替而無欺誑者，天必眷之，不然，天必咎之，降以災危。和好後，子孫有敗盟者，天亦以災危咎其人，如克敦盟好，天自永爲眷顧。**丙寅年六月初六月，**

向科爾沁奧巴臺吉結盟，殺白馬祭天，殺烏牛祭地，誓天地曰，金國汗努爾哈赤對天地盟誓，明、察哈爾、喀爾喀欺凌我正當生活之人，我不堪忍受，昭告於天，上天以我爲是。又察哈爾、喀爾喀合兵欲殺掠科爾沁奧巴洪臺吉，上天以奧巴洪臺吉爲是。奧巴洪臺吉積怨憤於察哈爾、喀爾喀，爲正義前來和我相會，此乃上天賜受難二人相合也。若思天使之合，互不欺瞞，善良而行，則蒙上天眷顧之恩加恩。若不思天使之合，相誘爲惡，誑騙而行，則受上天之殃加殃，譴責之苦加苦。後世子孫若毀我二人之盟，則受上天之殃加殃，譴責之苦加苦，若良心盡到，則後代子孫永享上天之恩加恩，之養加養。」\奧巴誓曰，天命*入主中原*公正明汗，奇緣遇合，奧巴今以盟言告天。吾廓兒沁王等自事扎撒兔以來，忠心於查哈拉、胯兒胯，未有分毫不睦。今欲相好而不得。彼唯知劫殺不已，將我廓兒沁部諸王虜殺幾盡，後無辜而殺我搭賴臺吉。後宰賽又殺我六貝勒。因無辜劫害，不圖和好，吾等故成敵也。彼謂我敢於抗敵，因以加兵，幸皇天默祐得脫，又得滿洲汗協助。我不敢忘天所祐，汗所助，故來此謁汗，祝天地盟好。若渝盟忘恩，仍與查哈拉、胯兒胯相和者，天罪以災危。如踐盟言，不忘汗恩，天必眷之。後之子孫倘有敗盟者，皇天亦以災危罪其人。如守盟言，世好不替，天自永爲之眷顧。\臺吉奧巴亦誓曰：天生奧巴，俾與皇天眷命復前代帝王疆土平心御物之英皇帝合以盟言告天。我以公忠之心向察哈爾、喀爾喀，自札薩克圖汗以來，我科爾沁諸貝勒無纖微過惡，欲求安好而不可得，殺伐我，侵掠我，殆無已時，將我科爾沁諸貝勒剪除無遺。達賴臺吉以無辜被殺。介賽又以兵來殺我六貝勒。我欲相安無事，而彼不從，將無辜之人，恣行殺掠。吾等拒之，又謂我敢於相抗，察哈爾、喀爾喀合兵而來，欲行殺掠。仰蒙天祐，又賴皇帝助我，幸而獲免。我不敢忘天祐及皇帝助，以故來此，與皇帝會，昭告天地，定盟好。若渝盟負恩，與察哈爾、喀爾喀合，天其降罰於奧巴，俾罹災害。若踐盟，不忘皇恩，式好無憂，受天眷祿。我後世子孫有渝盟者，天亦降罰，俾罹災害。若世守盟好，天亦永爲眷顧焉。

　　時宰牛馬，盟於渾河岸，當天焚香獻牲。帝率奧巴三跪九頓首畢，將二誓書宣於眾，焚之。\盟誓，於河南岸祭壇，宰白馬烏牛，焚香獻牲。汗

率奧巴洪臺吉三跪九叩之後，讀二誓文於*眾後*焚之。

初七日，大宴奧巴，賜以汗號。帝曰，有過惡者，天咎之，致令國勢衰敗。存正念者，天祐之，為君而國乃興矣。總之，主宰在天。查哈拉起兵來害奧巴，皇天祐之。當時，昆仲奔北，奧巴獨力抵敵，吾故順天道，賜名吐**舍**兔汗。其兄土美為泰打兒汗，弟布塔七為扎撒兔都領，賀兒禾代為青著裏兔，復賜盔甲並四季衣服，諸般銀器、雕鞍、蟒段、布帛。奧巴等謝賜號之恩。初十日，吐**舍**兔汗留妻肫姐，自回本地。帝率諸王臣送之，路經一宿，設大宴，至蒲河南崗處，令大王、二王送至鐵嶺，駕遂還。\
初七日，八旗置八十桌，宰八羊，宴筵。賜科爾沁奧巴洪臺吉名號之書曰，天譴惡逆，其業必敗，天祐忠義，其業必盛，並使為汗。總之，乃天意也。察哈爾汗發兵，欲殺奧巴洪臺吉。上天眷祐奧巴洪臺吉。欲以上天眷祐之人為汗。我仰承天意，特賜奧巴洪臺吉為土謝圖汗之名號，賜圖梅號為岱達爾漢之名號，賜布塔齊為札薩克杜棱之名號，賜虎爾虎堆為青卓裏克圖之名號。彼等皆土謝圖汗之兄弟。\呼大名者，男則罰乘馬，婦女則罰穿戴衣物。✂

【評論與注釋】

《太祖實錄》的這段內容是描寫察哈爾林丹汗圍攻奧巴失敗後，奧巴等科爾沁首領前來答謝努爾哈赤，並舉行會盟，對天盟誓的過程。除了誓詞以外的內容，《舊滿洲檔》未載。這裏，努爾哈赤再演盟誓之戲，又用大量的高檔物資利誘奧巴等窮困潦倒的科爾沁貴族，並應其要求，嫁女於奧巴，使奧巴成為愛新國額駙，最後再賜給他們尊貴的封號。奧巴甚至得到「土謝圖汗」號，比原來的「洪太吉」更高了一籌。尤其描寫奧巴貪婪、齷齪的嘴臉，更是筆墨有加。

《舊滿洲檔》2080頁、2081頁、2082頁間用老滿文和蒙古語記錄了努爾哈赤誓言，奧巴誓言，以及努爾哈赤對奧巴等人進行賜封等相互並不連貫的內容。

《太祖實錄》中記錄的奧巴洪太吉、〔註43〕土美、〔註44〕布塔七、〔註45〕

〔註43〕奧巴（？～1632），姓博爾濟特，元太祖第哈布哈薩爾十八世孫，父翁果岱。
〔註44〕土美（？～1646），姓博爾濟特，元太祖第哈布哈薩爾十八世孫，父哲格爾德（ǰgrde）。奧巴從兄。

賀兒禾代、〔註46〕擺沙剛兒〔註47〕是當時科爾沁各部首領當中的關鍵人物。努爾哈赤抓住這一機遇，經過盟誓，賞賜和封號，更加強化了科爾沁各部與愛新國間的關係。

　　漢文實錄有幾處文字沒能翻譯全。「ilaci inenggi kai yuwan hecen-i harangga jungguceng hecen-de」（開原城所屬中古城）譯成「中古城」；「juwan uyun-de fan hoo bih〔g〕an-de isinjiha manggi」（十九日至泛河野外）譯成「至泛河郊外」。「sin yang hecen-de jihe」（入瀋陽城）譯為「入城」。滿文實錄本中「saiyun」（好）一字寫成「saiun」，「bigan」（野地）寫成「bihan」。

　　《舊滿洲檔》2082 頁記載的最後一段文字被圈掉了，但可以一字不差地加以識讀：〔da gebube haha niyalma gebuleci yaluha morin gaimbi: hehe niyalma gebuleci etuke etuku gaimbi::〕（呼大名者，男則罰乘馬，婦女則罰穿戴衣物。）這是北方民族的一種習俗，體現在國家統治層面，便成為一種習慣法。

第三節　有關察哈爾部史料之比較

　　察哈爾萬戶，形成於達延汗時期，屬六萬戶蒙古左翼三萬戶，共八個鄂托克（或愛瑪哈）。明末時期駐牧在興安嶺西端南北及西拉沐淪河流域，今內蒙古錫鄰郭勒盟和赤峰市南一帶。其中阿拉克朝忒、敖漢、奈曼、烏魯特等鄂托克駐牧興安嶺南，西拉沐淪流域。浩齊特、烏珠穆沁、蘇尼特、克什克騰等在駐牧興安嶺北。察哈爾在其政治影響和地理位置上的特殊性，它們與女真人的關係中比其喀爾喀、科爾沁時間上晚，而且來往交往也特別少。雖然內容數目並不多，但這些資料為我們研究有關清初察哈爾留下了較為寶貴的信息。〔註48〕下面是察哈爾部與女真關係內容的《太祖實錄》與《舊滿洲檔》記錄比較，看它們有什麼異同或變化。

〔註45〕布塔七（？～1644），姓博爾濟特，元太祖第哈布哈薩爾十八世孫，父翁果岱。奧巴之弟。

〔註46〕據《金輪千輻》賀兒禾代為博弟達喇第九子阿敏（amin bag noyan）子，號「青卓裏克圖」。

〔註47〕擺沙剛兒姓博爾濟特。元太祖第哈布哈薩爾十九世孫，布塔七子。

〔註48〕有關察哈爾部的研究成果有：《有關察哈爾部西邊的若干問題》（達力紮布，《清史研究》1997．4），《清代八旗察哈爾》（達力紮布，《滿學研究》第七輯），《察哈爾西邊的有關問題》（王雄，《內蒙古大學學報》1989．1）等文章，《關於察哈爾史的若干問題》（薄音湖《蒙古史研究》第五輯 1989）。

（1）1619 年 己未 天命四年

滿文史料拉丁文轉寫

1、"taizu yargiyan kooli"，ilaci debtelin 89；《有點圈文檔》488、489、450 頁:

juwan biyai orin juwe-de *monggo gurun-i caharai lingdan han-i elcin kalkai sunja tatan-i geren beisei elcin jihe: lingdan han-i elcin kangkal baihū gebungge amban-i gajiha bithei gisun* **juwan biyai orin juwede⋯⋯ tere elcin-i emgi monggo-i 〔guruni〕 cahara-i han-i hanggal baihū gebungge *amban elcin* jimbi seme donjifi *juwe ba-i elcin-de juwe ihan juwe malu arki unggifi okdofi gajiha*: caharai 〔terei gajiha 〕elcin-i gaijiha bithei gisun: **dehi tumen monggo gurun-i ejen baturu cinggis han-i *hese*, mukei ilan tumen manjui ejen genggiyen han jilgan akū, sain-i tehebiu seme fonjime unggihe: *daiming gurun* muse juwe gurun-de gemu bate kimun bihe: morin *aniya*-ci ebsi daiming gurun-be sini jobobuha-be bi donjiha: ere honin aniya juweri mini beye genefi: daiming-ni guwang ning-ni hecen-be dahabufi alban gaiha: te si guwang ning-ni hecen-de cooha genehe-de simbe bi toohabumbi: muse juwe nofi dain akū bihe: mini dahabuha gurun-be sinde gaibuha-de mini gebu ai ombi: mini ere gisun-be gaijarakū oci muse juwe nofi jaka uru-be abka sambidere: erei onggolo musei elcin ishunde yabure-de: sini elcin mimbe yohikakū seme ehe arame alanafi elcin yaburengge-be nakaha bihe: mini ere gisun-be uru seci sini neneme unggihe elcin-be unggi sehebi: **dehi tumen monggo gurun-i ejen baturu cinggis han-i 〔gisun〕 hese: mukei ilan tumen jušen-i ejen kundulen genggiyen han *jilgan akū* sain-i tehebiu seme fonjime unggihe: nikan gurun muse juwe grun-de gemu bata kimun bihe: morin aniya-ci honin aniya-de isitala: *nikan gurun*-be sini jobobuha-be bi donjiha: ere honin aniya juwari mini beye genefi gisurefi guwangnin-i hecen 〔hoton〕-be dahabufi alban gaiha: te si guwangnin-i *hoton-de* cooha genehede bi simbe toohabumbi 〔saidabumbi〕: muse juwe nofi dain akū bihe: mini dahabuha gurun-be sinde gaibuhade mini gebu ai ombi: mini ere gisun-be gaijarakūci sini muse juwe nofi waka uru-be abka

sambidere: erei onggolo musei elcin yabure-de sini elcin mimbe yohika
akū seme ehe arame alanafi elcin yaburengge nakaha bihe: mini ere
gisun uru seci: sini neneme unggihe elcin-be unggi 〔seme bithe arafi
unggihe bihe〕:\tere bithe-be manju gurun-i beise ambasa tuwafi geren
gemu jili banjifi: dulga oci jihe elcin-be waki sembi: dulga oci oforo šan-be
faitafi unggiki sembi: \tere bithe-be tuwafi beise ambasa jili banjifi dulga
beise ambasa oci jihe elcin-be waki sembi: dulga beise ambasa oci wafi
ainambi šan oforo-be faitafi unggiki sembi:\taizu gengiyen han beise
ambasa-i baru hendume: suweni jili banjire mujangga bi inu jili banjiha bi:
jihe elcin ainara: gisun hendufi unggihe ejen ehe dere: ere elcin-be goidame
tebufi: unggire fonde muse karu ehe gisun-i bithe arafi unggiki seme
hendufi: tere elcin-be tebuhe: \ han hendume suweni jili banjire inu
mujangga: bi inu jili banjihabi: jihe elcin ainara ehe gisun hendufi
unggihe: ejen ehedere: ere elcinbe taka ume unggire: goidame gaifi tefi
unggire fonde ini ehe gisunde muse ehe gisun karu hendufi unggiki
seme hendufi tebuhe:

《太祖實錄》及《舊滿洲檔》漢譯

《太祖實錄》卷三 22～23頁：

十月二十二日，蒙古查哈拉*靈丹汗遣使*康胯兒擺胡賚書來曰，\據聞蒙
古察哈爾汗之使者名杭噶爾拜虎者與該使同至。*為兩地使者，備兩頭牛、*
*兩壇酒迎接。*察哈爾使者所賚〔其所賚〕書曰，\蒙古國統四十萬眾英主青
吉汗（青吉汗乃元始祖之號，故稱之）諭問水濱三萬人英主安否。大明與
吾二國乃仇仇也。吾聞自戊午年來，大明始受兵於汝國。今夏吾已親往廣
寧，招撫其城，取其貢賦。倘汝兵往圖之，吾將不利於汝。吾二人原無交
惡，若吾所服之城為汝所得，吾名安在。設不從吾言，二人之是非，穹蒼
鑒之。先時吾二國使者常相往來，因汝使捏言吾之驕慢，告汝以不善之言，
故相絕耳。若以吾言為是，汝將前使可令復來。\四十萬蒙古國主巴圖魯青
吉斯汗〔註49〕之諭〔言〕：致問水濱三萬諸申之主恭敬英明汗無恙安居耶！
明國與我二國皆為仇敵。我聞午年至未年，爾蹂躪明國。此未年夏，我親

〔註49〕蒙古國察哈爾林丹汗之自稱。

至廣寧，說服其城，收取貢賦。今爾出兵廣寧城〔註50〕，我將阻止爾等。我二人素無戰端，若我所服之*眾*為爾所得，則我名何為？若不聽我此言，則我二人之是非，天將鑒之！此前我等遣使往來，後因爾使者稱我不予理睬，作惡言，遂斷使臣往來。若以我言為是，爾遣前使前來，〔這般書寫後遣之。〕\滿洲王臣等見此書，皆怒，有謂來使可殺，有謂可劓刵之放歸。\諸貝勒、大臣閱畢此書，皆怒，半數貝勒、大臣欲殺來使。半數貝勒、大臣謂不必殺之，可削其耳鼻遣之。

帝曰，汝等之怒誠然，即吾亦怒矣。然於來使無與，是遣使者之罪也，可久留之，待回時亦書不善之言相答。言訖，遂羈其使。\汗曰，爾等怒之，是也！我亦怒矣！然來使何能書惡言來之？其惡在其主也！此來使則暫勿遣還，而久留之。待遣歸時，我亦書惡言以報其惡言。遂留其使。

【評論與注釋】

這是愛新國與察哈爾林丹汗書信交往的唯一記錄。此前，愛新國與蒙古察哈爾和平交往，未曾出現磨擦。當努爾哈赤實力壯大，開始覬覦林丹汗獲取貢賦的明廣寧城時，林丹汗便派經驗豐富的使臣杭噶爾拜虎賫書前往愛新國。林丹汗之書，盛氣凌人，大有蒙古大汗之氣勢，反而惹怒愛新國君臣，造成極其嚴重的後果。

該信件的滿文抄件在《舊滿洲檔》488、489 頁、450 頁之間，附在內喀爾喀烏濟業特部首領照日格圖洪巴圖魯以及其他首領致努爾哈赤信之後。林丹汗使臣杭噶爾拜虎偕同內喀爾喀部使臣前來，由於兩國的尖銳衝突，被扣留在愛新國，再也沒能回去，最後被愛新國殺害。察哈爾國林丹汗（1592～1634）是元朝元皇帝後裔，最後一位蒙古大汗。清初這一時期蒙古各部各自為政，林丹汗成為只能控制察哈爾萬戶的大汗。

從《舊滿洲檔》的記錄看，最初愛新國方面非常重視喀爾喀和察哈爾使臣的到來，還專門派人迎接，並「juwe ba-i elcin-de juwe ihan juwe malu arki unggifi okdofi gajiha」「為兩地使者備牛兩頭、酒兩壇迎接」。且稱察哈爾使臣

〔註50〕 廣寧，在今遼寧省北鎮。明初置衛，明九邊之一的遼東鎮即設於此。曾為蒙古林丹汗控制，成為蒙古察哈爾部之 idekü qota（得到食物之城）。愛新國天命七年（1622），努爾哈赤攻明，發動廣寧之戰，由東昌堡渡遼河圍西平堡城，陷之。明廣寧巡撫王化貞棄城入山海關，愛新國大軍入城，并乘勝攻佔河西四十餘城。清康熙三年（1664）設廣寧府，次年設錦州府，改為廣寧縣。

杭噶爾拜虎爲「amban elcin」(官使)，比一般的使臣「elcin」的稱謂更加尊貴。滿文《太祖實錄》作「monggo gurun-i caharai lingdan han-i elcin kalkai sunja tatan-i geren beisei elcin jihe: lingdan han-i elcin kangkal baihū gebungge amban-i gajiha bithe」(蒙古國察哈爾之林丹汗之使與喀爾喀五部之眾貝勒抵達。林丹汗之使者名叫杭噶爾拜虎的大臣所帶來之書)，而到了漢文《太祖實錄》，這段內容全部被刪，僅剩「蒙古查哈拉靈丹汗遣使康胯兒擺胡賫書來曰」一句，致使一些重要情節缺失，無法對當時的察哈爾林丹汗與愛新國努爾哈赤之間的關係作出判斷。

直到此時，《舊滿洲檔》稱明朝爲「nikan gurun」(漢民之國)，編纂《太祖實錄》時改爲「daiming gurun」(大明國)，顯示出眞正國家的氣度。

林丹汗所用問候詞「jilgan akū」，直譯可作「無聲」，可能是蒙古語「cimege ügei」(無聲息) 的滿譯。沒有消息，也就表示「無恙」。

《舊滿洲檔》中在 toohabumbi(使阻止，使耽誤)旁將先前寫的 saidabumbi(揪扯，咬住不放) 塗抹掉了。其詞義接近，表示林丹汗絕不退讓之意。

值得提到的是，《舊滿洲檔》所載林丹汗之信，在《太祖實錄》中未做改動，即使有些許改動，也是出於修辭方面的考慮。

（2）1620 年　庚申　天命五年

滿文史料拉丁文轉寫

taizu yargiyan kooli，ilaci debtelin 97；《舊滿洲檔》507～511 頁:

abkai fulingga genggiyen han-i sunjaci aniya šanggiyan bonio niyengniyeri ujui biyai juwan nadan-de caharai lingdan han-i unggihe bithei karu: unggihe bithei gisun: caharai han sini unggihe bithe-de dehi tumen monggo gurun-i ejen baturu cinggis han: mukei ilan tumen *manju* gurun-i ejen kundulen genggiyen han-de bithe ungghe seme arahabi: sini dehi tumen monggo gurun-i geren-be minde ainu coktolombi: \siyanggiyan bonio **aniya: aniya biyai juwan nadan-de 〔inenggi〕: cahara han-i unggihe bithei karu: unggihe bithei gisun 〔ere anu〕: caharai han sini ungihe bithe-de: dehi tumen monggoi ejen baturu cinggis han: mukei ilan tumen *juseni* ejen kundulen genggiyen han-de bithe unggihe seme arahabi: sini dehi tumen monggo-i geren-be: minde ainu coktolombi:\bi**

donjici suweni daidu hecen-be daiming gurun-i hong u han-de gaibure-de
dehi tumen monggo-be gemu gaibufi: damu ninggun tumen burlame tucihe
seme donjiha, tere ninggun tumen monggo gemu sinde akū kai: ordus emu
tumen: juwan juwe tumet emu tumen: *asot yungsiyebu karacin emu tumen*:
tere ici ergi ilan tumen gurun sinde dalji akū: ini cisui enculeme yabure
gurun kai: hashū ergi ilan tumen gurun gemu sinde biu: ilan tumen gurun
akū bime: dehi tumen seme julgei fe gisun-i coktolome: mini gurun-be
komso: damu ilan tumen seme fusihūlara-be abka na sarkū biu: **bi donjici,
daidu hecen 〔hoton〕-be gaiburede: dehi tumen monggo-be gemu
nikan-de gaibufi: damu ninggun tumen burlame tucike seme donjiha
〔bihe〕: tere ninggun tumen monggo gemu sinde akūkai: ordos 〔emu〕
tumen: juwan juwe tumet emu 〔monggoljin〕 tumen: *asot yunggsiyobu
emu 〔karacin〕 tumen*: tere ici ergi ilan tumen gurun: sinde dalji akū:
ini cisui enculeme yabure gurun kai: hashū ergi ilan tumen gurun gemu
sinde biu: ilan tumen gurun akū bime: dehi tumen seme julgei fe gisun-i
coktolome: mini gurun-be komso: damu ilan tumen seme fusihūlarabe:
abka na sarkū biu:**\sini gurun-i gese dehi tumen geren akū: sini beye gese
baturu akū: mini gurun-be komso seme: mini beye-be uliha seme abka na
gosifi, hadai gurun, hoifa gurun, ula gurun, yehe gurun, daiming gurun-i *fu
šun soo*, *cing hoo*: *kai yuwan*, *tiyeling*, jakūn amba babe abka na minde buhe
kai: \ **sini gurun-i gese dehi tumen geren akū: sini beye gese baturu akū:
mini gurun-be komso seme mini beye-be ooliyaha seme: abka na gosifi:
hadai gurun: hoifai gurun: ulai gurun: yehei gurun: *fusi*:
niowanggiyaha: *keyen*: *cilin*: jakūn amba ba-be abka na minde buhe kai:**
\sini unggihe bithe-de henduhengge mini alban gaijara guwang ning-ni babe
si ume dailara: si aikabade dailaha-de bi simbe toohabumbi sehebi: si muse
juwe nofi ehe bici sini uttu hendurengge mujangga kai: muse juwe nofi
umai ehe akū bime: encu halangga daiming gurun-i guwang ning hecen-i
jalinde: abka na gosiha: han niyalma-be fusihūlame uttu ehe kecun gisun-be
si ainu gisurembi: abka-de eljere gese fudarame ainu banjimbi: mini
unenggi tondo mujilen-be jafafi banjire-be abka na mimbe saišafi kesi hūturi
baturu hūsun-be minde buhe-be si donjihakūbiu: si mimbe adarame

tookabumbi: sini beye guwang ning-de genefi majige baha ulin-be sini hoton hecen-be ambula efuleme dailame yabure-de geleme buhe seme gūnimbiu: sinde niyaman hūncihin seme gosime hairame buhe seme gūnimbiu: sinde gosime hairame buci: tere mejige ulin-be si ainu gaimbi: \si geli hendume mini alban gaijara guwangnin-i babe: si ume dailara: si aikabade dailaha-de bi simbe 〔saitebumbi seme bithe arafi〕 toohabumbi sehebi: si muse juwe nofi ehe bici sini uttu hendurenge mujangga kai 〔bidere〕: muse juwe nofi-de umai ehe akū bime: encu halangga nikan gurun-i guwangnin-i hecen-i 〔hoton〕 jalinde: abka nai gosiha han niyalma-be fusihūlame: uttu ehe kecun gisun-be si ainu gisurembi: abka-de eljere gese fudarame ainu banjimbi: mini unenggi tondo mujilembe jafafi banjirebe: abka na mimbe saišafi kesi hūturi baturu hūsun-be minde buhebe: suwe donjihakūbiu: si mimbe adarame 〔saitebumbi〕 tookabumbi: sini beye guwangning-de genefi 〔baha〕 majige baha ulimbe si hoton hecen-be ambula efeleme dailame yabure-de geleme buheseme gūnimbiu: sinde niyaman hūncihin seme gosime hairame buhe seme gūnimbiu: sinde gosime hairame buci: tere majige ulimbe si ainu gaimbi: \suweni gaibuha daidu hecen, *gūsin duin tumen monggoi gurun*-be gaiha bici sini ere gisun hendurengge mujangga kai: daiming gurun-be mini dailara onggolo sini beye emgeli cooha genefi uksin saca acihai temen ai jaka-be gemu waliyafi untuhun beyei teile burlame tucihe: terei amala emgeli cooha dosifi gegen daicing beilei emu hiya: juwan funceme niyalma-be wabufi untuhun bederehe: sini beye juwe jergi daiming gurun-de cooha genefi ai amba olji baha: ai gebungge amba hecen hoton-be efulehe: ya bai amba cooha gidaha: \sini gaibuha daidu hoton *gūsin tumen monggo-i* gurumbe gaihabici: sini ere gisun hendurengge mujangga kai 〔bidere〕: 〔mini〕 nikan gurun-be mini dailara onggolo baturu cinggis han si emgeri cooha genefi uksin saca acihai temen ai jakabe gemu waliyafi untuhun beyei teile tucike: terei amala emgeri cooha dosifi gegen daicing beile-i hiya-be muke-de wabuha: juwan funceme niyalma-be gaibufi untuhun bederehe: sini beye juwe jergi nikan-de cooha genefi si ai amba olji baha: ai gebungge

amba hoton hecen-be efulehe: ya bai〔ai〕amba cooha-be gidaha: nikan gurun sinde atanggi ere gese amba šang bumbihe: mini dailame yaburede haha wabufi: hehe funcefi yabure nikan de: mini hūsun-i geleburede: nikan simbe jaldame buhe ulin wakao: \daiming gurun sinde atanggi ere gese šang ambula bumbihe: mini hūsun-i horolome dailame yabure-de haha wabufi: hehe funcefi: daiming gurun minde geleme simbe jalidame buhe ulin fakau: daiming solgo juwe gurun gisun encu gojime etuhe etuku: ujui funiyehe emu adali ofi: tere juwe gurun-i emu gurun-i gese banjimbikai: muse juwe gurun gisun encu gojime: etuhe etuku ujui funiyehe emu adali kai : si unenggi ulhire niyalma bihe bici: mini julge gimungge daiming gurun-be: han ahūn-i dailara-de abka na gosifi hoton hecen-be ambula efuleme, amba dain-be gidame yabumbi sere: abka na-i gosiha han ahūn-de emu hebe ofi: muse-de gimungge daiming gurun-be dailaki seme unggihe bici sain bihe kai: abka na-de kesi hūturi baime, amba gebu doro-be gūnirakū: damu bahara-de dosifi, niyalma-de baibi buyeme wajire ulin-i jalinde umai ehe akū banjire encu gisungge gurun-i han niyalma-be fusihūlame koro isibume banjire-be abka na sarkūbiu seme bithe arafi šose ubasi-be elcin unggihe:**nikan solgo juwe gurun gisun encu gojime etuhe etuku: ujui funiyehe emu adali ofi: tere juwe gurun emu gurun-i gese banjimbi kai: muse juwe gurun gisun encu gojime etuhe etuku: ujui funiyehe emu adali kai: si unenggi ulhire niyalma bihe bici mini julgei kimungge nikan gurun-be: han ahūn-i dailara-de: abka na gosifi hoton hecen-be ambula efuleme: amba dain-be gidame yabumbi sere abka na-i gosiha han ahūn-de emu hebe ofi: muse-de kimungge nikan gurun-be dailaki seme unggihe bici sain bihekai: abka na-de kesi hūturi baime: amba gebu doro-be gūnirakū: damu baharade dosifi: niyalmade babi bume wajire ulin-i jalinde: umai ehe akū banjire encu gisungge gurun-i han niyalma-be si fusihūlame koro isibume banjire-be abka na sarkūbiu:** \cahari lingdan han-i elcin hangkal baihū-be tebuhe: manju gurun-i genggiyen han unggihe bithe-be caharai lingdan han tuwafi: elcin genehe šose ubasi-be jafafi guwangse sangse etubufi ini baising-ni tehe hoton-de horiha: taizu genggiye han tere elecin-be waha seme donjifi caharai elcin-be waki sere-de han-i duici jui hong taiji beile tafulame hendume: musei elcin-be wahakū tašan ayu: caharai elcin hangkal baihūi emgi tebuhe niyalma-de bithe jafabufi inenggi boljofi musei elcin-be unggi seme takūraki boljogon-de isinjirakū oci: tere fonde caharai elcin-be waki sehe manggi: genggiyen han tere gisun-be dahafi: caharai elcin hangkal baihūi emgi tebuhe niyalma-de bithe jafabufi takūrame: mini elcin-be unggihe-de, sini elcin hangkal baihū-be unggire: mini elcin-be unggirakū oci: sini elcin-be wambi seme inenggi boljofi unggihe: caharai lingden han tere elcin-be isinaha manggi: manju gurun-i genggiyen han-i elecin-be geli unggirakū boljogon-i inenggi-be duleke manggi: amargi monggo gurun sunja tatan-i kalkai beisei elcin jifi genggiyen han-i elcin-be caharai lingdan han tu weceme waha seme udutu jergi alanjire jikade: genggiyen han geli emu biya funceme tuwafi beise ambasai baru hendume musei elcin-be waha inu ombi: boljogon-i inenggi-be dulefi biya funcehe: te caharai elcin hangkal baihū-be wa seme waha: genggiyen han-i elcin šose ubasi imbe asaraha niyalma-de hebe arafi, guwangsa sangsa-be sufi, hulhame tucifi hebe araha niyalmai emgi yafahan ukame jihe: ✄

《太祖實錄》及《舊滿洲檔》漢譯

《太祖實錄》卷三　25 頁：

庚申，天命五年正月十七日，修書覆查哈拉汗曰，閱來書汝爲四十萬蒙古主，吾爲水濱三萬人主，何故恃其眾以驕吾國乎。\正月十七〔是日〕，復察哈爾汗書曰〔如下〕，察哈爾汗，爾來書內稱，四十萬戶主英雄成吉思汗致水邊三萬諸申之主恭敬英明汗等語。爲何以恃四十萬蒙古之眾以驕我耶。\聞昔大明洪武取大都時，四十萬蒙古摧折幾盡，奔逃者僅有六萬，不盡屬汝。俄裏都施一萬、專拙土默特一萬，阿孫特、雍壽布、胯喇沁一萬，此三萬之眾，據汝之右，任意縱橫，於汝無與。即左三萬之眾，果盡屬於汝耶。三萬且不足，乃以昔日之陳言自哆爲四十萬，而鄙吾國止三萬人乎。天地豈不知之。\我聞，大都〔城〕被攻克時，四十萬蒙古爲明人所擄，逃出者僅六萬人。且此六萬蒙古人亦不盡屬於爾矣！鄂爾多斯一萬，十二土默特〔孟郭爾津〕一萬，阿索特、永謝布〔喀喇沁〕一萬，此右翼三萬之

*眾*與你無關，乃自由駐牧之*眾*也。其左翼三萬之*眾*又豈盡屬於爾耶？三萬之*眾*尚且不足，仍引昔日之陳詞，自詡四十萬，而輕我人少，僅三萬人。天地豈不知乎？\然吾國雖小，不似汝之眾，吾力雖綿，不似汝之強，但得天地垂祐，哈達、輝發、兀喇、夜黑暨大明國撫順、〔註51〕清河、〔註52〕開原、〔註53〕鐵嶺〔註54〕等八處俱為我有。**因我人少且弱，無似爾四十萬之*眾*，不如爾勇強，遂蒙天地眷祐，哈達國，輝發國，烏拉國，葉赫國，撫西，清河，開原，鐵嶺等八大地畀我矣。**\汝且言廣寧吾取貢處，*毋征*也。若圖之，將有不利於我。若爾我從來有隙，出此言宜也。本無仇隙，何故為異姓大明，遂欺天地所祐之人主而出此惡言。恣行不道，如逆天然。吾惟至誠格天，天乃錫吾勇智，其眷顧也獨隆，亦未之聞乎，焉能不利於我哉。且汝於廣寧所得微利，謂能破彼之城郭，畏而與之耶，抑以親視汝愛而與之耶。如其愛而與之，錙銖之利，受之何為。**爾又稱，廣寧為我徵賦之地，爾勿征討，爾若征之，我將鉗制〔咬住〕於爾等語。**若我二人，向有仇隙，爾如此言之是也！然我二人並無嫌隙，爾因何為異姓明國之廣寧城，而蔑視天地眷祐之汗，出此惡言？何以抗拂皇天，而倒行逆施耶敘　我存公誠之心，仰蒙天地嘉許，賜我福祿勇智，爾等豈未聞乎？爾將如何阻止〔糾纏〕於我？**爾親往廣寧得其微薄之財，即以為因畏爾興兵轉戰，多克城池，故而與之耶？或因親戚憐愛而與之耶？若是憐愛而與之，爾為何納其微薄之財耶？**\汝果能復*三十四萬之大都*而出此言，誠是也。想大明未受吾兵時，汝初與構兵，弃盔甲駝馬，空身敗北，再與構兵，革根歹青之蝦並十餘人被斬於陣中，一無所獲而回。不知二次所得者何處人畜，所克者何處名城，所敗者何處大兵。獨不思大明賞汝，從來未有如此之厚，今不過以我威勢逼臨，殺其男子，遺其婦女，大明畏吾，故以利誘汝非**歟**。**爾若能收復所失之大都及*三十萬蒙古之眾*，而出此言，乃極是想必有也！**我征明國之前，爾英雄成吉思汗曾**興師往征**，盡棄盔甲、駝支、一應器械，空身得脫也。後又進兵，格根岱青貝勒之侍衛被殺於水中，致十餘人被俘，

〔註51〕　《舊滿洲檔》作 fusi，即撫順城，今撫順市北撫順。今遼寧省撫順市東關嶺山口為撫順關。

〔註52〕　《舊滿洲檔》作 niowanggiyaha，即清河，在今遼寧省本溪縣境內。

〔註53〕　《舊滿洲檔》作 keyen。即開原，今遼寧省開原縣老城鎮。

〔註54〕　《舊滿洲檔》作 cilin，tiyeling。即鐵嶺，今遼寧省鐵嶺縣。

徒勞而返。**爾親率兵，征明二次，俘獲何人眾？克何大都名城？敗何處勁旅？明國何時授爾似此重賞？豈乃因我征明，殺其男、留其女，明畏我威勢，爲誘爾而與之財乎焉？**\大明、朝鮮異國也，言雖殊，因衣冠相類，二國遂結爲同心。爾我異國也，言語雖殊，而服髮亦相類。汝果有知識者，來書當雲，皇兄徵吾舊日之仇國，蒙天垂祐，破其城，敗其眾，同心協力，共圖有隙之大明，如此不亦善乎。今且不求合理，不務令名，以祈天眷，乃欲貪得有盡之財貨，鄙辱異國無隙之人主，若此者，神祇豈不鑒之。書畢，乃命邵紫兀把什爲使賫往。**明國、朝鮮二國語言雖異，然其服髮相同，故二國相交如同一國！我二國語言相異，然服髮亦相同。爾誠係有識之士，來書當言，我素與明有仇，汗兄征明，願天地眷祐，多克其城，敗其勁旅。並願與天地眷祐之汗兄共同征討與我有仇之明國等語，其不善哉！乃爾不祈福於天地，不求令名，不務大業，惟利是圖，爲得他人所與有限之財，竟蔑視中傷與爾無嫌隙、語言相異國之汗。天地豈不鑒之耶？**\靈丹汗覽書，將去使枷械，囚於百姓所居之城。帝風聞去使見殺，欲殺彼使。四王諫曰，殺吾使，恐未的。前所虜內有與康胯兒擺胡同來者，令持書往，約以歸吾使之期，若逾期不至，戮之未晚。帝從其言，遂遣人賫書云，若還吾使，吾亦反康胯兒擺胡，不然，吾必殺之矣。去後，過期不還，又胯兒胯部五衛使者屢言邵紫兀把什被靈丹汗斬之祭旗矣。帝猶待月餘，諸王臣曰，今過期已有月餘，去使被殺無疑也，遂誅康胯兒擺胡。後邵紫兀把什密通監者，去其枷械，同潛出，徒步逃回。✂

【評論與注釋】

努爾哈赤於天命四年（1619）十月二十二日收到林丹汗的惡言之信後，過了僅兩個多月，便於天命五年（1620）正月十七日回了更加惡毒的一封信。信中努爾哈赤循著林丹汗所寫內容的順序，一一加以駁斥，極盡諷刺、挖苦、詆毀之能事。性格極其暴烈的林丹汗只能以扣留使者來對付，結果將自己的使臣送上了死路。從努爾哈赤的回信中可以對當時蒙古左右三萬戶的情形，林丹汗征伐明朝失敗的事述等重要史實有所瞭解。

該信的內容載於《舊滿洲檔》507～511頁間。對當時右翼蒙古三萬戶，《舊滿洲檔》作「ordos〔emu〕tumen: juwan juwe tumet emu〔monggoljin〕tumen: asot yungsiyebu emu〔karacin〕tumen: tere ici ergi ilan tumen gurun」（鄂多斯一萬；

十二土默特〔滿官嗔〕一萬，阿蘇特和永謝布〔喀喇沁〕一萬。此右翼三萬戶），說明土默特萬戶也可以稱爲「孟古勒津」萬戶，阿蘇特和永謝布也可以認爲是「喀喇沁」萬戶。這符合當時蒙古右翼有鄂爾多斯一個萬戶，阿蘇特和永謝布一個萬戶，十二萬土默特一個萬戶的另一種說法。而漢文《武皇帝實錄》中的「俄裏都施一萬、專掘土默特一萬，阿孫特、雍壽布、胯喇沁一萬」等極不順當的譯法，說明編纂《太祖實錄》漢文本的史臣，對蒙古部落名稱不盡瞭解。而且對滿文 juwan juwe tumet （十二土默特）的稱呼也不理解，徑直音譯爲「專掘土默特」，更能說明初纂漢文《太祖實錄》時的困難狀況。

　　對於信中所說在大都遺留之三十四萬蒙古之事，《舊滿洲檔》記爲 gūsin tumen （三十萬），而《太祖實錄》作 gūsin duin tumen （三十四萬），顯然《太祖實錄》編纂者對此作了一定的考證和推算，力爭對《舊滿洲檔》的錯誤記錄作更正。蒙元時期，蒙古人口不僅僅有四十萬，「四十萬蒙古」之稱呼形成在明代，達延汗統領下蒙古總人口的估計數量〔註55〕。眾所周知，「六萬蒙古」更是達延汗再次統一蒙古後，將全體蒙古編後的行政單位稱呼，而這個稱呼也僅僅限於東蒙古，還不包括四衛拉特蒙古。

　　努爾哈赤信中所提供的「我征明國之前，爾英雄成吉思汗曾興師往征，盡弃盔甲、駝支、一應器械，空身得脫也。後又進兵，格根岱青貝勒之侍衛被殺於水中，致十餘人被俘，徒勞而返。爾親率兵，征明二次，俘獲何人眾？克何大都名城？敗何處勁旅？明國何時授爾似此重賞？」這段信息，不見於其他史籍，可視爲重要提示，加以研究。

　　該信的末尾，努爾哈赤又向林丹汗拋出了聯合起來共同對明的建議。剛愎自用的林丹汗，啓能接受水濱三萬戶諸申之主的建議。其結果就是丟了自己的蒙古部眾，又得不到好吃的遼餉，到頭來只能西遷，造成了「出師未捷身先死」的悲劇重演

〔註55〕寶音德力根《「四十萬蒙古」之稱的由來及其相關問題》內蒙古大學學報 1996 年 3 期。

第三章 《舊滿洲檔》與《滿文老檔》中滿蒙關係史料的流傳

　　如前所說，《無點圈字檔》是愛新國最早的檔案記錄，是與愛新國的歷史進程同步產生的。1969 年臺灣故宮博物院整理出版該檔冊，並起名爲《舊滿洲檔》。現存《舊滿洲檔》的內容包括 1607 年至 1632 年以及 1635 至 1636 年。《舊滿洲檔》的一個重要內容，就是滿蒙關係。在該書中，有不少涉及當時蒙古內喀爾喀、科爾沁與察哈爾的內容，其史料價值非常高。

　　《滿文老檔》源於《無點圈字檔》（即《舊滿洲檔》）。愛新國時期的古老的《無點圈字檔》，到清乾隆年間時，年久糟舊，以致殘破。經奏准，裱糊原檔，妥善保存之餘，還將它用舊滿文和新滿文共抄寫六份，稱《無點圈字檔》和《加點圈字檔》，分別保存在北京和盛京（瀋陽）。另外再抄寫一份《加點圈字檔》，專供皇帝閱覽。所謂的《滿文老檔》就是盛京崇謨閣藏的《加點圈字檔》。1905 年日本人內藤氏發現了該檔冊，1912 年照相翻拍後帶到日本，名《滿文老檔》。1955～1962 年間，日本學者神田信夫等人成立「滿文老檔研究會」，對它進行拉丁文轉寫、日文旁譯和總譯以及索引。

　　但是，正像有人指出的那樣，「特別值得注意的是，這些抄本，無論是舊滿文本還是新滿文本，都不是照抄，而是編抄。首先，抄本偷換了舊檔的不少概念。比如，『女眞』換稱『滿洲』，『愛新國（金國）』改爲『滿洲國』，『大明』改稱『明國』，『遣送之書』改稱『詔書』，等等，舉不勝舉。其次，刪掉了原檔中相當多的內容。有的地方是整段刪除，有的地方是刪除個別句子或個別詞語。在原檔上，到處寫著「不要（寫）」（ume）、「要寫」（ara）等字樣，

是對原文取捨的表示。再次，抄錄時增補了不少內容。這些增補，是根據晚於原檔冊的其它史料加以補充的。第四，有很多改寫之處。第五，《加點圈字檔》將原檔冊中的蒙古文原文文書通通譯成了滿文。……總之，與《舊滿洲檔》相比，《滿文老檔》無論在文字上還是內容上，都不再是原始資料，不過是乾隆朝'天朝史學'的一個新作」。〔註1〕

在1607～1626年間的《舊滿洲檔》有關滿蒙關係史料中，涉及內喀爾喀部的史料有200餘處，科爾沁部史料80餘處，察哈爾史料40餘處。這些內容經過不同程度的編寫，包括刪除、修改等等，被編入《滿文老檔》。

本第三章的內容，就是以《舊滿洲檔》和《滿文老檔》中有關內喀爾喀、察哈爾和科爾沁的部分史料爲例，指出《舊滿洲檔》原文在《滿文老檔》中的刪改，目的在於顯示原始檔案資料在官修史書中的流傳過程和形態。

下面，將《舊滿洲檔》中有關內喀爾喀、科爾沁、察哈爾的部分史料摘出，與《滿文老檔》的相關內容逐條進行比較。

在拉丁文轉寫中的黑體字表示《舊滿洲檔》所載而《滿文老檔》已刪除的內容。

〔 〕號中的斜體黑字爲《舊滿洲檔》中被刪除，但還能讀出的內容；

：冒號前的阿拉伯數字表示《舊滿洲檔》的頁數，

冒號後面的〔 〕號中的阿拉伯數字表示行數。

第一節　內喀爾喀史料在《舊滿洲檔》與《滿文老檔》中的流傳

《舊滿洲檔》1607～1626年間有關喀爾喀與愛新國（女眞）往來內容共有200餘條。《滿文老檔》錄入這些內容是未能全部抄寫。對一些內容進行修改或刪改。下面挑出12條內容。比較原文與錄入內容間的異同。

第一條　天命四年十月件

一、拉丁文轉寫

483:〔3〕〔*yehei juwe hoton-be gaifi gurun-be gemu dahabufi gajime*

〔註1〕烏雲畢力格：《喀喇沁萬戶研究》，內蒙古人民出版社，2005年。

jiderede〕yehede cooha genehe amala monggo gurun-i sunja 483：〔4〕tatan-i kalkai geren beisei elecin enggeder efu isinjifi boode bihe：

二、漢　譯

〔*攻取*葉*赫兩所城，眾國民全部捕獲而歸時*。〕出兵往征葉赫之後，蒙古國五部喀爾喀眾貝勒之使者恩格德爾額附至，曾留住於家。

三、評論與注釋

該段內容在《舊滿洲檔》483頁。《滿文老檔》190頁根據了《舊滿洲檔》刪改後的內容。

《舊滿洲檔》中被刪除了努爾哈赤攻占葉赫兩城並俘獲其所有民眾的史實。其目的就是掩蓋努爾哈赤通過殘酷的戰爭，降服葉赫國的事實。葉赫，明代海西女眞四部之一。因河得名。其地在今吉林梨樹縣境。始祖本蒙古人，姓土默特氏，名星根達爾漢，因居瑋納喇氏地，改姓納喇。明永樂四年（1406）歸明。星根達爾漢四傳至祝孔革，被封都督。再傳至清佳奴、楊吉努勢始強，收服諸部，兄弟二人分居東西二城。葉赫部強盛時，曾一度控制整個海西女眞。因距明在開原所設的馬市鎮北關（今開原東北）甚近，故又稱「北關」。萬曆四十七年（1619）爲建州女眞首領努爾哈赤所併。葉赫部是海西女眞中最強大的一部，也是被努爾哈赤所征服的最後一個女眞部落。努爾哈赤與葉赫部的關係錯綜複雜，努爾哈赤曾娶葉赫女子，生育皇太極。就因爲這一原因《滿文老檔》未記錄這段內容。

第二條　天命四年十一月件

一、拉丁文轉寫

499：〔7〕jorgon biyai orin ilan-i inenggi gakca modo sere emhun mooi 500 〔1〕ganggan-i seterhei gebungge bade genggiyen han-i unggihe bithei emu gisumbe jurcehekū eksingge cūhur yahican *kurcan hifa*-de ceni galai bithe〔2〕arafi abka na-de šanggiyan morin sahaliyan ihan wafi bithe dejime gashūha 〔3〕〔*meni kalkai sunja tatan-i beise: kundulen genggiyen han-i juwan tatan-i beise: muse juwe gurun-be* 〔4〕*abka na gosifi doro jafafi emu hebei banjiki seme acabuka dahame meni juwe gurun abka na-de gashūmb:* 〔5〕 *kalkai sunja tatan-i doro jafaha beise kudulen genggiyen han-i juwan tatan-i doro jafaha beise juwe gurun-i* 〔6〕 *amba doro jafame: suwayan honin aniya jorgon biyai orin ilan inenggi dergi abka ama-de šanggiyan morin wafi: fejergi* 〔7〕 *na eniye-de sahaliyan ihan wafi: emu morode arki: emu morode yali: emu morode boihon: emu morode senggi: emu morode* 〔8〕 *šanggiyan giranggibe sindafi, unenggi akdun gisumbe gisureme: abka na-de gashūmbi: daci kimūngge nikan gurumbe:* 〔1〕 *meni juwe gurun emu hebei dailambi: yaya fonde nikan gurunde acambihede gisurendufi emu hebei acambi: uttu* 〔2〕 *abka na-de gashūha gisun-be efuleme: kundulen genggiyen han-i juwan tatan-de hebe akū: nikan gurunde sunja tatan-i* 〔3〕 *kalkai beise-be neneme acaci: nikan gurun meni juwe gurun-i hebe efuleki seme meni sunja tatan-i kalkai doro* 〔4〕 *jafaha beise-de nikan dorgideri šiosihiyeme niyalma takūraci: tere gisumbe: kundulen genggiyen han-i doro jafaka juwan* 〔5〕*tatan-i beisede alarakūci: abka na wakalafi meni sunja tatan-i kalkai doro jafaha: dureng hong baturu:* 〔6〕 *ooba daicing: esen taiji: babai taiji: asut-in mangguldai:: ebugedei hong taiji: ubasi taiji: dureng: gurbusi:: dai darhan:* 〔7〕 *manggūldai daicing: bidengtu yeldeng: cūhur:: darhan baturu: enggeder: sanggarjai: butaci dureng: sanggarijai:: bayartu:* 〔1〕*dorji: neici : uijeng: uljei tu: burgatu: edeng: eljige: meni sunja tatan-i kalka-i doro jafaha beise, se jalgan foholon* 〔2〕*ofi ere senggi gese senggi tucime* : *ere boihon-i gese boihon-de gidabume* : *ere giranggi gese giranggi šarame bucekini* : *kundulen genggiyen* 〔3〕 *han juwan tatan-i doro jafaha beise suwe* : *meni sunja tatan-i kalkade hebe akū* : *nikan gurun-de neneme acaci* : *suweni juwan tatan-I* 〔4〕 *doro jafaha* : *kundulen genggyen han* : *guyang baturu: amin taiji: manggultai: hong taiji: degelei: ajige age* 〔5〕 *dodo: buyangkū: delger: se jalgan foholon ofi: ere senggi gese senggi tucime: ere boihon-i gese boihon-de* 〔6〕*gidabume: ere giranggi gese giranggi šarame bucekini: meni juwe gurun: abka na-de gashūha gisun-de isibume banjic:* 〔7〕*abka na gosifi: ere arkibe omime: ere yali-be jeme: meni juwe gurun-i doro jafaha beisei: se jalgan golmin juse omosi tanggū jalan :*〔1〕*tumen aniya-de isitele juwe gurun emu gurun-i gese elhe taifin-i banjire-be buyeme: abka na-i salgabuhangge:*〔2〕*dere seme gūnifi: kundulen genggiyen han-i juwen tatan: kalkai sunja tatan-i beise meni juwe gurun emu hebe*〔3〕*ombi seme: abka na-de hengkileme niyakūrame gashūrengge ere inu seme bithe arafi: abka-de dacime gashūha*〕〔4〕tere gashūre-de jarut ba-i jongnon beile bago ro ofi genehekū bihe: tere gashūre sidende monggo gurun jeku akū ofi emdubei heyen, cilin-i jeku-be gajime jifi, gamara niyalma gamaha,nambuhe niyalmai beyebe jafafi ulha-be gaihangge, nadan jakūn jergi emu minggan funceme ihan gaiha;

二、漢　譯

十二月二十三日，於噶克察謨多孤樹，岡乾塞特爾黑之地，額克興額、楚胡爾、雅希禪 、庫爾禪、希福等一字不差地手抄英明汗所遣之書，刑白馬烏牛，對天地焚書盟誓。

十二月二十三日，於噶克察謨多、岡幹塞特爾黑地方五部喀爾喀諸貝勒會英明汗所遣之額克興額、楚胡爾、雅希禪 、庫爾禪、希福，依照汗所遣之書，繕寫誓言，刑白馬烏牛，對天地焚書盟誓：吾喀爾喀五部貝勒與恭敬英明汗之十部諸貝勒，我二國蒙天地眷祐，願相盟好，同謀共處，故我二國對天地發誓。喀爾喀五部之執政貝勒與恭敬英明汗之十部執政貝勒，為執二國大政，於己未年十二月二十三日，對上天父刑白馬、對下地母刑烏牛，置設酒一碗、肉一碗、血一碗、骨一碗，以誠信之言誓告天地。我二國素與明國為仇，今將合謀征之。何時與明國修好，必共同商議而後和之。若毀天地之盟，不與恭敬英明汗同謀，喀爾喀諸貝勒和明先商議，或明欲敗我二國之盟，密遣人挑唆我執政之貝勒，而不以其言告英明汗之執政十部貝勒，當受天地譴責，我喀爾喀執政之杜楞洪巴圖魯、奧巴戴青、厄參臺吉、巴拜臺吉、阿索特部之莽古爾岱，額布格德依黃臺吉、烏巴希臺吉、都楞、古爾布什，岱達爾漢、莽古爾岱戴青、畢登圖葉爾登、楚胡爾，達爾漢巴圖魯、恩格德爾、桑噶爾寨、布達其都楞、桑噶爾寨，巴雅爾圖，多爾吉、內其、微徵、烏力吉圖、布爾噶圖、額登、額爾吉格，吾

五部喀爾喀執政貝勒等之壽短，亦濺血，蒙土，暴骨而死。英明汗執政爾十貝勒，若不與吾五部喀爾喀同謀，先和明國修好，爾英明汗、古揚巴圖魯、阿民臺吉、莽古爾泰臺吉、洪臺吉、德格雷臺吉、阿機格臺吉、鐸都、布羊古、德力格爾壽短，亦濺血，蒙土，暴骨而死。我二國若踐此天地之盟，則蒙天地祐之矣。飲此酒、食此肉，我二國執政諸貝勒可得長壽，子孫百世，及於萬年。願二國如同一國，永享太平，亦乃天地之意。恭敬英明汗、五部諸貝勒，二國共立此誓。盟誓之時，扎魯特地方鍾嫩貝勒以地處窵遠未至。盟誓期間，蒙古國因無糧穀，屢至開原、鐵嶺掠糧。或掠糧而去，或被擒拿，奪其牲畜，凡有七八次，獲牛計千餘。

三、評論與注釋

該段內容載《舊滿洲檔》491～500頁，《滿文老檔》196～204頁。

這次會盟的性質及進行的過程，在前第二章《太祖實錄》與《舊滿洲當》內容比較中已經說明。這裏我們主要看《舊滿洲檔》中這段被刪改的內容，對真實反映當時歷史面貌產生了什麼樣的影響。

《舊滿洲檔》491～499頁之間記錄了努爾哈赤派遣額克興額、楚胡爾、雅希禪、庫爾禪、希福等五位使臣前往蒙古喀爾喀部，以及努爾哈赤所遺之書的全部內容。然後直到503頁，記錄了這五位使者與蒙古內喀爾喀諸貝勒一字不差地抄寫努爾哈赤所遺文書，舉行盟誓的過程。《舊滿洲檔》在後一段再次抄寫了雙方的誓詞，與前段所載努爾哈赤書相重複，所以在以後的編寫過程中將這段內容作了刪除處理。所以，在《滿文老檔》中不見這一整段文字。這樣作的結果，不僅掩蓋了這次盟誓留下名字的愛新國十部執政貝勒名單，從而改變了滿蒙關係上具有決定意義的盟誓性質。

《舊滿洲檔》記載了參與這次盟誓的內喀爾喀諸部首領26人外，還有詳細的日期以及愛新國盟誓之十部首領名單：英明汗（努爾哈赤）、古揚巴圖魯（努爾哈赤次子代善）、阿民臺吉（努爾哈赤侄子，舒爾哈赤子）、莽古爾泰臺吉（努爾哈赤五子）、洪臺吉（努爾哈赤八子）、德格雷臺吉（努爾哈赤十子）、阿機格臺吉（努爾哈赤十二子）、杜度（努爾哈赤孫，褚英子）、布羊古（努爾哈赤侄，舒爾哈赤子）、德力格爾（葉赫國人，努爾哈赤養子）。〔註2〕

〔註2〕據《清太祖武皇帝實錄》記載，德力格爾父親金太石爲葉赫國首領，努爾哈赤的妻（洪太吉、太宗母親）兄。1619年8月被努爾哈赤軍打敗被俘，處死。

他們是當時愛新國最大的軍政大臣。

另《滿文老檔》雖然記有內喀爾喀諸部 26 名參加者，但有三處錯誤。一、《舊滿洲檔》「7、ubasi taiji」和「8、dureng」兩人誤寫成爲一個人」ubasi taiji dureng」。二、「12、bidengtu yeldeng」一個人誤認爲「bidengtu」和「yeldeng」兩個人。三、沒有將《舊滿洲檔》中的四組人以標點加以分開。

漢譯《滿文老檔》中也有幾處錯誤：一是、參加人數比《舊滿洲檔》多了一名，成 27 名；二、「5、asot yin mangguldai」譯爲「阿索特金」和「莽古爾岱」兩個人，其本意應該是「阿素特的莽古爾岱」或「阿素特部的莽古爾岱」；三、將「7、ubasi taiji」（烏巴希臺吉）和「8、dureng」（都楞）當成一人；四、「12、bidengtu yeldeng」（畢登圖葉爾登）當成「bidengtu」（畢登圖）和「yeldeng」（葉爾登）兩人；五、漢譯《滿文老檔》中沒分開參加這次盟誓的四組人。

第三條　天命六年六月件

一、拉丁文轉寫

543：〔6〕〔*ninggun biyai*〕juwan juwe-de, jeku gaime yafahan 〔*niyalma*〕cooha-be gamame, fusi golo-be cooha〔？〕dosifi, simiyan-i hecen-de juwan ba-i dubede isitala〔6〕〔？〕feksifi nikan cooha　〔*niyalma*〕-be tanggū isime〔*bahafi*〕waka,〔*bedereme jiderede dulha niyalma jeku baha dulha naiyalma jeku bahaku* 544：〔1〕*tere inenggi coohai amasi bederefi fusi heceni sion dekdere ergi tan tai bihande baha duin minggan*〕duin minggan oljibe baha：〔2〕ini jeku-be feteme tucibufi gajiha：〔*icihiyame emu indefi amasi bederehe::*〕jarut ba-i daya taiji-de elcin genehe hulei gajire jakūn morin: dehi duin ihan: emu:〔3〕tanggū honin-be: jarut-i jongnon angga jocit heohen tere ilan beilei cooha〔4〕jugūn tosofi yaluha morin etuhe etuku ashaha jebele beri-be ninggun biyai ice duin-de〔5〕gemu gaiha::

二、漢　譯

〔*六月*〕十二日，帶步兵〔人〕掠糧，進兵撫西路，直奔至瀋陽城外十里處，〔*獲得並*〕殺漢兵〔人〕百人，〔*回歸路上有人得糧，有人未得糧。是日兵回撤，於撫西城東方之壇臺之野，獲四千人*〕俘獲四千人，掘取其

糧載歸。〔**處理之，住宿一夜，回轉。**〕出使扎魯特地方達雅臺吉處之扈壘所攜來馬八匹、牛四十四頭、羊一百**隻**。六月初四日，扎魯特部鍾嫩、昂阿、卓齊特扣肯三貝勒之兵丁，堵截其路，盡劫所乘馬匹、衣服及所佩撒袋、弓箭等物。

三、評論與注釋

該段內容載於《舊滿洲檔》543 頁。《滿文老檔》237 頁相應之部分直接沿用了經過大量改寫和刪除的內容。

該段記載講述了努爾哈赤帶兵去明遼東之瀋陽、撫順等地為掠取糧食、人口而進行的軍事行動。從刪改的內容看，這次行動牽涉到對平民的屠殺、擄掠等內容。經過刪改，却變成了普通的軍事行動。

經過對塗刪部分的辨認，可以看出以下幾點：1、在瀋陽城外俘獲並殺死漢人，即普通老百姓百餘人；2、回歸的路上大肆搶掘糧食；3、在撫順城東虜獲人口四千，並作了處理；4、駐紮一宿後返回。

這裏出現的鍾嫩、昂阿、卓齊特扣肯等三人屬扎魯特左翼首領「以兒鄧」之子。〔註3〕他們對前去扎魯特部徵集牛馬之使者不但沒給，反而搶走了所徵集到的牛馬和羊。後來，扎魯特左翼一直與努爾哈赤敵對，努爾哈赤於 1623 年興兵討伐，昂阿被愛新國軍被殺。這部分內容寫在被塗改內容之後，且又用小字，字體也不是一人所為，顯然是後加的內容。

第四條　天命五年八月件

一、拉丁文轉寫

560:〔1〕〔*uyun biyai……*　〔2〕*orin ilan-de kalakai monggo joriktu hong baturu beilei*　〔3〕*jakūn boigon niyalma ukame jihe：*〕

二、漢　譯

〔*九月……二十三日，喀爾喀蒙古卓裏格圖洪巴圖爾貝勒之人共八戶*

〔註3〕 「鍾嫩」是在《遼夷略》寫「妝難」，《王公表傳》寫「忠嫩」，《金輪千輻》寫「jinong oijing」（吉囊委正）。昂阿是昂革達爾漢或昂革臺吉。卓齊特扣肯是《金輪千輻》中的「babai kičiyengküi」（把拜和其迎貴）或「ǰürčit keüken」（卓爾其特扣肯）。《遼夷略》中寫「伯佰」。

逃來。〕

三、評論與注釋

該段內容載於《舊滿洲檔》560頁，並被圈刪。所以，不載於《滿文老檔》。

這是愛新國與蒙古內喀爾喀諸部首領盟誓後，第一次從內喀爾喀烏濟業特部逃來的蒙古人口之記載。

卓裏格圖洪巴圖爾貝勒是喀爾喀兀濟業特部首領，漢文史料稱他爲「炒花」。〔註4〕其父是內喀爾喀始祖虎爾哈赤，所以卓裏格圖洪巴圖爾是當時內喀爾喀各部中輩分最高的人。

第五條 天命六年八月件

一、拉丁文轉寫

744：〔4〕〔*ice uyunde sahalcai emgi siranai mafa monggo-de elcin*〔5〕 *genehe bi manju gurun jaisai si monggo gurun bifi* 〔6〕 *sain banjirede yehei gisun-de dosifi*〕jaisai si hotoi 〔7〕gebungge elcin-be waha: sui-be gaiha yehede dafi mini 〔8〕ujalube sucuha: jai geli nikan-de dafi mimbe 〔?〕〔9〕dailambi seme nikan-i emgi ilan jergi gashūha: 〔10〕jai geli cilin-de cooha jifi mini niyalma-be waha:…… 745：〔8〕jaishai emu 〔9〕 šanggiyan morin: muse emu šanggiyan morin wafi 〔hong〕746：〔1〕hong taiji beile amin beile: gaifi ice uyun-de 〔2〕tasha inenggi coko erinde gashūha:

二、《舊滿洲檔》重寫部分之拉丁文轉寫

1153：〔4〕ice uyun-de sahalcai emgi siranai mafa monggo-de elcin genehe::〔5〕genggiyen han hedume bi manju gurun: jaisai si monggo gurun: bifi sain 〔6〕banjirede yehei gisun-de dosibi jaisai si mini hotoi gebungge elcin-be waha: 〔7〕sui-be gaiha: yehe-de dafi mini ujalu gašan-be sucuha: jai geli 〔8〕nikan-de dafi mimbe dailambi seme nikan-i emgi ilan jergi gash □ha: 〔9〕jai geli cilin-de cooha jifi meni niyalma-be waha:…… 1154：

〔註4〕 參見，和田清著，潘世憲譯：《明代蒙古史論集》下冊，516頁，上務印書館，1984年。

〔5〕jaisai emu šanggiyan morin: <u>genggiyen han</u> emu šanggiyan morin wafi hong *taiji* 〔6〕beile: amin beile gaifi ice uyunde tasha inenggi coko erinde 〔7〕gashūha::

三、漢　譯

*初九日，錫喇哈納老人與薩哈勒察一同前往蒙古。〔英明汗曰〕，我乃滿洲國，爾齋賽是蒙古國，好生過活。然爾齋賽輕信葉赫之言，*殺*我*使者和托，援助獲罪之葉赫，侵我烏扎魯*村*。再又助明，三次與明盟誓，欲征伐我。又兵至鐵領，殺我屬人。……齋賽殺一白馬，〔*英明汗*〕吾等刑白馬一匹，俾洪太吉貝勒、阿民貝勒攜帶，於初九寅日酉刻盟誓。

四、評論與注釋

　　這是努爾哈赤放歸齋賽時進行盟誓的一段內容。《舊滿洲檔》744 頁所載是原始記錄，寫於漢文文本的行間。字體古樸、遒勁，句子簡略，絕無裝飾。又《舊滿洲檔》1153 頁處又有一段該文本的完整抄件，兩者之間有一定的歧異。原寫「bi manju gurun」（我乃滿洲）句上抄寫時加寫「genggiyen han hendume」（英明汗曰），從而後一句變爲「genggiyen han hedume bi manju gurun」（英明汗曰，我乃滿洲國）。原文「muse emu šanggiyan morin wafi」（吾等刑白馬）中的「muse」被「genggiyen han」（英明汗）所代替，變爲「genggiye han emu šanggiyan morin wafi」（英明汗刑一白馬）。此外，還加寫了「mini」（我的）、「gašan」（村、屯）等字句。後改部分主要爲了突出努爾哈赤的地位。1153 頁內容，用的文字是老滿文，所用紙也舊遼東官府所用紙，應該屬天命年間所爲。錫喇哈納是巴林人，又稱「都楞」。他和《遼夷略》中提到的「都令，即額參臺吉」屬同一人。〔註5〕

　　《滿文老檔》中這段內容不完整，而且它所抄寫的內容屬於 744 頁的內容。

第六條　天命八年正月件

一、拉丁轉寫

　　1303：〔1〕ice ninggun-de han amargi monggoi ergi jase jakarame sain babe 〔2〕usin tarimbi jase neimbi seme 〔*敘-de*〕fujisa-be gaifi 〔*emu*

〔註5〕張鼐：《遼夷略》，玄覽堂叢書本。

nirui〕〔3〕tuwaname genehe：〔*ilata uksin-i niyalma-be gamame dungjing hecen-i amargi duka-be* 〔4〕*tucihe：tere inenggi jang jiu wan gebung bigande deduhe：ice nadan-* 〔5〕*de ping lu booi juleri bigan-de deduhe: ice jakūn abalafi lioha birade* 〔6〕*deduhe：tere inenggi ping lu booi mang šeopu-de unggihe bithei gisun：* 〔7〕*han-i alban-i nikan-be han-i gisun akū jase tucibume ainu unggihe* 〔8〕*seme šeopu-be uile araha：te ereci amasi enggederi efu-i niyalmabe* 〔9〕*ume halbura：ping lu boo-be efu-de buhebe nakafi gūwa babe* 〔10〕*bumbi：*〕

1304：〔1〕ice jakūn-de liyoha bira-de deduhe：ice uyun-de liyoha bitume 〔2〕abalafi ineku liyoha bira-de deduhe：juwan-de abalafi dadai subargan-i 〔3〕julergi bigan-de deduhe：tere inenggi enggederi efu：manggūldai taiji：〔4〕bahūn taiji：baigal taiji ceni nuktere baci emte ihan jakūta 〔5〕honin han-de benjihe：tereci sarin sarilafi enggederi efu-de emu sehei 〔6〕hayaha-i jibca：emu dobihi dahū：foloho enggemu hadala tohohoi emu morin 〔7〕buhe：manggūldai bahūn baigal ilan taiji-de emte dobihi dahū：〔8〕foloho enggemu hadala tohohoi emte morin buhe：juwan duin-de boo-de 〔9〕jihe：1305：〔1〕*juwan emu-de jase bidume abalarade* 〔2〕*han-i booi kabula gebungge niyalma hani-i juleri dosifi gurgu arjaha* 〔3〕*seme susai šiosiha šiosihalafi šan tohoho：jaisanggū agei calasun* 〔4〕*gebungge niyalma-be aba-de dosiha seme orin nadan šiosiha šiosihalaha* 〔5〕*mangūldai beilei jaldu gebungge niyalma abade dosiha seme* susai 〔6〕casiha šiosihalafi šan tohoho：siomoru nirui abikan gebungge niyalma-be 〔7〕〔niyalma〕-i gabdaha seme ilan ha uile araha：juwan juwe-de abalafi 〔8〕base liyang-de deduhe：juwan ilan-de abalafi jang-i san-be dosifi 〔9〕jang-i san-i julergi bigan-de deduhe：juwan duin-de honin erin-de 〔10〕dungjing hecen-de dosika：

二、漢 譯

初六日，汗欲於北方蒙古沿邊一帶擇沃地耕田、開拓邊界，〔？〕攜福晉等前往視察。〔**攜*帶每一牛錄所出種田之三人，出東京城北門。是日宿張***

九灣之野。初七日，宿平虜堡南野。初八日，打獵，宿遼河。是日，遣書平虜堡莽守堡曰，何因未經汗之命，擅使汗之舉貢漢民出界者，遂治罪守堡。現今往後，不許窩藏恩格德爾額駙之人，將平虜堡不予額駙，另將別處於彼。〕初八日，宿遼河。 初九日，沿遼河行獵，仍宿遼河。初十日行獵，宿達岱塔之南郊。是日，恩格德爾額駙、莽古爾帶臺吉、巴琿臺吉、拜噶勒臺吉，由其游牧地，各進牛一頭、羊八隻於汗。遂設筵宴，賜恩格德爾額駙貂鑲皮襖一件、狐皮罩衣一件、雕鞍馬一匹，賜莽古爾帶、巴琿、拜噶勒三臺吉各皮罩衣一件、雕鞍馬一匹。十四日還。〔*十一日，沿界打獵。汗家奴稱哈布拉者，因汗前先入阻攔野獸，鞭責五十，穿耳。齋桑古阿哥所屬稱查拉孫者，因打獵時先入，責鞭二十七。莽古爾帶貝勒所屬名扎拉土者，因打獵時深入，責鞭五十，穿耳。舒母爾牛錄名阿必敢者，因誤射人，罰三核網。〔註6〕十二日，打獵，宿巴三涼，十三日打獵，進張義三，宿張義三之野。十四日未時進東京城。*〕

三、評論與注釋

這是《舊滿洲檔》1303 頁上的一段內容，記錄著努爾哈赤在天命八年正月去前往北邊與蒙古接壤地帶，一邊打獵，一邊勘察可開墾之蒙地之情形。原記錄中較詳細地記錄著努爾哈赤正月六日從出東京城出發，路途經過張九灣、平虜堡南、遼河等地住宿與打獵的內容。並記錄了終止將平虜堡賞給恩格德爾的事情和在打獵當中發生的一些對違規事情處理情節。整個內容從頭到尾連接在一起。但《舊滿洲檔》中這一段內容中兩處被刪掉，而這一刪掉的內容《滿文老檔》未能抄寫。從而《滿文老檔》刪除了恩格德爾等什麼時間終止得到平虜堡，什麼人向努爾哈赤獻牛羊，努爾哈赤設宴招待、賞賜衣物等詳細情況。另《滿文老檔》中看不到當時女真人打獵中一些規矩和對違規者處理的法規。尤其對蒙古貝勒屬下違規者的處罰，起著以儆效尤的作用。《舊滿洲檔》這段內容，可以為全面研究內喀爾喀與愛新國之間的關係，提供可靠依據。

日譯本《滿文老檔》628 頁中把這一段內容分割成 6 日和 8～14 日兩段。

〔註 6〕 「罰三核網」，可能是當時用網羅鳥獸的網作為處罰的一種法規。該老滿文，可讀作 ka、ha、ga，hen、gen、ken。

第七條 天命八年正月件

一、拉丁轉寫

1310：〔3〕*juwan nadan-de …… ineku tere inenggi: labaski taiji laicong gebungge lama-be baigal taiji* 〔4〕*hendume sini labaski juleri genggiyen han-de abašame genembi* 〔5〕*sere: si genefi ainambi sere jakade: tere gisun-be lama gaifi* 〔6〕*darhan baturu beile-de genehebi：baigal tere šusihiyehe* 〔7〕*gisun-be labaski donjifi: mini lama-be si ainu šusihiyefi unggihe* 〔8〕*seme baigal taiji nadan morin-be gajime:* 〔9〕*genggiyen han-de ubešame jihe: labaski taiji gajiha nadan morin-be baigal dahame* 〔10〕*jifi: sarin sarilarede amin beile-i adame gaifi tehe bihe jai dalai taiji* 〔11〕*amala jidere jaka de: amin beile hendume mani juwenufi sidende seme hendure* 〔12〕*jakade: baigal hendume dalai si te genggiyen han-i amban okofi* 1311：〔1〕*bi emu gūsai enculehe beile kai: minde hengkilefi te seme heduhefi:* 〔2〕*jai han-de arki jafame genehe bade baigal geli hendume：*〔3〕*urutui beise suweni sekdehe jafu gaci: bi bethe gosifi iliki seme hendure* 〔4〕*jaka-de urutui beise gorofi ere baigal muse-be juwe jergi fusihulaka* 〔5〕*han musebe wakalaci wakalakini seme baigal-be jafaha manggi:* 〔6〕*han dunjifi urutui beise baigal-be jafahangge mujangga kai：waci：gaifi* 〔7〕*daci: dasai ciha kai：han jakūn wangsai emgi hebedebi muse baiga-* 〔8〕*be urutui beisede anafi ainambi muse joolime gaiki seme jakūn* 〔9〕*wangsa jakūn morin yalubufi baigal-be joolime gaiha：*〕

二、漢 譯

〔十七日，……是日，拜噶勒臺吉對拉巴思奇臺吉屬下名為賴鍾之喇嘛曰，據聞爾之拉巴思奇先已投奔英明汗，爾往何所為？ 喇嘛將此語告達爾漢巴圖魯。拉巴思奇聞拜噶勒之挑撥之語後曰，爾為何挑撥吾喇嘛而遣之？遂取拜噶勒馬七匹而投奔恭敬汗。拜噶勒跟隨拉巴思奇所取七匹馬而來。宴席之際，陪阿敏貝勒入座。當達賴臺吉稍後來時，阿敏貝勒曰，坐吾二人間！此時，拜噶勒曰，達賴爾今臣事恭敬汗，吾乃一旗之擅稱貝勒。

你應叩見我再入坐！又給汗敬酒之際，拜噶勒又言，吾要在爾等烏魯特諸
貝勒氈墊上駐腳。烏魯特諸貝勒聽後，怨恨之。曰，此拜噶勒二次侮辱吾
等，汗若責怪吾等，就責怪吧。於是將拜噶勒抓起。汗聞後曰，烏魯特諸
貝勒抓拜勒噶，果然也。若殺、若關押，由其所願。汗與八王議曰，吾等
何為將拜噶勒推諉於諸烏魯特貝勒耶，吾等將彼贖回為善。遂遣八王乘八
馬，將拜噶勒贖回。〕

三、評論與注釋

　　該段內容載《舊滿洲檔》1310 頁，此前還有若干條互相連貫的記錄，此
處不予錄入。在 1309 頁，這些相關記錄的前面注寫有」ere-be erei jihe inenggi
bade ara」（將此內容，寫到他來之日之處）。這是天命八年（1623）正月初八
日對拉巴思奇、莽古等人進行賞賜時所發生的事情。這裏出現的達爾漢巴圖
魯是巴岳特部人，恩格德爾之父。拜噶勒也是巴岳特部人。〔註7〕從拉巴思奇
的喇嘛將拜噶勒的無禮情況告給達爾漢巴圖魯的事實來看，拜噶勒應該是達
爾漢巴圖魯的晚輩。拉巴思奇是巴林人，《遼夷略》中出現的「古路不四」之
弟。

　　這些內容在《舊滿洲檔》中已被圈刪，所以不見於《滿文老檔》。將這段
非常具體的蒙古內喀爾喀諸首領與察哈爾烏魯特諸貝勒投歸愛新國之後的所
作所為，以及愛新國汗以及八大王如何處置相互尖銳矛盾的蒙古部落首領的
具體做法公然刪掉，從此不見於任何歷史記載，何等可惜！

第八條　天命八年二月件

一、拉丁轉寫

　　1351：〔1〕juwan juwe-de monggo-i bahūn beilei ukanju: obogo
tabunang dehi boigon 〔2〕〔*orin boo: deui orin boo: temen ilan:*〕temen
〔*morin*〕jakūnju: morin ihan emu tanggū ninju: honin duin tanggū: baigal
beilei jakūn boigon: ihan juwan juwe: honin gūsin gajime jihe:

〔註7〕拜噶勒是巴嶽特部人，《舊滿洲檔》1303、1315、1351、1807 等頁上提到有關
　　　　他的事情。

二、《舊滿洲檔》重寫部分之拉丁轉寫

1544〔2〕juwan juwe-de monggo-i gahun beilei ukanju: obogo tabunang 〔3〕dehi boigon: ilan temen jakūnju morin ihan emu tanggū 〔4〕ninju：honin duin tanggū：baigal beilei jakūn boigon 〔5〕ihan juwan juwe：honin gūsin gajime jihe：

三、漢　譯

十二日，蒙古巴琿貝勒屬下逃人：鄂博果塔布囊四十戶〔*二十家，弟二十家，駝三峰*〕，駝〔*馬*〕八十匹，馬牛一百六十匹頭、羊四百**隻**。拜噶勒貝勒所屬之八戶，攜牛十二頭、羊三十**隻**來。

十二日，蒙古巴琿貝勒屬下逃人鄂博果塔布囊四十戶，駱駝三**隻**，馬八十匹，牛一百六十頭、羊四百**隻**。拜噶勒貝勒所屬之八戶，攜牛十二頭、羊三十**隻**來。

四、評論與注釋

《舊滿洲檔》1351、1544 頁兩處屬於相同的內容。前者為原檔，後者為改動以後的內容。在前一份文件前書有：「ere-be ara」（將此寫入）。日譯《滿文老檔》656 頁，根據改動後的內容作了轉寫和日譯。

經過比較可，以看出兩者間的差異。原檔分兄弟兩人的戶口數；所攜牲畜數經過塗改不能很好確認。而經過修改的記錄，只提鄂博果塔布囊四十戶，並未分兄弟兩的戶數。所攜牲畜重新整理後變得一目了然。

巴琿是恩格德爾之弟。〔註8〕這裏拜噶勒身份不太清楚，但據上一內容他也屬巴岳特部人與巴琿同輩人。天命九年正月，與巴琿一起歸附愛新國。

第九條　天命八年二五月

一、拉丁轉寫

1493：〔11〕〔juwan emu-de⋯⋯ tere inenggi han darhan hiyai sargan jui-be gajifi ujihe bihe：monggoi ukame jihe 〔12〕labashib taiji-de sargan bume amba sarin sarilaha：〕

〔註8〕　《舊滿洲檔》1397 頁載：「enggeder efu-i deo bahūn taiji⋯⋯」（恩格德爾弟弟巴琿⋯⋯）。

二、漢譯

十一日，……是日，汗養之達爾漢轄之女，嫁蒙古逃來之拉巴什轄布為妻，大宴。

三、評論與注釋

該內容在《舊滿洲檔》1493 頁，屬於被去掉的內容。所以，不見於《滿文老檔》。

達爾漢，「原名呵兒漢，押兒孤人也。因來附，養為子，賜以大臣之職。」〔註9〕「轄」滿語「hiya」，「侍衛」之意。另據達爾漢轄「居五大臣之列」，天命「八年卒，時年四十有八」。〔註10〕拉巴什轄布是巴林部人較早投奔愛新國。但有關他的記錄《王公表傳》等文獻中沒有。拉巴什轄布，在《滿文老檔》中沒有更多的記錄。

第十條　天命九年正月件

一、拉丁轉寫

1793：〔1〕ice ninggun-de：amba beile：amin beile：manggūltai 〔2〕beile：hongtaiji beile：abatai 〔*age*〕taiji：yoto 〔*age*〕taiji：〔3〕ajige 〔*age*〕taiji：jaisanggū 〔*age*〕taiji：jirgalang 〔*age*〕taiji：dodo 〔*age*〕taiji 〔4〕emu nirui juwanta uksin-be gaifi 〔*gamame*〕：enggederi 〔5〕efui emgi efu-i boigon ganame genehe：efu nangnuk emde genehe：mendu dagan-be werihe

二、漢　譯

……初六日，大貝勒、阿敏貝勒、莽古爾泰貝勒、洪太極貝勒、阿巴泰〔*阿哥*〕太吉、岳托〔*阿哥*〕臺吉、阿濟格〔*阿哥*〕臺吉、齋桑古〔*阿哥*〕臺吉、濟爾哈朗〔*阿哥*〕臺吉、杜度〔*阿哥*〕臺吉、率每牛錄十名甲兵，同恩格德爾額駙，往取額駙之戶口。囊努克額駙一同前往。留門都、達甘……

〔註9〕《清太祖武皇帝實錄》卷四十。
〔註10〕《八旗通志》初集卷之一百五十二，名臣列傳十二。

三、評論與注釋

該段內容載《舊滿洲檔》1793 頁，屬原寫內容，日譯《滿文老檔》載 888 頁。

這是《舊滿洲檔》中的有關恩格德爾弟投歸愛新國以及派遣四大貝勒以及諸阿哥與恩格德爾一同前往其領地取其人口，同時努爾哈赤致信恩格德爾之父達爾漢巴圖魯的記錄，具有很高的史料價值。

《舊滿洲檔》的原寫記錄中，除了四大貝勒外，其餘諸貝勒均稱「age」（阿哥），後來經過塗改，將這些「阿哥」變爲「太吉」，這一點上，女眞又向蒙古人學了一手。

囊努克爲恩格德爾之弟，門都與達甘爲其子。

第十一條 天命九年正月

一、拉丁轉寫

1814：〔1〕〔*juwen juwe-de han enggederi efu-be okdome dungjing hecen* 〔2〕*-ci tucihe sion tuhere wajiha-i tulergi-be dahabure duka-be ducifi* 〔3〕*tolaitu-de orin ba isinakū hunehe birai-i dalin-i kolbotoi* 〔4〕*ula deduhe, …… tere yamji fujisa-be amasi gajabufi tofohon* 〔5〕*-de morin erin-de tolaitu-de isinaha: emu ihan wafi sarilaha* 〔6〕*bonio erinde tonggo efu takūraha juwe niyalma isinjifi amla* 〔7〕*juwen ilan dobori niyangniyanggung dogon-be gūsin morin-i niyalma doofi* 〔8〕*musei waliyaha gašan-de dosifi genehebi seme alanjiha: coko* 〔9〕*erinde fujisa isnaha: juwan ninggun-de beise-be liohai ebergi* 〔10〕*hojin-de acambi seme toliyatu-de jasebe tucifi geneci muduri erinci nimarame* <u>*derbuhe*</u> *manggi hojin-de* ……〕

二、漢 譯

〔十二日汗迎恩格德爾額駙日落時先出東京城門，宿離桃賴兔二十里地渾河岸之科爾坡托。……那夜眾福晉回，十五日午辰至桃賴兔，殺牛一頭宴，申時棟鄂額駙遣二人來告曰；十三日夜娘娘宮渡口，有三十乘馬之人到爾等所棄村。酉時眾福晉至。十六日會於貝色遼河下瑚濟地方，自桃賴兔出界，辰時因臥病在瑚濟……。〕

三、評論與注釋

這段內容屬於《舊滿洲檔》1815頁被刪改的內容，《滿文老檔》中未錄入。《舊滿洲檔》這段內容中主要講述努爾哈赤爲迎接恩格德爾從東京城出發到渾河、遼河等地所過四天生活情況。這裏還講述了沿途經過的地名、這幾天發生的事情，甚至努爾哈赤得病的情況也作了描述。尤其所從東京到渾河、遼河這一帶的地名的記錄爲研究當時遼東地理與蒙古部活動範圍，提供了非常珍貴而詳細的資料。

第十二條　天命十年三月件

一　拉丁轉寫

1889:〔7〕ice nadan-de barin-i dureng beile-i deo gurbusi taiji〔8〕juwan〔*haha juwan hehe jusei juwan jakun jakunju* 〕boigon ulha gajime ukame jihe……

二、漢　譯

初七，巴林都楞貝勒之弟，古爾布希臺吉攜十〔*男，十女，諸申十八，八十*〕戶及牲畜逃來……

三、評論與注釋

這是一段《舊滿洲檔》1889頁的內容，從文字和用紙、書寫格式來看它不是當時的筆錄，屬重寫內容。像這樣重抄內容在《舊滿洲檔》不止一處。《滿文老檔》973頁錄入了這段改動以後的內容。

這裏說的「dureng beile」（都楞貝勒）是巴林部人，《遼夷略》中的「都令，即額參臺吉」，其弟爲「古路不四」。卜言顧子，速把亥孫。〔註11〕

第二節　科爾沁史料在《舊滿洲檔》與《滿文老檔》中的流傳

《舊滿洲檔》1607～1626年間有關科爾沁部的記載共有80條。其中，有13條內容未被或未完全被《滿文老檔》收錄。本文對這13條內容做翻譯和注

〔註11〕張鼐：《遼夷略》，玄覽堂叢書本。

解，爲更完整瞭解當時科爾沁部情況提供客觀的史料依據。

第一條　萬曆四十三年正月件

一、拉丁文轉寫

89：〔1〕niohon 〔***niowanggiyan***〕gūlmahūn aniya sure kundulen han-i susai nadan sede aniya 〔***jorgon***〕biya-de monggo〔2〕gurun-i korcin-i konggor beile-i jui-be han-i beyede sargan benjihe：

二、漢　譯

乙〔甲〕卯年，聰睿恭敬汗五十七歲時，正月〔十二〕時分，蒙古國科爾沁孔果爾貝勒送女與汗爲妻。

三、比較與注釋

該段載《舊滿洲檔》89 頁，《滿文老檔》41 頁。《舊滿洲檔》該頁上方用老滿文橫寫「ere bade gibalaha hoosan-i dangse arambi：」可譯爲「於此處將繕寫裱糊了的檔子」。似乎在提示這段文字是乾隆年間將裱糊過的老滿文原檔抄寫到此處。

此處，《舊滿洲檔》將天干「niohon」（乙）寫成「niowanggiyan」（甲）是錯誤的數法，應該「乙卯年」是正確的數法。又將月份作「jorgon biya-de」（於十二月），後將「jorgon」塗掉，改爲「aniya」（正月）。《太祖實錄》記錄此事時也作「正月」，說明順治年間對《太祖實錄》進行修訂時所用史料作「正月」。由此可以推斷，乾隆年間抄寫滿文原檔時產生了以上兩處修改。而且當時將此段記錄轉寫成有點圈文檔時，沒有出現以上誤差，不是這個錯誤的原檔抄件。

漢譯《滿文老檔》將「聰睿恭敬汗」譯成「聰睿汗」，遼寧大學《重譯滿文老檔》作「淑勒昆都侖汗」，屬音譯。

孔果爾（？～1641）是科爾沁部貴族。納穆賽之三子，莽古斯、明安之弟，達爾漢親王滿珠習禮叔父。崇德元年封扎薩克多羅冰圖郡王。孔果爾之女是努爾哈赤從科爾沁所娶的第二個妻子。《科爾沁蒙古史略》說這一年正月努爾哈赤娶了明安女爲妻，可能是把孔果爾貝勒誤認爲是明安。〔註12〕

〔註12〕胡日查、長命著：《科爾沁蒙古史略》。內蒙古人民出版社，2001 年。

第二條　天命二年正月件

一、拉丁文轉寫

153：〔4〕〔*fulgiyan*〕<u>fulahūn</u> meihe aniya: <u>genggiyen han-i susai uyun se-de</u> 〔5〕aniya biyade monggo gurun-i korcin-i minggan beile 〔*amba genggiyen han-de*〕: acame jimbi 〔6〕seme donjifi aniya biyai ice jakūn-de han-i beye fujisa: geren deode jusebe gaifi: 〔ice？〕155:〔1〕hecen-ci tucifi tanggū ba-i dubede juwe dedume okdofi juwan-i inengi fulgiyan 〔-i〕gebungge ala-de morin-i 〔2〕dele tebeliyeme acaha: tere ala-de acaha doroi amba sarin sarilaha: 〔*tereci bederefi makiyai* 〔3〕 *angnade teduhe tere yamji tubade geli amba sarin sarilaha*:〕juwan emu-i cimari: monggo-i minggan 〔4〕beile ini gajiha juwan teme: tanggū morin: tanggū ihan: ilan temen-de aciha jafu juwan ilan 〔5〕sejen katabuha yali juwe sejen kūru nimenggi be amba genggiyen 〔6〕han-de alibuha: tere inenggi han-i hecen-de dosika:: 〔*juwen jakūn-de duin tanggū cooha-be dergi mederi jakarame tefi dagarakū* 159:〔1〕 *samsifi bisire gurunbe gaisu seme unggihe*:〕amba genggiyen han monggo-i minggan beile 〔2〕-be goro baci jihe-be gūnime kunduleme inenggi deri ajige sarin emu indeme amba sarin sarilame: 〔3〕gūsin inenggi tebufi dehi boigon-i niyalma dehi uksin jai suje boso ai jaka-be 〔4〕eletele bufi gūsin ba-i dubede emu dedume fudehe::tere minggan beile *neneme* sahaliyan meihe aniya yehe 〔5〕hada ula hoifa monggo sahalca sibe uyun halai gurun amba genggiyen han-de dain jihe fonde 〔6〕emgi dain jifi gidabufi etuhe fakūri sufi enggemu akū morin yalufi burlame tucike bihe: tere dain-de 161〔1〕gidabuha orici aniya ini sargan jui-be amba genggiyen han-de benjihe: jui benjihe ningguci 〔2〕aniya: ini burlaha orin sunjaci 〔*fulgiyee*〕fulahūn meihe aniya ini beye jihe bihe::

二、漢　譯

丁〔*丙*〕巳年，〔*大英明汗*〕英明汗五十九歲。正月，聞蒙古國科爾沁明安貝勒來見。正月初八，汗親率眾福晉及諸子弟出城至百里外相迎。露宿二夜。初十日，於富爾簡崗，與明安馬上相見。以接見禮，大宴於崗。〔*由*

此地返，宿於馬吉牙關口，又於此地大宴〕。十一日晨，蒙古明安獻大汗駝
十隻、馬一百匹、牛一百頭，三駝戴氈子和乾肉十三車及奶酪、油二車。是
日入汗城。〔*十八日，遣四百兵，取東海沿岸散居未附之國人，*〕大英明汗
念蒙古明安貝勒遠道而來，以禮相待每日小宴，留之三十日，賜以人四十戶，
甲四十副，及緞綢布匹等物至足，送三十里外，路宿一夜。明安貝勒於壬巳
年同葉赫、烏拉、輝發、蒙古、薩哈爾察、錫伯九姓國來犯大英明汗時被敗，
丟所穿之褲，乘孱馬逃，自戰敗之第二十年送其女與大英明汗。自其送女之
第六年，其戰敗之第二十五年，即丁〔*丙*〕巳年，親自前來之。

三、評論與注解

　　《舊滿洲檔》153、155、157、161 頁和 339～341 頁兩處為以上記載。153
～161 頁是原寫內容，339～341 為後來改寫的內容，而這改動的內容與《滿
文老檔》76～77 頁相同。

　　《舊滿洲檔》被去掉後《滿文老檔》沒有「tereci bederebi makiyai angna-de
tedek tere yamji tubade geli amba sarin sarilaha」（由此地返，宿於馬吉牙昂噶，
又在此地大宴）。」juwan jakūn-de duin tanggū cooha-be defi mederi jakarame tefi
daharakū samsifi bisire gurunbe gaisu seme unggihe」（十八日，遣四百兵，取東
海沿岸散居未附之國人）。《舊滿洲檔》339～341 頁和《滿文老檔》改寫文字
有「fulgiyan」（丙、紅色）寫「fulahūn」（丁、淡紅色），」genggiyen han susai
uyun」改寫「amba genggiyen han」（大英明）。《舊滿洲檔》339～341 頁和《滿
文老檔》76～77 頁多出文字有「genggiyen han-i susai uyun se-de」（英明汗五
十九歲）。據以上情況看《滿文老檔》抄寫的是《舊滿洲檔》339～341 頁內容。
此外《舊滿洲檔》說「sahaliyan meihe」（壬巳）年是錯誤數法，應該「癸巳」
（sahahūn meihe）。

　　《舊滿洲檔》339～341 頁內容屬重抄內容。雖然看不出這段重抄內容何
時作為，但目的很清楚，為說明科爾沁部明安到愛新國來的原因、時間而進
行的修改。這裏「fulgiyan」（丙、紅色）換寫「fulahūn」是屬糾正外，有些錯
誤文字如：「sahaliyan meihe」（壬巳）還未修改。所以，它的史料價值遠不如
其原寫內容可靠。因此，我們對類此檔案更需加以分辨、考證。

第三條　天命五年　六月件

一、拉丁文轉寫

549：〔2〕*ninggun biyai orin juwede korcin-i kongkoro beile-de*
〔*bingtu-de*〕*unggihe bithe ginsun : kongkor*〔*bingtu*〕*gaiha abahai*
jalinde emu sarkan〔3〕*jui-be jafan gaijirakū buu: jai emu sargan jui-be*
daicing-de bombiu: amba beile-de bumbiu kongkor〔*bingtu*〕〔4〕
sembidere: mine meye daicing-de bura anggala: encu gurun-i amba
beile-de bukisecu suweni cika〔5〕*yaha niyalma-de buci jafan gajirakū*
bumbiu: jafan gaime bumbidere:: during darhan beile〔6〕*holtobio*
sanggarjai gaiha abahai-be suwe neneme suilehe bici wajikini ubade
tehe sanggrjai〔7〕*jalinde: ama emede haji ilan sargan jui-be jafan*
gaijirakakū benjiu: ubade isinjiha manggi：550〔1〕*ajige sanggrjai-be*
tucibufi unggire: ilan sargan jui-be borkūci: ineku ama emede haji juwe
haha〔2〕*jui-be benjiu ubade isinjiha manggi sagarjai-be tucibufi*
unggire:

二、漢　譯

　　六月二十二日，致科爾沁孔果爾貝勒〔冰圖〕書曰，娶孔果爾〔冰圖〕
女之事，一女應不受聘禮出嫁，另一女嫁岱青抑或嫁給大貝勒，孔果爾自
知。不嫁我小妹夫岱青，或嫁他國大貝勒，爾亦請便。嫁何人都應受聘禮，
焉有不受聘禮而出嫁之理？。杜楞達爾漢貝勒能謊說嗎？娶桑噶爾寨之
女，若爾等先有婚約，則應廢止。住此處桑噶爾寨之事，不受聘禮送來父
母心愛之三女，〔三女〕至此地後，放還小桑噶爾寨。不嫁三女，則送來同
樣受父母疼愛之倆男，〔兩男〕至此地後，放還〔小〕桑噶爾寨。

三、評論與注解

　　該段內容在《舊滿洲檔》549 頁，被畫圈的內容。《滿文老檔》中未錄入。
　　原文檔中「冰圖」換寫成「孔果爾」。孔果爾冰圖是（？～1641）是嫩科
爾沁貴族，爲奧巴堂叔父。孔果爾一女是努爾哈赤從科爾沁所娶的第二個妻
子。而文書中提到的孔果爾兩女之一於天命八年（1623）五月嫁給了努爾哈

赤十二子阿濟格，另一女沒有嫁給努爾哈赤次子大貝勒岱善。

據玉芝〔註13〕考證，岱青是弘吉剌特部暖兔（nomtu）之子莽古爾太岱青。努爾哈赤之皇后是葉赫部首領仰家奴之女，而莽古爾太岱青之妻爲葉赫部首領白羊骨（白羊骨祖父爲仰家奴兄逞家奴）之妹。因此，努爾哈赤稱岱青爲「小妹夫」〔註14〕。

據《金輪千輻》記載，巴約特部首領恩格德爾號杜楞，其父則號達爾漢。因此，杜楞達爾漢應是恩格德爾〔註15〕。

文書中出現的兩個桑噶爾寨，分別是科爾沁部明安的第四子和第八子，爲孔果爾侄子。大桑噶爾寨的這個女兒最終於天命九年（1624）五月嫁給了努爾哈赤十四子多爾袞。小桑噶爾寨在鐵嶺之役被愛心國俘獲，扣爲人質，因而被稱之爲「住此處之桑噶爾寨」。

重譯《滿文老檔》中「致科爾沁孔古爾貝勒書曰」寫「六月二十二日與冰圖與科爾沁的孔果爾貝勒送書信說」；「孔果爾嫁女之事」寫「冰圖的孔果爾，爲了娶阿巴海的事。」未翻譯「abahai」（女）。

這是一段反映當時滿蒙關係的一個非常有趣的記載。努爾哈赤以孔果爾侄子小桑噶爾寨爲人質，逼迫其兄大桑噶爾寨和其叔父孔果爾嫁女於自己兩個兒子阿濟格和多爾袞。從中可以看到努爾哈赤渴望進一步加強與嫩科爾沁關係的急切心態和採取的政治聯姻的手段。

第四條 天命七年正月件

一、拉丁文轉寫

1091:〔6〕monggoi korcin-i nangsu lama 〔7〕genggiyen han-i ujire kundulere sain-be donjifi 〔8〕sucungga juwe jergi jifi genehe: 〔*ilaci jergi-de dehi*〕〔*liodun*〕 *liyoodung* be baha manggi 〔9〕tere lama jifi hendume: bi mini baci jiderede beye 〔10〕sain-i jihekū kemuni nimeme jihe mini dolo 〔11〕gūnime jihengge 〔*inu*〕genggiyen han-i jakade giran 1092〔1〕waliyaki seme jihe seme hendufi〔*jifi*〕: goidahakū beye 〔2〕

〔註13〕玉芝博士學位論文《蒙元東道諸王及其後裔所屬部眾歷史研究》，34頁，内蒙古大學。
〔註14〕參見玉芝博士論文，第35頁。
〔註15〕參見玉芝博士論文，第36頁。

manggalafi nimerede lama hendume mimbe gosici bucehe manggi mini
〔3〕giran-be ere 〔*liodun*〕*liyoodung*-de baha〔*ere juwe*〕-be lama-de
afabufi juktebu seme 〔4〕hendufi:〔*sanggiyan*〕*šahūn* coko aniya tuweri
juwan biyade〔5〕akū oho: giran-be〔*liyoodun*〕liyoodun-ni hecen-i julergi
dukai 〔6〕tule〔*juwe gabdni dubei*〕han 〔*sanjan*〕*ts'anjiyang ni* yafan-i
toksoi 〔7〕boode〔*mio*〕miyaoo arafi sinaha manggi: genggiyen 〔8〕
han 〔*tere*〕ba lama-be jukte seme afabuha 〔9〕〔*manggi ere juwen lama
nangsua lamai giran-be ufafi* 〔10〕〔敍〕*beye arafi juktombi*〕nangsu
〔11〕lama-i harangga 〔*de bade bike juše*〕jušen korcin-de bihe ninju
ilan boigon-be 〔12〕turusi gebungge niyalma-be takūrafi 〔13〕ganafi
nikan-i emu pube bufi: lama-i giran-i jakade tebuhe: 〔14〕jai gabtabume
tuwafi susai beri šangnaha: 〔15〕susai uksin: susai morin: orin eihen:
〔16〕takūrara aha susai haha: susai hehe buhe:

二、漢 譯

蒙古科爾沁之郎蘇喇嘛，聞英明汗敬養之善，初曾來往兩次。得遼東之後〔*第三次*〕，該喇嘛來日：「我雖身體不適，但仍抱病離故土而來，願在英明汗處棄我骨骸。」不久病危，終前該喇嘛囑曰：「如蒙恩愛，待我死後。將我遺體交與〔在〕遼東二小喇嘛，讓祭之。」辛〔庚〕酉年十月圓寂，遂於遼東城南門外〔*二射箭之地*〕韓參將之內屯舍內處修廟治喪。英明汗命〔*那*〕小喇嘛祭之〔*後此二喇嘛將朗蘇喇嘛骨骸磨碎**做像祭之，*〕並遣圖魯什領去郎蘇喇嘛〔*屬地諸申下*〕諸申科爾沁之六十三戶，賜一漢人屯堡，住葬喇嘛遺體之處。又賞給驗射後之弓五十五張、甲五十副、馬五十匹和驢二十頭，及差使之奴僕男五十人，女五十人。

三、評論與注解

該段內容載《舊滿洲檔》1091 頁，《滿文老檔》582 頁。前寫有」ere-be ara」（將此寫入）。

《舊滿洲檔》被去掉，在《滿文老檔》中沒有的文字「ilaci jergi-de tere」（第三次），「sanggiyan」（庚），」tere」（那），「juwe gabdi dubai」（二射箭之

地）「manggi ere juwen lama nangsu lamai giran-be ufafi **beye sarafi juktombi」（後此二喇嘛將朗蘇喇嘛骨磨碎**做像祭之），「te bade bihe juše」（屬地諸申）。

這裏說「nangsu lama」（囊蘇喇嘛）就是「langsu lama」（郎蘇喇嘛），na 和 la 的不同發音引起。」baga be lama」漢譯《老檔》寫「巴噶巴喇嘛」，日譯《老檔》寫「baga ba lama」。

《舊滿洲檔》原內容中較詳細的說明囊蘇喇嘛死以後，爲他修建的廟的位置，並用他骨骸做像的細節。這與當時佛教的一些做法相吻合。

囊蘇喇嘛是去愛新國最早的一位喇嘛。去世後在天聰四年愛新國在遼陽城南敕建喇嘛舍利塔，塔文滿文：「lama orone deoron-i bai niyalma, fucihi bade banjifi, unenggi doro-be tacifi,」（喇嘛西方的人，出生於佛地，掌握了眞法），漢文爲「法師幹祿打兒罕囊素，烏斯藏人也，誕生佛境，道演眞傳」。〔註16〕

第五條 天命八年五月件

一、拉丁文轉寫

1508：〔6〕、1588〔1〕gūsin de,korcin-i ooba taiji,geren beise-de 1588〔2〕unggihe bithei gisun：〔7〕cahar kalka suwende gelerakū bime 1588〔3〕geli olhome ceni dolo ehe-be 〔8〕waliyafi：…… 1511〔2〕jai sangtui ama 1592〔7〕jonggnon mini tebuhe urgūdai 1511〔3〕hada-i gašan-be sucuha：mini 1592〔8〕sui-be gūwa-de buhe：amaga sui1511〔4〕-be burede nenehe jafan-i 1593〔1〕dele geli jafan ambula gaiha：: sargan jui-de ūmci 1511〔5〕buhekū1593〔2〕kiyangdulaha tuttu kiyangdulaha seme: be ushame tehe manggi：1511〔6〕、1593〔3〕jongnon hendume: be waka mujangga: ūmci bure seme mini lecin-be 1593〔4〕jalidame gamafi 1511〔7〕yaluha morin gamaha ulin-be gemu gaifi 1593〔5〕genehe elcin untuhun bošofi 1511〔8〕unggihe: jai juwe jergi 1593〔6〕elcin-be gaihangge emgeri daya-de genehe elcin-be 1511〔9〕tosofi 1593〔7〕etuke etuku gajire ulha-be gemu gaifi niohušun 〔*ihesiun*〕bošofi1511〔10〕、1593〔8〕unggihe: jai bak-de genehe elcin-be tosofi niyalma 1594〔1〕waha: ulha-be gemu gaiha: 1511〔11〕sangtu-i

---

〔註16〕李勤璞：「幹祿打兒罕囊素：清朝藏傳佛教開山考」。《蒙古學信息》2002，3～4。

beye-de weile skū mujangga 1594〔2〕jongnon-i araha weile kai: 1511 〔12〕
niyalmai weile ninggun biyade niyambio: 1594 〔3〕jorgon biyade gecembio:
1511 〔13〕sangtu-i ama-i araha weile-be we 1594〔4〕wacihiyahabi: niyalmai
1511 〔14〕weile niyarakū serengge tere kai: jai 1594〔5〕hobiltu ineku
elcin-be1511 〔15〕wafi gamara ulin-be gemu gaiha: tuttu 1594〔6〕ofi sangtu
〔*hubiltu-i gurun ulha anggai emgi suweliyebufi bahaji 1594 〔7〕gaisu
beye-be ume wara seme ujulaka beise geren cooha-be 1594 〔8〕unggidere
guwa uile akū gurun -be balai suweliyeburakū seme: 1595 〔1〕monggo
cooha emu minggan: juse cooha sunja tanggūbe unggifi 1595 〔2〕genehe
coohai niyalma uile akū niyalma-be ilan inenggi dulime 〔3〕genefei
uilenge niyalma-be baile wakangge tere inu: manju korcin meni 1595 〔4〕
juwe gurun-be cahar kalkai gidasare-de korsofi meni juwe gurun 1595 〔5〕
emu hebei sain banjimbi seme: abka na-de akduleme gashumbi: cahar
1595 〔6〕kalkai jalider gisun: sain uile-de dosifei korcin-de hebe akū 1595
〔7〕manju neneme cahar kalka-de acaci manju-be abaka wakalafi 1595
〔8〕sui isifi giranggi šarame senggi boigon-de ucubume 1595 〔9〕korcin
manju-de hebe akū: cahar kalkai jalinde 1595 〔2〕uile-de dosifi cahar
kalka-de acaci korcin-be 1595 〔3〕abaka wakalafi sui isifi giranggi
šarame:senggi boigon-de ucubume 1595 〔4〕bucekini abka-de akduleme
gashuha gisun-de isibume 1595 〔5〕akdun dondu banjici abka na-de
saisame gosibufi se 1595〔6〕jalgan golmin jusen omosi jalan galame tumen
aniya 1595 〔4〕taifin jirgame gemune abaka gosikini::*〕

二、漢　譯

　　三十日，致科爾沁奧巴臺吉、諸貝勒書曰：「察哈爾、喀爾喀不畏爾等，
然其小心翼翼清除彼等內部之不睦，……至於桑圖之父鍾嫩，襲我所居烏
爾古岱之哈達屯，將我所定親之女許給他人。後嫁女時，於前聘禮上，多
取之，並未給陪嫁之物。因其如此無禮，使我等惱怒之後，鍾嫩與我等說，
確有過失，將給予陪嫁之物等語，騙我使者前去，奪其乘騎搶其財物，將
使者隻身放回。又曾二次掠我使者，一乃攔截我赴達雅之使者，衣物牲畜
盡被掠去，將使者赤身放回；二乃攔截我赴巴克之使者，人被殺害，牲畜

皆被掠。桑圖本人無罪，實乃鍾嫩所為罪也。人之罪六月腐乎？臘月凍之乎？桑圖之罪何人償之？所謂人之罪不腐者即此也。倘若胡畢勒圖殺本使者，並掠其所攜財物。〔*故派蒙古兵一千，諸申兵五百，同驅桑圖、胡畢勒圖人畜時，對眾兵及貝色囑無害其自身，勿驅無辜人。過三天，殺有罪人之。滿洲我兩國恨察哈爾、喀爾喀屠殺無辜，曾對天地發誓和睦共處。若滿洲信察哈爾、喀爾喀之詐言，獲其財物，不合科爾沁，先與察哈爾、喀爾喀議和則，受天之譴責，暴骨、瀝血而死。科爾沁若不與滿洲和，信察哈爾、喀爾喀詐言，獲其財物，與察哈爾、喀爾喀和則，受天地譴責，暴骨、瀝血而死。我二國若踐此天地之盟，則蒙天地祐之矣。可得長壽，子孫百世，及於萬年。永享太平，亦乃天地之意。*〕

三、評論與注解

該段內容在《舊滿洲檔》有 1508 頁、1588 頁兩處。1508 頁寫有「ere-be ara」（寫、要）的標記，而 1588 頁為用點圈字和無點圈字混合文字寫的內容。1508 頁內容當時記錄，而後一處內容應改天聰朝時期為編纂《太祖實錄》準備的資料。1623 年 1～5 月內容《舊滿洲檔》中進行重新抄寫。從所用的文字和標記來看應該新滿文創造（1632）以後的事情。《滿文老檔》775 頁內容與《舊滿洲檔》1508 頁相同。都缺這一部分內容。

《舊滿洲檔》「sargan jui-de ūmci bukekū kiyangdulaha」（並未給陪嫁之物）漢譯《滿文老檔》「並用強不給女兒之分」。「umci」在滿、蒙古語中指份、家當、家產等意思。這裏意思「未給陪嫁的物」。指「貶低」的意思。赤身《舊滿洲檔》寫「ihesiun」，《滿文老檔》寫「niohušun」。

這裏說桑圖是扎魯特部人。因扎魯特人曾經多次搶擄愛新國使者，所以 1623 年努爾哈赤出兵襲擊了他們。努爾哈赤將此事告給奧巴以得奧巴的同情，

第六條　天命八年九月件

一、拉丁文轉寫

2168〔**8**〕*tohonde simiyan-i juleri gunehe birai dalin-de teduhe: tere inenggi korcin minggan mafai jui*〔**9**〕*sanggarjai nagacu ini sargan jui-be*

banjime: emu morin gajime jihe：han-de acarade emgi jihe urudui 〔10〕
niyalma beile neneme niyakūrafi hengkilefi han-i buhi-be tebeliyeme
acaha：terei sirme【】2122：〔1〕sanggarjai nakcu niyakūrafi hengkilefi
tebeliyeme acaha: han-de acame wajiha manggi: amba 〔2〕beile: mangkūltai
beile hongtiji beile-de ilhi ilhi tebeliyeme acaha: 〔3〕gajiha sargan jui
aldangga niyakūrafi hengkileme acaha: tere yamji duin ihan wafi 〔4〕
sarilara-de: sanggarjai nakacu-be han-i ici ergi ashan-de hanci tebufi 〔5〕
sarilaha:

二、漢　譯

　　〔*十五日，宿瀋陽南渾河岸。是日，科爾沁之明安老人之子桑爾寨舅*
送其女並攜馬一匹前來謁汗時，同來烏魯特伊裏瑪貝勒先行跪叩，抱汗膝
相見。繼之〕桑爾寨舅跪叩後，行抱見禮。謁汗畢，與大貝勒、莽古爾泰
貝勒、洪太極貝勒依次相見。所攜之女遠跪叩見。是晚，殺四牛筵宴。桑
爾寨舅坐於汗之右近處宴之。

三、評論與注解

　　該內容在《舊滿洲檔》2168頁和2122頁兩處分割寫，是後來整理時的錯
誤。這段內容《滿文老檔》872頁中內容不全。而利用內閣本漢譯的中華書局
出的《滿文老檔》中較完整。說明這段內容在乾隆年四十年（1775年）抄本時
本完正，而乾隆四十三年（1778）抄寫時不完整。這裏記錄的科爾沁之明安老
人之子桑爾寨送來這一名女子。本月二十八日嫁給了努爾哈赤第十四子多爾袞。

第七條　天命十年五月件

一、拉丁文轉寫

　　1885〔1〕sunja biyai ice inenggi: korcin-i ooba-i elcin danggalai 〔2〕-be
unggihe:〔*danggalai-de budaci elecin de juwede yan buke*〔3〕*lilan gudusi-de*
ilade yan buke〕danggalai emgi 〔4〕isamu: aburhū: koboi: dantai-be 〔*duin*
elcin duin gudusi〕〔5〕unggihe:〔*isamu: koboi: dangalai*〕hendufi unggihe
gisun:〔6〕musei juwe gurun-i acarangge: weri-be gaiki: weringge 〔7〕-be
bahaki seme acaki serengge waka: ceni beye-be abkai jui〔8〕obufi: muse-be

morin ihan-i adali gūnime 1886〔1〕gidašame korsobure-de dosorakū ofi emu hebei banjiki seme acambi kai: *ceni beye serengge cahar be:*

二、漢　譯

五月初一日，送科爾沁奧巴使者黨阿賴，賜〔**黨阿賴布達奇使者各二兩銀，三跟役各三兩銀，**〕給黨阿賴同行伊薩穆、阿布爾扈、豪布爾、且岱四使者，〔**給四跟役。**〕對〔**伊薩穆、豪布爾、黨阿賴曰**〕：「我爾國之和，非欲取他人或欲得他人之物而和。乃因彼等視已為天子，視我等如牛馬，我等不忍其淩辱欺壓，而同謀修好也」。*稱彼方名稱者，察哈爾。*

三、評論與注解

該內容載《舊滿洲檔》1885 頁，用點圈滿文寫，屬重寫內容。《滿文老檔》971 頁。

《舊滿洲檔》被去掉文字「danggalai-de budaci elecin-de juwede yan buke ilan kudusi-de ilade yan buke」（賜黨阿賴布達奇使者各二兩銀，三跟役各三兩銀）。「duin elcin duin kudusi」（四使者，給四跟役），「isamu: koboi: danggalai」（伊薩穆、豪布爾、黨阿賴）。《滿文老檔》中加寫　《舊滿洲檔》中沒有「ceni beye serengge cahar be」（稱彼方者，察哈爾）。

這是愛新國與科爾沁關係日趨成熟而與察哈爾關係日益激化，當中一件事情的記錄。黨阿賴是奧巴使者，除了這以外還有奧巴弟布達奇使者。《滿文老檔》未錄入這些刪改的內容。

第八條　天命十年五月件

一、拉丁文轉寫

1890〔4〕〔*korcin-i ooba beile-be boljoku bade jimbi seme jasa benjici ojoro niyalma ume waka……　suwe icihiyeme wajikai teile amca juseme hedufei unggihe* 1891〔1〕*jasa bajici ojoru niyalma ume waka……*〔2〕*suweni icihiyame wajikai daila amca jiu seme*〔3〕*hedufi unggihe tere inengi cilin-i amargi keyen-I*〔4〕*aba keyen-i birai acaha bai ebale teduhe*〕juwen uyun-de korcin-i ooba beile-be boljoku-i bade jimbi seme han geren beise-be gaifi hecen-ci jorkan:

二、漢　譯

〔*科爾沁奧巴貝勒將前來約會之地，不要殺帶頭出界人，爾僅能完成收……那天鐵嶺城北……住鐵嶺河遼河岸約會之地。*〕十九日，據科爾沁之奧巴貝勒將前來約會之地，汗率諸貝勒出城啓程。

三、評論與注解

《舊滿洲檔》1891 頁。《滿文老檔》973 頁。

《舊滿洲檔》1897 頁被去掉文字「korcin-i ooba beile-be boljoku bade jimbi seme jasa bajici ojoru niyalma……　tere inengi cilin-i amargi……住鐵嶺河遼河岸約會之地。」（科爾沁奧巴貝勒將前來約會之地，**那天鐵領城北**住鐵嶺河遼河岸這邊約會之地）

《舊滿洲檔》加寫文字：n uyun-de korcin-i ooba beile-be boljoku bade jimbi seme qan geren beise-be gaifi kecen-ci jorkan。」（十九日，據科爾沁之奧巴貝勒將前來約會之地，汗率諸貝勒出城啓程）。漢譯《老檔》「出城」譯爲「出東京城」。

在《舊滿洲檔》塗黑的文字中記錄著努爾哈赤約會之時，東京城前往約定地點路過的地名。這是與察哈爾即將對奧巴進行軍事行動前的一次重要會盟。但《舊滿洲檔》內容記錄是否屬原記錄很難說。以往情況看這段內容似乎重抄內容。所以，這裏刪除了很多有關這次奧巴與努爾哈赤會盟的詳細內容。就因爲這樣《滿文老檔》對這次會盟沒有留下完整、詳細的記錄。

第九條　天命十一年七月件

一、拉丁文轉寫

2153 頁〔1〕*fulgiyan tasha aniya: nadan biyai ice ninggun–de: korcin-i tusiyetu efui* 〔2〕*unggifi tumei gajiha bithei gisun:* 〔3〕*kündülen qayan mani dobtolba: egüni yayakiqu boi: qorčin-i abču ečigsen amai（ama） siri mal-i* 〔4〕*qariyul ǰu üggüsei geǰi: čaqar-un qayan-du: qalq-a-yin arban noyad ečibe* 〔5〕*genem: bayarin-u dügüreng: sereng qoyar: qong bayatur-un daičing: bombodai qoyar: bay-a* 〔6〕*darqan-i badm-a: baiqundai qoyar: ǰarayud-un qayan: qobiltu qoyar:* 〔7〕*bayayod-un eseyin sangyarǰ ai: bay morin-ača unaǰu qariǰi irebe*

genem 〔8〕*mani guying obasi-yi: qong baɣatur čiɣolɣan-i üge abču qari*
geǰi saɣulɣaǰi 〔9〕*bainam: yambar-ba üge obasi-du irenem-y-a:*
obasi-yin üge abču: 〔10〕*qaɣan-du basa ailadqanam-y-a: urid*
sonusuɣsan üge ene boi::

二、漢 譯

　　丙寅年七月初六日，圖美攜來科爾沁土謝圖額駙書曰：昆都侖汗襲擊
了我們，此事無奈。據聞，喀爾喀十名諾顏已前往察哈爾汗處，要〔察哈
爾汗爲他們〕索取科爾沁部所掠人畜。〔他們是〕巴林之杜棱、色棱倆；洪
巴圖魯之岱青、本布臺倆；巴噶達爾漢之巴德瑪、白渾岱倆；扎魯特之汗、
郭畢勒圖倆；巴約特之額色因、桑噶爾寨，巴克墜馬而還。洪巴圖魯將我
們的古揚烏巴希留住，要他帶回會盟之詞。（會盟之）詞如何，烏巴希會帶
來。得到烏巴希詞，再稟報汗。這些是前所聽聞的話。

三、評論與注解

　　原文前兩行用老滿文寫，後八行用蒙古文寫。這是一項很重要的信息。
這些人中」qong baɣatur」（洪巴圖魯）即炒花，爲烏濟業特部首領。岱青、本
布臺是他的長子襪巴歹青和八子本卜太。「baɣa darqan-i badm-a、baiqundai」（巴
噶達爾漢之巴德瑪、白渾岱）是弘吉拉特首領，父爲暖兔（nomtu darqan），
號巴噶達爾漢〔註17〕。「ǰaraɣud-un qaɣan」（扎魯特之汗）指內齊，「baɣaɣud-un
eseyin sangɣarǰai」（巴約特之額色因、桑噶爾寨）中「eseyin」（額色因）世系
不明，sangɣarǰai（桑噶爾寨）則是恩格德爾弟。「baɣarin-u dügüreng sereng qoyar」
（巴林之杜棱、色棱倆），據《遼夷略》說「都令即額參臺吉」，爲速把亥次
子卜言顧長子。色棱爲速把亥玄孫〔把〕阿把兔兒之子。〔註18〕這次喀爾喀
五部都派代表到察哈爾汗處會盟，共同商討對科爾沁和愛新國用兵之事。奧
巴將這一重要消息傳給了努爾哈赤。
　　攜帶奧巴書到愛新國的圖美是奧巴的同族叔父。文書之首所說「昆都侖
汗襲擊了我們」一事指兩三月前愛新國襲擊喀爾喀巴林囊努克部一事。內喀

〔註17〕《金輪千輻》第 200 頁，巴德瑪爲巴噶達爾漢之孫。
〔註18〕《王公表傳》卷 28《固山貝子色棱列傳》將色棱列爲[把]阿把兔兒兄額伯
　　　　革打黃臺吉（額布格岱洪巴圖魯）。

爾喀五部和嫩科爾沁部之間，時常發生人畜爭端，至此，因嫩科爾沁與愛新國結盟，內喀爾喀五部無法得到被掠奪的人畜，要求蒙古大汗林丹汗爲其做主，從嫩科爾沁索取人畜。

第十條　天命十一年七月件

一、拉丁文轉寫

2155 頁〔1〕*fulgiyan tasha aniya：nadan biyai juwan juwe-de asidarhan-i emgi korcin-i tusiyetu*〔2〕*efui elcin-i gajiha bithei gisun：kalkai hong batur-de elcin genehe ubasi gisun:*〔3〕*kalkai juwan beise: cahar-de genehengge ninggun beise amasi jihe sere: jukūn tatan*〔4〕*colgaha sere: cahar-de genere funde: hong batur beile ini juse omosi-de hendufi*〔5〕*unggihe gisun:cahar kalka acafi kundulen han be dailanbi seci:*〔6〕*niowanggiyan orho muke-be acame-de uthai dilaki: ere orho be amcame*〔7〕*dailarakū ohode: bi mini eyun-de banjiha ilan jui-de hedufi elcilebume:*〔8〕*kundulen han-i emgi doro acambi seme henduhe sere: suwembe dilaci ere*〔9〕*niuwanggiyan orho-de dailambi membe dailaci juke jafaha manggi dailambi:*

2156 頁〔1〕*ere gisun be gemu han sakini: ere gisun-i turgunde meni elcin be*〔2〕*hūdun unggi: man-de dain jimbihe-de: cooha adarame dambi: han sambidere: han-de dain geneci geren ahūta deute ojorakū bicibe*〔3〕*meni ilan kosion-be adarame da sembi: han sa: be terei morin hūlhame*〔4〕*tuwarakūn: han: cahar kalka-be dailaci tentehe erin-de dailambi seme*〔5〕*tob seme hendufi unggi: dai darhan: jasag-tu dureng junefi ojirakū*〔6〕*bicibe: bi mini enu juwan gucu-be hentume muterakū bio: han-i amala emu baran oki: aika bade baran oome muteci gisurehe gisun*〔7〕*gemu unenggi seme gūnimbidere: aika bade baran oome muterakūci gisurengge*〔8〕*gisun gemu hūolo seme gūnimbidere: dergi abka sakini: dergi abka sekini:*〔9〕*han gosime jui-be bufi mimbe dain-de gaibuha wabuha seme ai ai*

2157 頁〔1〕*jakabe gemu buhe amban niyalma gosime hentucibe: bi ulha baharai*〔2〕*teile gisun uwesimbuki seke bihe: ahūtae deute gemu aru-de genefi*〔3〕*ere elcin-de gisun bahafi hentuhekū: otog gemu emu bade acaha manggi* 〔**4**〕*bahari teile gisun uwesim buki.*

二、漢　譯

　　丙寅年七月十二日，與阿西達爾漢同來的科爾沁土謝圖額駙使臣所攜來之書曰：「出使喀爾喀洪巴圖魯之烏巴希稱：喀爾喀十貝子去了察哈爾，〔其中〕六名已返回。八鄂托克參加了會盟。為往察哈爾之事，洪巴圖魯貝勒言其子孫之語：「若察哈爾、喀爾喀一同征昆都侖汗，趁水草綠時出征。若不趁草綠之時出征。我遣我妹所撫養三子出使昆都侖汗，與之和議。」若征你們必在草綠時，征我們則在冰凍時。此話望汗周知。為回此話，請汗速遣吾使返。〔察哈爾、喀爾喀〕若與我戰，怎樣派兵援救，汗知之。若與汗戰，即使我眾兄弟不肯，我三和碩如何增援，請汗明示。我窺視著他們馬匹〔動向〕，汗若征察哈爾與喀爾喀，約定時日來告。岱達爾漢、札薩克杜棱二人我不敢說，而我手下十勇士可派遣，於汗前為伴。若能與汗為伴，則以吾言為真，否則以吾言為假，上天鑒之。蒙汗眷祐，嫁女與我，又憐我在戰中被殺被奪，賞賜各種物品。雖有大人恩典，但我盡所獲馬匹上報〔消息〕。因兄弟們都到了北邊，未能讓本使臣帶話，待各鄂托克會聚一處之後，盡以所得話語上報。

三、評論與注解

　　這是按七月初六奧巴來信所約，在滯留洪巴圖魯處的科爾沁使臣烏巴希返回後，將他帶來的情報轉告愛新國，並提出奧巴自己的建議。前往察哈爾會盟時，內喀爾喀最高首領洪巴圖魯告誡其子孫向林丹汗表明：若雙方出征愛新國，則趁水草綠時出征。不然，他將與努爾哈赤議和。據此，奧巴斷定，察哈爾與喀爾喀若出征愛新國必在草綠時，出征嫩科爾沁則必在冰凍時。

　　文書中出現的岱達爾漢是奧巴同族叔父圖美，札薩克杜棱是奧巴之弟布達齊。

第十一條　天命十一年七月件

一、拉丁文轉寫

2158 頁〔1〕*fulgiyan tasha aniya nadan biyai juwan nadan-de korcin-i*

tusiyetu efu-de 〔2〕*unggihe bithei gisun: hoton arangge ebergi ahūn deu hebe acafi:* 〔3〕*arambi sehe bade araci wajiha: hebe acarakū oci: golon-de araci sain:* 〔4〕*golon-de arambihede ahūta deute-be hebe acarakū seme same ushame ume henture* 〔5〕*ushacun bici dolo goni jai cahar kalka gurun guilehe hancime suweni baru* 〔6〕*hanci jihe seme balai ume genere: jali-de duherakū: genefi ubašame jici baha* 〔7〕*jaka-be isiburakū: wafi jici amla niyalma takarakū: waraci ujire* 〔8〕*gebu-de niyalmai taharangge ambula: jai cahar kalka acafi coohalambi sembi sere:* 〔9〕*mende jimbiu: suwende genembiu: ceni yaburengge yabume wajiha manggi: muse ama* 〔10〕*jui hebedefi muterei teile yabume tuwaki: cahar kalka mende juhe jafara*

2159 頁〔1〕*onggolo jici: konggor mafai ilan mukūn suwe gemu hebe acafi cahar kalaka* 〔2〕*amargi-be yabuci yabu konggor mafai ilan mukūn hebe acakakūci si balai* 〔3〕*ume asara: tehei bisu: emehun yabufi ai hemun ufararakū: cahar kalka* 〔4〕*mende juhe jafaha manggi jici suwe ume asara: mende seme jori manggi: suwende* 〔5〕*generakū cahar kalka suwende geneci suweni emu taiji jifi ubade te* 〔6〕*bi cooha boo unggire cahar kalka suwende dain oome wajiha: suweni* 〔7〕*geren ahūn deu hebe acafi hoton-be egšeme dahila: ahūn deu hebe* 〔8〕*akū banjiha niyalma ufaraka dabala jabšaha ai bi: meni dolo ushacun-be ume gūnire: amba doro-be gūni:*

二、漢　譯

　　丙寅年七月十七日，致科爾沁土謝圖汗書曰：修城之事，於兄弟商定之處修建便罷。若兄弟商議不決，修於中心之地為宜。勿以為修城於中心之地兄弟將不和而怨恨我。有此意則在心中想。另外，不要妄想察哈爾、喀爾喀會盟，將對你們親近，不要中其奸計，叛去的人怎能將所得之物送還？殺人而去的人怎能回來跟隨你敘比起殺人者，養人者名下歸順者眾。察哈爾、喀爾喀會合要出征，或對我，或對你。假如向你出發，我們父子商議，盡量出兵。察哈爾、喀爾喀對我們用兵，若在封凍之前來，孔果爾

父之三鄂托克商議，向察哈爾、喀爾喀後方出兵。孔果爾父三鄂托克未經
商議勿擅動。獨自行動焉有不亡之理！察哈爾、喀爾喀若待封凍之後來，
汝切勿擅動。察哈爾、喀爾喀若對我們用兵，必不往爾處。若往爾處，爾
等派來一名臺吉，我由此遣兵與銃。察哈爾、喀爾喀對你們用兵之後，你
們眾兄弟商議盡快修復城池，不和睦之兄弟焉能不亡？勿存僥幸。勿以〔吾
言〕為惡，當念大義矣。

三、評論與注解

　　愛新國為防禦和抵抗察哈爾部的進攻，建議科爾沁修城。在 1625 年，奧
巴被察哈爾兵圍攻時曾向努爾哈赤求援，要求派大軍來救。可是努爾哈赤先
只派八名炮手前去，並未按奧巴要求行事。當時努爾哈赤也對奧巴提出鞏固
城池的重要性，強調城池對保護自己和消耗敵人力量的作用。最後雖然派出
五千兵，但察哈爾汗圍攻奧巴幾天後已經撤退。這就使努爾哈赤充當了奧巴
救星角色。至此，努爾哈赤不僅強調修復城池的重要，也為奧巴提出一些具
體的作戰方法，以有效抵抗察哈爾的攻擊。正是因為努爾哈赤與奧巴的政治
軍事聯盟日益密切，最終使察哈爾林丹未能對科爾沁用兵。

第十二條　天命十一年八月件

一、拉丁文轉寫

　　2160 頁〔1〕*fulgiyan tasha naniya: jakūn biyai juwan duin-de korcin-i*
tusiye-tu　〔2〕*efui danggalai-de sidesi-be adabufi unggire-de unggihe*
bithei〔3〕*gisun:*〔4〕*han ama-de: tuisiye-tu efu jifi doro-i jali agdun gisun*
〔5〕*gisurefi genehe: gisun-de isibume ahūta deute hebe acafi emu*〔6〕
bade juwe hoton arambi seme han ama donjifi gisurehe　〔7〕*gisun-de*
isibuhanikai seme saišaha: han amai togtobuha gisun-be　〔8〕*meni obai*
ahūta deute ainaka seme jurcerakū: si inu　〔9〕*amai tacibuha gisun-be*
ejefi sini cargi ahūda deute-be ehe
　　2161 頁〔1〕*sain seme ume ilgara: gemu elbime gūsime banjici sini*
baru　〔2〕*ojorakū doro bio:*

二、漢　譯

　　丙寅年八月十四日，讓辛答希陪同科爾沁土謝圖額駙使臣黨阿賴前往時帶去的書曰：土謝圖額駙來到汗父處，爲大義宣誓而回，與眾兄弟間商議，於一處修兩城。汗父聞此，誇曰：盡踐前言。與汗言定之語，我處兄弟怎能違背？爾等亦應銘記汗父之訓言，將爾處弟兄不分優劣盡行招徠撫養，豈有不從之理。

三、評論與注解

　　這是愛新國第二位大汗皇太極給科爾沁首領奧巴的文書。皇太極告知奧巴，剛剛故去的汗父努爾哈赤對奧巴所爲甚爲滿意。同時表示他和兄弟們不會違背汗父與奧巴的協定，同時要求奧巴與其兄弟和睦相處。

第十三條　天命十一年八月件

一、拉丁文轉寫

　　2161 頁〔3〕fuligiyan tasha aniya: jakūn biyai juwan nadan-de yahican buhu-de〔4〕tusiye-tu efui unggihe bithei gisun:〔5〕oom suwasdi sidam::〔6〕hong baɣatur-un elči dürben em-e ǰaŋ abču ireǰi:〔7〕basa tabun noyad irekü genem: ta em-e köbegün-iyen abusai:〔8〕türü-e ǰokiyala geǰi: mani ese ǰokiqula man-du urid mordaǰu〔9〕mani abuɣsan qoina tan-du morday-a kekü bainam tabun noyad-i

　　2162〔1〕ireküle ǰübleküi-yin tulada qaɣan-du eleči yaɣaraǰu〔2〕ǰaruy-a::

二、漢　譯

　　丙寅年八月十七日，土謝圖額駙讓雅奇單布庫攜來書曰：願吉祥如意。洪巴圖魯使者帶來了四隻雌獐。聽說還有五個諾延要來。〔洪巴圖魯對土謝圖〕說：把你的妻兒帶回，〔察哈爾〕揚言要合政，我們若不與合政則先征我們，爾後征你們。因五名諾延前來時要商議，到時向汗急派使者。

三、評論與注解

　　原文中前三行用老滿文寫，後六行用蒙古文寫。烏濟業特部首領洪巴圖

魯要奧巴將自己的妻兒從烏濟業特部帶回。這是因爲察哈爾說與喀爾喀合政要科爾沁要合政。否則將對喀爾喀、科爾沁用兵。說明當時形式非常緊張，察哈爾林丹汗決意對喀爾喀用兵。

第三節　察哈爾史料在《舊滿洲檔》與《滿文老檔》中的流傳

　　《舊滿洲檔》中 1607～1626 年間有關察哈爾的內容共 40 條，這些內容基本被《滿文老檔》錄入，但這些所錄入的內容有些與《舊滿洲檔》內容還有一定差別。下面挑選三條內容，與原文比較。說其存在的差異。

第一條　天命五年八月件

一、拉丁轉寫

jakūn biyai juwan jakūn-de cahar han-i hanggal baihū gebungge amba elcin uhereme ilan niyalma-be waha:: *tere elcin-be wahangg: gengiyen han-i cahar-de takūraha juwe niyalma-be cahar waha seme tašarame donjifi karu seme waha: tere juwe niyalma amala ini cisui ukame jihe:*

二、漢　譯

八月十八日，斬察哈爾汗之大臣杭噶拜虎等三人。所以殺該臣，乃因誤傳英明遣往察哈爾部之二人，爲察哈爾所殺，故誅其使者，以示報復。後此二人，自行逃回。

三、評論與注解

　　該內容載《舊滿洲檔》554 頁。《舊滿洲檔》先未記載爲什麼「斬」了察哈爾三名「amba elcin」(大使者)的原因。而後面用小字提寫了「*tere elcin-be……ukame jihe*」(該臣……逃回)，顯然是後來補寫。《滿文老檔》246 頁錄入。所以，這一條內容我們無法斷定它是當時作爲還是後來加寫。也無法斷定努爾哈赤殺察哈爾使者，是因爲「誤傳」導致，還有其他原因。

第二條　天命七年 三月件

ukame jihe monggo-de **edubure uksin-i meirembe isigeliyen obome fejen sindeme tasabi** sain niyalma-de sain uksin: ehe niyalma-de ehe uksin-be etubu: musei adali saca-i iberi uksin fisa-de bithe hada: neneme ukame jihe monggoso-de etubuhe songkoi musei harangga monggo: urut gurunci jihe beisei harangga monggo-de gemu emu adali ejete-de ninggute-da mocin hahasi-de ninggute-da boso salame bu: beise-i emgi liyoodung-de jidere niyalma-de eturengge ume bure seme :*guwangning-de takūrafi monggoso-de nikan-i uksin-be gemu dasafi buki;*

二、漢　譯

　　來歸之蒙古人所穿戴甲冑由梅林者集中，按份額細發之，**優者服優甲，劣者服次甲，乃猶如我軍，盔尾甲背，輳字爲記**。依照先來蒙古人所服我所屬之蒙古人及自烏魯特部前來之諸貝勒所屬之蒙古人，皆同一服裝。賜其族長各毛青布六疋，男丁各布六疋。隨同貝勒同來遼東之人，勿賜衣服。遣人廣寧，修理漢人之甲，以給蒙古人。

三、評論與注解

　　這段內容在《舊滿洲檔》1059 頁。《滿文老檔》561 頁錄入。

　　《舊滿洲檔》將這段內容去掉是爲了簡便其內容。對整個內容無大影響。這裏說烏魯特部是屬察哈爾八大鄂托克中的一部。烏魯特部《金輪千輻》寫「uruγud」，《蒙古秘史》、《史集》中寫爲「兀魯惕」，元代與弘吉拉特等一同住牧於上都附近。達延汗統一蒙古後，第十子格日博羅特子龍臺吉統領該部。《遼夷略》說：「離廣寧鎮靜、鎮邊、鎮遠等堡三百餘里而牧，其賞仍由鎮遠者，五路臺吉，即郎臺吉，故生七子長曰扯勞亥……」。〔註 19〕隆慶五年（1571）時「貢市成，……時，黃臺吉所部曰東哨，大成所部曰西哨，此其二大枝也。而擺要、兀慎及五路、巴林又分爲四小枝，入貢有賞，入市有燕……」。〔註 20〕據《舊滿洲檔》，1621 年（天命六年）開始，部分烏魯特人開始歸附愛新國。

〔註 19〕張鼐：《遼夷略》，玄覽堂叢書。
〔註 20〕瞿九思：《萬曆武功錄》，擺把都兒‧兀愼打兒漢臺吉列傳，中華書局影印，
　　　　1962 年。

第三條 天命八年七月件

一、拉丁轉寫

1663〔8〕ice duin-de monggo-i urut beise-i gashūha gisun: 〔9〕genggiyen han-i gebube donjifi cahar han-be ehe seme genggiyen han-be 〔10〕nikefi dahaki seme jihe: jihe-be gūnime han gosifi juse-I gese 〔11〕obuha: han-i gosiha-be gūnirekū meni monggo beise ehe mujilen 〔12〕jafaci tere ehe mujilen jafaha beise-be abka neneme tuwafi ehe 〔13〕sui isikini: han-i gosiha-be gūnime: tondo mujielen-i 〔14〕banjici abka gosifi emgi elhe taifin-i jirgame banjikini:

1664〔1〕*gegen qaγan tüsiy-e geǰü sanaǰü irele: gegen qaγan qairalaǰü üreyen* 〔2〕*kiǰü qairalba: qaralgsan čaγtü: qaγan ečige eče boroγo yabübasü* 〔3〕*degere tngri üǰütügei: tere γaǰar-on ečige eke aha* 〔4〕*degü-ji maqui geǰü irebe: iregsen čaγtü yamber-be sanagsan-i güičitkebe* 〔5〕*qaγan-i güičedgesen-i es-e sanaǰü maqüi sedkile bariǰü yabübasü maqui nigül* 〔6〕*kürǰü üqütügei sain stkil bariǰü: küčün iyen ügčü yabübasü sain* 〔7〕*ǰirγalang iyer engke amüγülang ǰirγan atuγai:*

1665〔8〕*gegen qaγan-i nere sunusču čahar-on qaγan-i maγu geǰü gegen qaγan-i* 〔9〕*tüsiǰü daγay-a geǰü irele: iregsen-i sanaǰü qaγan ürüsiyaǰü qaralǰu* 〔10〕*ür-e luγa adali bolγaba: qaγan-i qairalagsan-i üle sanaǰü* 〔11〕*bide mönggöl nöyad ken maγu sedkil bariǰü böru yabuqula:* 〔12〕*tere nöyad-i tegri uride üǰeǰü maγu nigül kürtügei:* 〔13〕*qaγan-i qaralagsan-i sanaǰü čing ünen sedkil* 〔14〕*eyer yabubasu tngri ürüsiyeǰü qamtü ber engke* 〔15〕*amugulang ǰirγan atüγai:*

1666〔1〕genggiyen han ini geren juse-be gashūbuha gisun 〔2〕abka han-be gosime encu monggo gurun-i babai beise-be 〔3〕acabuha abkai acabuha-be gūnime monggoi beise-be ai ai bucere 〔4〕weile bahaci buceburakū: abkai acabuha-be gūnirakū: ubai yaya 〔5〕beise ehe mujilen jafa ehe-be deribuci deribuhe beise-beabka safi 〔6〕ehe sui isikini: abka-de akdulaha gisun-de isibume: abkai acabuha 〔7〕-be gūnime hebe acafi tondo sain banjici abka gosime jalan halame 〔8〕taifin jirgame banjikini:

二、漢　譯

　　初四日，蒙古兀魯特諸貝勒之誓詞：聞英明汗之名，惡於察哈爾汗，爲仰賴英明汗而來，來之汗憐憫如子。倘不思汗之眷養我等蒙古貝勒，懷有邪惡之心，則其懷邪惡之心之貝勒，必爲上天鑒察，以致禍患及身。若思令汗之眷愛，秉以忠心，則上天眷憫，共享太平之福也。見惡於察哈爾汗來之即蒙汗憐憫如子。

　　爲信賴英明汗而來歸。來之即蒙英明汗眷養如己之子。即蒙優寵，倘背逆汗父而行，則上天鑒察。既見惡於汗父母兄弟，棄之來歸，來歸時之所有一切皆隨心願。若不思汗之優寵隆恩，懷惡而行者，則禍患及身，必致滅亡。若秉忠心，竭力圖報，則可享太平之樂也。

　　聞英明汗之名，見惡於察哈爾汗，故爲仰賴英明汗而來歸。蒙汗念歸來之情，視如子如嗣。倘不思汗之憐憫之恩，我等蒙古諸音若有誰執以邪念，背逆而行者，上天鑒察，禍患及身。若念汗眷養之恩，懷以忠心而行，則蒙天祐而共享太平之勒也。

　　英明汗令其諸子誓曰，上天祐汗，使之與異國蒙古各部貝勒相會。仰體天心，則蒙古諸貝勒即獲死罪亦不令身亡。不思天意，則與會諸貝勒，凡有心懷二心，包藏禍心者，上天鑒察，必降禍患於起事之諸貝勒。倘能信守對天之盟，仰體上天之意，盡忠盡善，合謀相處，則蒙上天垂祐，世代得享太平之樂業。

三、評論與注解

　　以上四段是《舊滿洲檔》1663～1666頁，用老滿文和古蒙古語寫的。1664頁用蒙古文寫的這些誓言前有「ere ume」（這不錄入），1666頁滿文誓言前有「ere ara」（這錄入）等字。但這沒有影響本段內容被《滿文老檔》的錄入。

　　這段內容是察哈爾兀魯特部和努爾哈赤的誓言。《滿文老檔》把這一段內容進行新滿文轉寫和譯寫之後，全部錄入。在《滿文老檔》錄入的天命年間歸附愛新國的蒙古各部誓言中，除喀爾喀部誓言有改動，科爾沁和兀魯特等部的幾乎沒有改動，完整抄錄或翻譯錄入。這是《滿文老檔》錄入內容的特點。不能完全否定，乾隆朝抄寫這些檔案時因政治上的考慮而有取捨。但比較之下，因爲歸附愛新國表示忠誠、或有利於愛新國政治影響的內容幾乎全

部錄入，相反地，影響愛新國政治形象以及重要的軍事情報、努爾哈赤個人身體狀況等內容則未能錄入。

第四章 《舊滿洲檔》、《武皇帝實錄》、 《滿文老檔》若干問題的分析

第一節 《舊滿洲檔》、初纂《太祖實錄》的編寫與 它們間的關係

一 、《舊滿洲檔》的編寫

太祖努爾哈赤是女眞後裔，[註1] 1589 年出生在叫塔石（taksi）的建州衛貴族家庭。當時女眞各部屬於明朝建立在遼東邊外的各夷人衛、所中。它們的頭目被封爲都督、都督僉事、督撫等職。管理著本部落，定期或不定期地朝見、納貢，或去遼東各邊鎭、堡進行貿易，保持著與明朝的隸屬關係。

從明正德年間開始，明朝對遼東邊外的控制逐漸削弱，蒙古勢力向遼東

〔註 1〕 《金史》「本紀」記：「契丹盡取渤海地，而黑水附屬於契丹。其南者籍契丹、號熟女直；其在北者不在契丹籍，號生女直。生女直地有混同江、長白山，混同江亦號黑龍江；所謂〈白山、黑水〉也」。元滅金後，生女眞仍留在東北，今松花江長白山一帶。屬於元朝建立在東北的遼陽等處行中書省管轄合蘭府水達達等路。「……其居民皆水達達、女直之人，各仍舊俗，無市井城郭，逐水草爲居，以射獵獵爲業。故設官牧民，隨俗而治，……」。這時女眞人過著游牧、打獵爲主的生活。其中有一個叫斡多憐衛萬戶，元朝滅亡後該萬戶（又寫吾都裏）屬於明朝東北夷人衛所。永樂元年明成祖就派人到過該地方。其頭目叫猛和帖木，在永樂六年入明朝。後來，猛和帖木遷到建洲衛并成了左衛的都督。他就是清太祖努爾哈赤的六世祖先。《太祖實錄》中記載的女眞人起源於長白山及三河源的説法是後編造的。

擴張，加快了女眞等各部間互相兼並和領土的爭奪。到嘉靖年間海西女眞南移，蒙古喀爾喀五部和科爾沁部的南下，更進一步加劇了開原、撫順等遼東邊外滿、蒙各種勢力間的生存競爭。努爾哈赤就是在這樣動盪不安年代出生和成長。1583 年帶領十三副甲，走上統一建州女眞各部落的道路，1616 年建立愛新國，1626 年死於璦雞堡。他一生經過無數次戰爭，最終統一女眞各部，並佔領遼東多處城鎮，降服了蒙古科爾沁和喀爾喀兩大部落。那麼記錄他一生的重要資料《舊滿洲檔》和初纂《太祖實錄》如何形成的呢？

明代女眞各部與明朝和朝鮮一直有文字往來，〔註2〕形成的文書是明代女眞人僅存的早期文字資料之一。〔註3〕建州女眞到太祖努爾哈赤時代專設書房，負責處理日常文字記錄、往來信件及外交事宜等。〔註4〕主持書房的人叫做「巴克什」，來自蒙古語 baγsi，意思是「老師、師傅、先生」，當初職責除負責文秘工作，還參與朝政。天聰三年（1629）書房改稱文館，天聰十年（1636）改建內三院（內國史院、內秘書院、內弘文院），有更詳細的分工和責任。

《舊滿洲檔》最初出自太祖時期書房筆帖式的筆錄。是用文房、文館中多名筆帖式的日常筆錄和有關文書整理而成，其形成情況較爲複雜，有原寫內容、重抄內容、重寫內容；有畫圈，塗改等修改、刪除的痕迹。撰寫人員有庫爾纏、希福、達海、尼堪、布爾善、艾巴禮、準泰等多名筆帖式。按時間順序進行筆錄。內容涉及 1607 到 1636 年，除努爾哈赤的言行外，八旗淵源，世職緣由，戰績記載，社會習俗，族內紛爭等。輯錄史事 1600 餘件，約 30 萬字。所以，要正確理解《舊滿洲檔》每一段內容，每一句都須加以分析和考證。尤其像原寫內容、重寫內容、重抄內容等這三類內容必須注意，因爲這一類記錄涉及其原始資料的眞實性和對它進行改動的問題。而且，這三類內容在史料價值上明顯不同。其中原寫內容最爲珍貴，在《舊滿洲檔》中是原始記錄，這種內容幾乎貫穿整個文檔。重寫或重抄內容在史料價值上不如原寫內容，尤其是重抄的，大多數以月爲一組，很明顯已經對原內容做了挑選和整理。

其中 1607～1618 年的內容明顯屬於追述性質，所以有人說這段內容用的

〔註2〕　明：《四夷館》女眞館來文。
〔註3〕　羅振玉編：《天聰朝臣工奏議》《史料叢刊初編》。
〔註4〕　羅振玉編：《天聰朝臣工奏議》，《史料叢刊初編》。太宗天聰六年（1632）九月，書房秀才李棲鳳奏文有「臣得侍書房，已幾七年」等話，證明天命年間已經有書房。

是紀傳體。不過從紀傳體史書體例的要求來看也不符合，因爲這段記述沒有對某一事件做完整敘述，只不過對努爾哈赤的一些活動的回憶而已，所以這段內容還是屬編年體。

二、《舊滿洲檔》所用老滿文的書寫特點

根據《舊滿洲檔》所用老滿文的字母來看其元音有 1a、2e、3i、4o、5u、6、ū 等六個，輔音有 1n、2k、3g、4h、5b、6p、7s、8、9t、10d、11l、12m、13c、14j、15y、16r、17f、18w、19ng 等。書寫特點在於直接運用了中世紀蒙古文字母寫法。

（一）元　音

1、「a」音

用蒙古文元音「ᠠ」字母，其發音應蒙古語元音第一音相似。在詞首寫「ᠠ」、詞中寫「ᠠ」、詞尾寫「ᠠ」。如：ᠠᠮᠠᠰᠢ（amasi 後、背），ᠠᠮᠪᠠ amba 大、巨（ᠰᠠᠷᠢᠯᠠᠬᠠ sarilaha 宴）。

2、「e」音

用蒙古文元音「ᠡ」字母，其發音應蒙古語元音第二音相似。在詞首寫「ᠡ」、詞中寫「ᠡ」、詞尾寫「ᠡ」。如：ᠡᠯᠴᠢᠨ（elcin 使者）ᠡᠷᠨ（ern 時）。

3、「i」音

用蒙古文元音「ᠢ」字母，其發音應蒙古語元音第三音相似。在詞首寫「ᠢ」、詞中寫「ᠢ」、詞尾寫「ᠢ」。如：ᠢᠯᠠᠨ（ilan 三）ᠲᠡᠷᠡᠴᠢ（tereci 從此）。

4、「o」音

用蒙古文元音「ᠣ」字母，其發音應蒙古語元音第四音相似。在詞首寫「ᠣ」、詞中寫「ᠣ」、詞尾寫「ᠣ」。如：ᠣᠩᠭᠣᠯᠣ（onggolo 後）、ᠪᠣᠣᠳᠡ（boode 家裏）、ᠣᠪᠢᠮᠪᠢ（obimbi 飲）。

5、「u」音

用蒙古文元音「ᠤ」字母，其發音應蒙古語元音第六音相似。在詞首寫「ᠤ、ᠤ」、詞中寫「ᠤ」、詞尾寫「ᠤ」。如：（ula ᠤᠯᠠ 烏拉的）（ᠤᠺᠰᠢᠨ uksin 甲）（gurun ᠭᠤᠷᠤᠨ 國）（baturu ᠪᠠᠲᠤᠷᠤ 英雄）。

6、「ū」音

用蒙古文元音字母「ᠠ」字母，其發音應蒙古語元音第七音相似。在詞首寫「ᠠ」、詞中寫「ᠣ」、詞尾寫「ᠥ」。如：ᠠᠣᠷᠠ（ūren 像）（ᠠᠣᠠᠷᠠᠠᠣᠣ takūrafi 派）（ᠠᠣᠠᠣᠥ tangkū 百）。

（二）輔　音

1、「n」音

表示「na」音時，用蒙古文元音字母「ᠠᠷ」字母。詞首寫「ᠠ」、詞中寫「ᠣ」、詞尾寫「ᠥᠷ」。如：ᠠᠣᠥᠷ（nadan 七）ᠠᠣᠠᠣᠣᠣ（ainambi 為何）ᠠᠠᠣᠠᠣᠠᠣ ᠷ（dailacina 戰鬥）。

表示「ne」音時，用蒙古文輔音字母「ᠠᠷ」，在詞首寫「ᠠ」、詞中寫「ᠣ」、詞末寫「ᠣᠷ」。如：（ᠠᠣᠣᠣᠷ neneme 先）。

表示「ni」音時，用蒙古文輔音字母「ᠷ」。在詞首寫「ᠠ」、詞中寫「ᠣ」、詞末寫「ᠷ」。如：ᠠᠣᠣᠷᠷᠷ（niyalma 人）、ᠠᠣᠷ（meni 我的）。

表示「no」音時，用蒙古文輔音字母「ᠠᠥ」。在詞首寫「ᠠᠥ」、詞中寫「ᠣ」、詞末寫「ᠣᠥ」。如：ᠠᠣᠣᠥ（nofi 孩子）、ᠠᠣᠣᠣᠣᠷ（jongnon 人名）、ᠠᠣᠣᠥ（hono 尚且，還）。

表示「nu」音時，用蒙古文輔音字母「ᠠᠥ」。在詞首寫「ᠠᠥ」、詞中寫「ᠣ」、詞末寫「ᠣᠥ」。如：ᠠᠣᠣᠣᠣᠥ（nungnembi 侵犯）、ᠠᠣᠷ（inu 是、對）、ᠠᠣᠷ ᠣᠣᠥ（nangnuhe 人名）。

2、「k」音

表示「ke」音時，用蒙古文輔音字母「ᠠ」。在詞首寫「ᠠ」、詞中寫「ᠠ」、詞末寫「ᠠᠥ」。如：ᠠᠣᠣᠣᠥ（kederehe 巡查）、ᠠᠣᠣᠷ（koken 人名）。

表示「ki」音時，用蒙古文輔音字母「ᠠ」。在詞首寫「ᠠ」、詞中寫「ᠠ」、詞末寫「ᠠ」。如：ᠠᠣᠣᠣᠷᠣᠣᠷ（kiyangdulakan 爭強）、ᠠᠣᠣᠣᠷ（sedkil 人名）、ᠠᠣᠷ ᠠ（arki 燒酒）。

表示「ko」音時，用蒙古文輔音字母「ᠠᠥ」。在詞首寫「ᠠᠥ」、詞中寫「ᠣᠥ」、詞末寫「ᠣᠥ」。如：ᠠᠣᠣᠥ（koro 仇）、ᠠᠣᠣᠣᠣᠣᠥ（hokorakū 分離）。

表示「ku」音時，用蒙古文輔音字母「ᠠᠥ」。在詞首寫「ᠠᠥ」、詞中寫「ᠣᠥ」、詞末寫「ᠣᠥ」。如：ᠠᠣᠣᠥᠷ（kukuci 隨從、僕人）、ᠠᠣᠣᠣᠣᠣᠥ（takurakfi 派）、ᠠᠣᠥ（jeku 莊稼）。

表示「kū」音時，用蒙古文輔音字母「ᠠᠥ」。在詞首寫「ᠠᠥ」、詞中寫「ᠣᠥ」、詞末寫「ᠣᠥ」。如：ᠠᠣᠣᠣᠷ（jakūn 八）、ᠠᠣᠣᠣᠣᠥ（generakū 未去）、ᠠᠣᠣᠣᠣᠥ

〔圖〕（niyakūrame 跪）。

3、「g」音

表示」ga」音時，用蒙古文輔音字母「〔圖〕」。在詞首寫「〔圖〕」、詞中寫「〔圖〕」、詞末寫「〔圖〕」。如：〔圖〕（gaiha 取）〔圖〕（sargan 女）、〔圖〕（batangga 有仇的）。

表示「ge」音時，用蒙古文輔音字母「〔圖〕」。在詞首寫「〔圖〕」、詞中寫「〔圖〕」、詞末寫「〔圖〕」。如：〔圖〕（enggeder 人名）、〔圖〕（gebunengge 名）。

表示「gi」音時，用蒙古文輔音字母「〔圖〕」。在詞首寫「〔圖〕」、詞中寫「〔圖〕」、詞末寫「〔圖〕」。如：〔圖〕（gisureme 說的）、〔圖〕（unggihe 給）、〔圖〕（unengi 眞）、〔圖〕（inenggi 是，該）。

表示「go」音時，用蒙古文輔音字母「〔圖〕」。在詞首寫「〔圖〕」、詞中寫「〔圖〕」、詞末寫「〔圖〕」。如：〔圖〕（gojime 只、雖然）、〔圖〕（onggolo 前）、〔圖〕（monggo 蒙古）。

表示「gu」音時，用蒙古文輔音字母「〔圖〕」。在詞首寫」〔圖〕」、詞中寫「〔圖〕」、詞末寫「〔圖〕」。如：〔圖〕（gusin 三十）、〔圖〕（gurun 國家）、〔圖〕（guwangnin 廣寧）、〔圖〕（ninggun）〔圖〕（kicengu 人名）。

表示「gū」音時，用蒙古文輔音字母「〔圖〕」。在詞首寫「〔圖〕」、詞中寫「〔圖〕」、詞末寫「〔圖〕」。如：〔圖〕（gūwa 別的）〔圖〕（gūnime 想、思）、〔圖〕（jugūn 道）、〔圖〕（tanggū 百）。

4、「h」音

表示「ha」音時，用蒙古文輔音字母「〔圖〕」。在詞首寫「〔圖〕」、詞中寫「〔圖〕」、詞末寫「〔圖〕」。如：（haha 男孩）、〔圖〕（cooha 軍、兵）、〔圖〕（ihan）。

表示「he」音時，用蒙古文輔音字母「〔圖〕」。在詞首寫「〔圖〕」、詞中寫「〔圖〕」、詞末寫「〔圖〕」。如：〔圖〕（hecen 城）、〔圖〕（muhei 水邊）、〔圖〕（unggihe 差遣、差送）。

表示「hi」音時，用蒙古文輔音字母「〔圖〕」。在詞首寫「〔圖〕」、詞中寫「〔圖〕」、詞末寫「〔圖〕」。如：〔圖〕（hiya 侍衛）〔圖〕、（icihiyabi 辦理、收拾）、〔圖〕（dehi 四十）。

表示「ho」音時，用蒙古文輔音字母「〔圖〕」。在詞首寫「〔圖〕」、詞中寫「〔圖〕」、詞末寫「〔圖〕」。如：〔圖〕（hoton 城）、〔圖〕（tofon 十五）、（foloho 雕）。

表示「hu」音時，用蒙古文輔音字母「ᠬᡆ」。在詞首寫「ᠬᡆ」、詞中寫「ᡆ」、詞末寫「ᡆ」。如：ᠬᡠᡩᡠᡳ（hudui 魔鬼）ᠼᡠᡥᡠᡵ（cuhur 人名）、（ishunde 彼此）、ᡠᠯᡥᡠ（ulhu 灰鼠皮）。

表示「hū」音時，用蒙古文輔音字母「ᡍᠬᡆ」。在詞首寫「ᡍᠬᡆ」、詞中寫「ᡆᡍ」、詞末寫「ᡍᡆ」。如：ᡍᡠᡨᡠᡵᡳ（hūturi 福）ᡍᡠᠩ（hūng 名詞）ᡍᠠᠯᡍᡠᠨ（halhūn 熱）、ᡤᠠᠰᡍᡠᡵᡝ（gashūre 誓）、ᡩᠠᡍᡠ（dahū 皮罩）。

5、「b」音

表示「ba」音時，接用蒙古文輔音字母「ᠪ」。在詞首寫「ᠪ」、詞中寫「ᠪ」、詞末寫「ᠪ」。如：ᠪᠠᡨᡠᡵᡠ（baturu 英雄）、ᠠᠮᠪᠠ（amba 大）、ᡩᠠᠪᠠᡥᠠᠨ（dabahan 嶺）。

表示「be」音時，接用蒙古文輔音字母「ᠪ」。在詞首寫「ᠪ」、詞中寫「ᠪ」、詞末寫「ᠪ」。如：ᠪᡝᡳᠯᡝ（beile 貝勒）、ᠸᠠᡵᠠᠪᡝ（warabe 殺戮）、ᡥᡝᠪᡝ（hebe 議）。

表示「bi」音時，接用蒙古文輔音字母「ᠪ」。在詞首寫「ᠪ」，詞中寫「ᠪ」，詞末寫「ᠪ」。如：ᠪᡳᡥᠠᠨ（bihan 野外）、ᠰᡝᠮᠪᡳᠣ（sembio 可乎）、ᡤᠠᠮᠠᠮᠪᡳ（gamambi 娶）。

表示「bo」音時，接用蒙古文輔音字母「ᠪᠣ」。在詞首寫「ᠪᠣ」，詞中寫「ᠪᠣ」，詞末寫「ᠪᠣ」。如：ᠪᠣᠰᡳᠣᡶᡳ（bosiofi 追）、ᠪᠣᡳᡤᠣᠨ（boigon 戶）、ᠰᡳᠣᠪᠣ（siobo 守堡）。

表示「bu」音時，接用蒙古文輔音字母「ᠪᡠ」。在詞首寫「ᠪᡠ」、詞中寫「ᠪᡠ」、詞末寫「ᠪᡠ」。如：ᠶᠠᠪᡠᡵᡝᠪᡝ（yaburebe 去）、ᠪᡠᠴᡝᠮᡝ（buceme 死去）。

6、「p」音

老滿文裏「p」音，用了蒙古文「ᠪ」字母。一般表示名詞時用。如：ᠫᡠᠩᡩᠠᠨ（pungdan 彭鍛）、ᠫᡝᡳᠰᡝ（peise 牌子）、（ping lubooi 平虜堡）、ᠫᠣᠣ（poo 槍）。

7、「s」音

表示「sa」音時，用蒙古文輔音字母「ᠰ」。在詞首寫「ᠰ」、詞中寫「ᠰ」、詞末寫「ᠰ」。如：ᠰᠠᡥᠠᠯᡳᠶᠠ（sahaliya 白）、ᠰᡠᠰᠠᡳ（susai 五十）、ᡶᡠᠵᡳᠰᠠ（fujisa 福晉們）。

表示「se」音時，用蒙古文輔音字母「ᠰ」。在詞首寫「ᠰ」、詞中寫「ᠰ」、詞末寫「ᠰ」。如：ᠰᡝᠮᡝ（seme 因為、雖然）、ᠵᡠᠰᡝᡳ（jusei 孩子）、ᡤᡝᠰᡝ（gese 相同的）。

表示「si」音時，用蒙古文輔音字母「ᠰᡳ」。在詞首寫「ᠰᡳ」、詞中寫「ᠰᡳ」、詞末寫「ᡳᠰ」。如：ᠰᡳᠨᡳ（sini 你的）、ᡩᠣᠰᡳᠮᠪᡳ（dosimbi 入、進）、ᠠᠮᠠᠰᡳ（amasi 返、後）。

表示「so」音時，用蒙古文輔音字母「ᠰᠣ」。在詞首寫「ᠰᠣ」、詞中寫「ᠰᠣ」、詞末寫「ᠣᠰ」。如：ᠰᠣᠯᡥᠣ（solhu 朝鮮）、ᡩᠣᠣᠰᠣᡵᠠᡴᡡ（doosorakū 忍耐）、ᡴᠣᠮᠰᠣ（komso 少）。

表示「su」音時，用蒙古文輔音字母「ᠰᡠ」。在詞首寫「ᠰᡠ」、詞中寫「ᠰᡠ」、詞末寫「ᡠᠰ」。如：ᠰᡠᠨᠵᠠ（sunja 五）、ᡤᡳᠰᡠᡵᡝᡶᡳ（gisurefi 說）、ᠰᠠᠮᠰᡠ（samsu 翠藍布）。

8、「š」音

表示「ša」音時，接用蒙古文輔音字母「ᡧᠠ」。在詞首寫「ᡧᠠ」、詞中寫「ᡧᠠ」、在詞末寫「ᠠᡧ」。如：ᡧᠠᠩᠨᠠᡥᠠ（šangnaha 賞給）、ᡧᠠᠩᡤᡳᠶᠠᠨ（šanggiyan 辛）、ᡠᠪᡧᠠᠮᡝ（ubšame 叛、翻）。

表示「še」音時，接用蒙古文輔音字母「ᡧᡝ」。在詞首寫「ᡧᡝ」、詞中寫「ᡧᡝ」、詞末寫「ᡝᡧ」。在詞首寫如：ᠰᡝᠪᡝᡧᡝᡵᡝᠮᡝ（sebešereme 毛毛雨）、ᠵᡠᡧᡝ（juše 諸申）。

表示「ši」音時，接用蒙古文輔音字母「ᡧᡳ」。多見在詞首和詞中用。在詞首寫如：ᡧᡳᡶᠠᠩᠰᡳ（šifangsi 石房子）。

表示「šo」音時，接用蒙古文輔音和元音結合的詞來表示。如：ᡧᠣᠰᡝ（šose 名詞）、ᠪᠣᡧᠣᡶᡳ（bošofi 驅、追）、ᡥᠣᡧᠣᠩᡤᠣ（hošonggo 角）。

表示「šu」音時，用蒙古文字母的拼寫組合「ᡧᡠ」或「ᡧᡠ」。如：ᡧᡠᠨ（šun 太陽）、ᡧᡠᠰᡳᡥᡳᠶᠠᡥᡝ（šusihiyahe 挑撥）。

9、「t」音

表示「ta」音時，用蒙古文輔音字母「ᡨᠠ」。在詞首寫「ᡨᠠ」，詞中寫「ᡨ」，詞末寫「ᡨ」如：ᡨᠠᡨᠠᠨ（tatan 部）、ᡨᠠᡴᡠᡵᠠᠮᡝ（takurame 派）、ᠪᠠᡨᠠ（bata 敵）。

表示「te」音時，用蒙古文輔音字母「ᡨᡝ」。在詞首寫「ᡨᡝ」，詞中寫「ᡨ」，詞末寫「ᡨ」。如：ᡨᡝᡵᡝ（tere 住）ᠰᡝᡨᡝᡵ（seter）ᡝᠮᡨᡝ（emte 每個、各）。

表示「ti」音的例子不多，用蒙古文輔音字母「ᡨᡳ」來寫，如：ᡨᡳᠶᡝᠯᡳᠩ（tiyeling 鐵嶺）。

表示「to」音時，用蒙古文輔音字母「ᠣᠣ」來寫，在詞首寫「ᠣᠣ」，詞中寫「ᠥ」，詞末寫「ᠥᠣ」。如：ᠬᠣᠲᠣᠨ（hoton 城）、ᠲᠣᠹᠣᠬᠣᠨ（tofohon 十五）、ᠱᠣᠲᠣ（šoto 碩托）。

表示「tu」音時，用蒙古文輔音字母「ᠣᠣ ᠣᠣᠣ」。在詞首寫「ᠣᠣ ᠣᠣᠣ」、詞中寫「ᠥ」、詞末寫「ᠥᠣ」。如：ᠲᠤᠴᠢᠺᠧ（tucike 出）、ᠧᠲᠤᠺᠤᠢ（etukui 穿）、ᠤᠲᠲᠤ（uttu 如此、這樣）。

表示「tū」音時接用蒙古文輔音字母「ᠣᠣ」。在詞首寫「ᠣᠣ」、詞中寫「ᠥ」、詞末寫「ᠥᠣ」。如：ᠲᠦᠸᠠᠹᠢ（tūwafi 看、'觀）、ᠵᠣᠷᠢᠺᠲᠦ（joriktū 人名）。

10、「d」音

表示「da」音時，接用蒙古文輔音字母「ᠳ」。在詞首寫「ᠳ」，詞中寫「ᠳ」，詞末寫「ᠳ」。如：ᠳᠠᠬᠠᠪᠤᠹᠢ（dahabufi 歸降）、ᠨᠠᠳᠠᠨ（nadan）、ᠪᠤᠳᠠ（buda 飯）。

表示「de」音時，接用蒙古文輔音字母「ᠳ」。在詞首寫「ᠳ」，詞中寫「ᠳ」，詞末寫「ᠳ」。如：ᠳᠧᠣᠢ（deoi 弟弟）、ᠪᠧᠳᠧᠷᠧᠪᠤᠮᠧ（bederebume 歸還）、ᠢᠱᠤᠨᠳᠧ（ishunde 下，面）。

表示「di」音時，接用蒙古文輔音字母「ᠳ」。在詞首寫「ᠳ」，詞中寫「ᠳ」，詞末寫「ᠳ」。如：ᠪᠠᠨᠳᠢ（bandi）、ᠳᠠᠢᠳᠢᠩ ᠬᠠᠨ（daiding han 大定帝）。ᠳᠢᠶᠠᠴᠢᠨ（diyacin 名詞）

表示「do」音時，接用蒙古文輔音字母「ᠳ」。在詞首寫「ᠳ」，詞中寫「ᠳ」，詞末寫「ᠳ」。如：ᠳᠣᠪᠣᠷᠢ（dobori 夜）、ᠣᠺᠳᠣᠮᠧ（okdome 迎）、ᠲᠣᠨᠳᠣ（tondo 正、直）。

表示「du」音時，接用蒙古文輔音字母「ᠳ、ᠳ」。在詞首寫「ᠳ」，詞中寫「ᠳ」，詞末寫「ᠳ」。如：ᠳᠤᠢᠨ（duin 四）、ᠲᠤᠮᠧᠨ（tumen 萬）、（tuqihe 出）、ᠺᠤᠨᠳᠤᠯᠧᠴᠢ（kunduleci 尊敬）、ᠮᠧᠨᠳᠤ（mendu 名字）。

表示「dū」音的單詞不多，接用蒙古文輔音字母「ᠳ」。在詞首寫「ᠳ」、詞中寫「ᠳ」、詞末寫「ᠳ」。如：ᠳᠦᠷᠧᠩ（dūreng）。

11、「l」音

表示「la」音時，接音用蒙古文輔音字母「ᠯ」。在詞首寫「ᠯ」，詞中寫「ᠯ」，詞末寫「ᠯ」。如：ᠯᠠᠱᠠ（lasha 斷）、ᠢᠯᠠᠨ（ilan 三）、ᠠᠮᠠᠯᠠ（amala 後）。

表示「le」音時，接音用蒙古文輔音字母「ᠯ」。在詞首寫「ᠯ」、詞中寫「ᠯ」、詞末寫「ᠯ」。如：ᠯᠧᠬᠧᠷᠺᠢ（leherki 海獺）、ᠯᠧᠬᠧᠮᠧ（leheme 反悔）、

（beile 貝勒）、〜〜（juleri 前）。

表示「li」音時，用蒙古文輔音字母「〜」。在詞首寫「〜」、詞中寫「〜」、詞末寫「〜」。如：〜〜（liaohai 在遼河）、〜〜（jalin 爲、替）、〜〜（geli 還、再）。

表示「lo」音時，接音用蒙古文輔音字母「〜」。在詞首寫「〜」、詞中寫「〜」、詞末寫「〜」。如：〜〜（loosa 人名）、〜〜（tolome 數、計）、〜〜（dolo 內）。

表示「lu」音時，用蒙古文輔音字母「〜」。在詞首寫「〜」、詞中寫「〜」、詞末寫「〜」。如：（yaloha 騎）、（pinglubboi 平虜堡）、〜〜（malu 壇）。

12、「m」音

表示「ma」音時，接音用蒙古文輔音字母「〜」。在詞首寫「〜」，詞中寫「〜」，詞末寫「〜」。如：〜〜（manggi 之後）、〜〜（amasi 返回、往後）、〜〜（niyalma 人）。

表示「me」音時，接音用蒙古文輔音字母「〜」。在詞首寫「〜」，詞中寫「〜」，詞末寫「〜」。如：〜〜（meni 各自）、〜〜（seme 把……認爲、想）、〜〜（tumen 萬）。

表示「mi」音時，接音用蒙古文輔音字母「〜」。在詞首寫「〜」、詞中寫「〜」、詞末寫「〜」。如：〜〜（mime 我的）、〜〜（golmin 長）、〜〜（dumi 人名）。

表示「mo」音時，接音用蒙古文輔音字母「〜」。在詞首寫「〜」，詞中寫「〜」，詞末寫「〜」。如：〜〜（morin 馬）、〜〜（omosi 孫子）、〜〜（odomu 人名）。

表示「mu」音時，接音用蒙古文輔音字母「〜」。在詞首寫「〜」，詞中寫「〜」，詞末寫「〜」。如：〜〜（mucu 葡萄）、（hamuk 人名）、〜〜（emu 一）。

13、「c」音

表示「ca」音時，接用蒙古文輔字母「〜」。在詞首寫「〜」，詞中寫「〜」，詞末寫「〜」。如：〜〜（cahar 察哈爾）、〜〜（acabume）、〜〜（guwalca 瓜爾查）。

表示「ce」音時，接用蒙古文輔字母「〜」。在詞首寫「〜」，詞中寫「〜」，詞末寫「〜」。如：〜〜（ceni 你的）、〜〜（bucehe 死）、〜〜（ice 初）。

表示「ci」音時，接用蒙古文元輔字母「ㄞ」。在詞首寫「ㄞ」，詞中寫「ㄞ」，詞末寫「ㄞ」。如：ㄞㄞ（cimari 早）、ㄞㄞ（horcin 科爾沁）、ㄞㄞ（duici 第四）。

表示「co」音時，接用蒙古文元輔字母「ㄞ」。在詞首寫「ㄞ」，詞中寫「ㄞ」，詞末寫「ㄞ」。如：ㄞㄞ（cooha 軍、兵）、ㄞㄞ（oncohon 仰頭、驕傲）、ㄞㄞ（onco 寬、寬闊）。

表示「cu」音時，用蒙古文元輔字母「ㄞ」。在詞首寫「ㄞ」，詞中寫「ㄞ」，詞末寫「ㄞ」。如：ㄞㄞ（culgan 會盟）ㄞㄞ（gucube 隨從）、ㄞㄞ（encu 異、特殊）。

14、「j」音

表示「ja」音時，用蒙古文元輔字母「ㄞ」。在詞首寫「ㄞ」，詞中寫「ㄞ」，詞末寫「ㄞ」。如：ㄞㄞ（jacin 次）、ㄞㄞ（sunjaci 第五）、ㄞㄞ（sunja 五）。

表示「je」音時，用蒙古文元輔字母「ㄞ」。在詞首寫「ㄞ」，詞中寫「ㄞ」，詞末寫「ㄞ」。如：ㄞㄞ（jebeile 撒袋）、ㄞㄞ（ejen 主子）、ㄞㄞ（suje 綢緞）。

表示「ji」音時，用蒙古文元輔字母「ㄞ」。在詞首寫「ㄞ」，詞中寫「ㄞ」，詞末寫「ㄞ」。如：ㄞㄞ（jihe 來）、ㄞㄞ（benjihe 給予）、ㄞㄞ（taiji 臺吉）。

表示「jo」音時，用蒙古文元輔字母「ㄞ」。在詞首寫「ㄞ」，詞中寫「ㄞ」，詞末寫「ㄞ」。如：ㄞㄞ（jorgon 十二）、ㄞㄞ（boljofi 約定）。

表示「ju」音時，用蒙古文元輔字母「ㄞ」。在詞首寫「ㄞ」，詞中寫「ㄞ」，詞末寫「ㄞ」。如：（juwe 兩）、ㄞㄞ（ujui 頭、首）、ㄞㄞ（jakūnju 八十）。

表示「ya」音時，用蒙古文元輔字母「ㄞ」。在詞首寫「ㄞ」，詞中寫「ㄞ」，詞末寫「ㄞ」。如：ㄞㄞ（yaluha）、ㄞㄞ（niyalma）、ㄞㄞ或ㄞㄞ（aniya）。

表示「ye」音時，用蒙古文元輔字母「ㄞ」。在詞首寫「ㄞ」，詞中寫「ㄞ」，詞末寫「ㄞ」。如：ㄞㄞ（yehe）、ㄞㄞ（genggiyen）、ㄞㄞ（beye）。

表示「yi」音時，用蒙古文元輔字母「ㄞ」，其用法也與它相同。

表示「yo」音時，用蒙古文元輔字母「ㄞ」。在詞首寫「ㄞ」，詞中寫「ㄞ」，詞末寫「ㄞ」。如：ㄞㄞ（yoni 全）、ㄞㄞ（bayod 巴約特）、ㄞㄞ（ayo 恐）ㄞㄞ（kiyoo 橋）。

表示「yu」音時，在詞首寫「ㄞ」，詞中寫「ㄞ」，詞末寫「ㄞ」。如：

ᠳᠣᠳᠣᠮᠳᠣᠭ（yuwansuwai）、ᠳᠣᠳᠣᠪ（uyun）。

16、「r」音

表示「ra」音時，用蒙古文輔音字母「ᠷ」，多用在詞中和詞末。如：ᠪᠣᠷᠣ ᠷᠣᠪ（burakū 不給）、ᠴᠠᠷᠠᠪ（cara 杯）。

表示「re」音時，用蒙古文輔音字母「ᠷᠪ」，多用在詞中和詞末。如：ᠭ ᠭᠢᠰᠣᠷᠣᠪ（gisurefi）、ᠰᠣᠷᠣᠪ（sure）。

表示「ri」音時，用蒙古文輔音字母「ᠷ」，多用在詞中和詞末。如：ᠮᠣᠷ ᠷᠪ（morin）、ᠳᠣᠪᠣᠷᠪ（tobori）。

表示「ro」音時，用蒙古文輔音字母「ᠷ」，多用在詞中和詞末。如：ᠳᠣ ᠳᠣᠷ（doro）、ᠣᠵᠣᠷᠣᠪ（ojoro）。

表示「ru」音時，用蒙古文輔音字母「ᠷ」，多用在詞中和詞末。如：ᠭ ᠭᠣᠷᠣᠪ（gurun）、ᠭᠣᠷᠣᠪ（gūru）。

17、「f」音

表示「fa」音時，用蒙古文輔字母「ᠹ」。在詞首寫「ᠹ」，詞中寫「ᠹ」，詞末寫「ᠹᠪ」。如：ᠹᠠᠺᠣᠷ（fakūri）、ᠵᠠᠹᠠᠮᠪ（jafame）、ᠬᠣᠢᠹᠠᠪ（hoifa）。

表示「fe」音時，接用蒙古文輔音字母。在詞首寫「ᠹ」，詞中寫「ᠹ」，詞末寫「ᠹᠪ」。如：ᠹᠠᠵᠢᠯᠪ（fejile）、ᠠᠹᠠᠹᠠᠢᠷ（afafei）、ᠬᠢᠹᠪ（hife）。

表示「fi」音時。用蒙古文輔音字母「ᠹᠢ」表示，多用在動詞的過去型。

如：ᠵᠢ（jifi 來了）、ᠳᠣᠨᠵᠢᠹᠢ（donjifi 聽了）。

表示「fo」音時，接用蒙古文輔音 字母「ᠹ」。多用在詞首和詞中。如：ᠹᠣᠵᠢᠮᠪᠢ（fojimbi 上奏）、ᠳᠣᠹᠣᠬᠣᠨ（tofohon 十五）。

表示「fu」音時，接用蒙古文輔音字母「ᠹ」。在詞首寫「ᠹ」，詞中寫「ᠹ」，詞末寫「ᠹᠪ」。如：ᠡᠹᠣᠯᠠᠮᠪ（efuleme 破）、ᠹᠣᠵᠢᠰᠠᠪ（fojise 福晉們）、ᠹᠠᠹᠣᠪ（fafu 氈子）。

18、「w」音

表示「wa」音時，接用蒙古文輔音字母「ᠸ」。在詞首寫「ᠸ」，詞中寫「ᠸ」，詞末寫「ᠸᠪ」。如：ᠸᠠᠺᠠᠪ（waka）、ᠵᠣᠸᠠᠨᠪ（juwen）ᠭᠣᠸᠠᠪ（guwa）。

表示「we」音時，接用蒙古文輔音「ᠸ」，在詞首寫「ᠸᠠᠰ」字中寫「ᠸ」，詞末「ᠸᠪ」。如：ᠸᠠᠰᠢᠮᠪᠣᠬᠠᠨ（wesimbuhe 下）、ᠰᠣᠸᠠᠨᠢ（suweni 你的）、ᠵᠣᠸᠠᠪ（juwe

兩）。

19、「n」、「ng」

表示鼻音「n」時詞中寫「ᡳ」、詞末寫「ᠨ」。如：ᠨᡳᡴᠠᠨ（nikan）ᡝᠨᡩᡠᡵᡳᠩᡤᡝ（enduringge 聖）。

表示「ng」音時，接用蒙古文鼻音ᠩ、ᠩ字母。如：ᡨᠠᠪᡠᠨᠠᠩ（tabunang 女婿）、ᡠᠩᡤᡳᡥᡝ（unggihe 給予）。

三、初纂《太祖實錄》

自從崇德元年第一部《清太祖實錄》編纂完成到乾隆年間，《太祖實錄》經過幾個朝代，幾次修定，出現了不同名稱、不同文本。

最初一部《太祖實錄》在皇太極即位十年後的 1636 年寫成，但未能流傳至今。其內容、格式、體裁、書名到底如何？我們無法親眼目？學者們眾說紛紜，各持己見。概括起來有三種看法：一是文字本；二是圖畫本（每一幅畫上只有標題）；三是插圖本（文字敘述並配圖畫或圖畫兼文字本）。〔註 5〕這是對初纂《太祖實錄》眾多疑問當中關鍵的問題，也對甄別後來出現的各本間的異同有直接影響。

崇德元年確切編寫了一部滿、蒙、漢文字的《實錄》，漢文書名「太祖太后實錄」。滿洲文書名「dergi taidzu abkai hese-be alifi forgon-be mukdembuhe gurun-i ten-be fukjin ilibuha ferguwecuke gungge gosin hiyooxungga horonggo enduringge

---

〔註 5〕 該問題有幾種說法。徐丹俍在《〈努兒哈赤實錄〉考源》中認為，天聰九年完成的是圖畫本，沒文字內容。天聰九年（1636）之「太祖實錄圖」與崇德元年（1636）之《太祖武皇帝實錄》應為皇太極時為其父親纂修實錄的同一過程，亦為同一成果。《滿洲實錄》所據祖本，即所謂「盛京舊本」，就是乾隆朝尚保存在乾清宮內的努兒哈赤實錄的最初纂修本——《太祖武皇帝實錄》。從兩部實錄同時告竣來看，應是同一實錄館所為。而最初之滿、蒙、漢三體文字合璧之插圖本《太祖、太后實錄》，亦應與《太宗實錄》整齊體例而去圖、去太后題簽之附，改滿蒙漢合璧為分膳三部。而今西春秋則認為是文字圖畫兼本。另松村潤在《清太祖實錄研究》中指出：最早完成的《太祖實錄》應為《舊滿洲檔》中所說崇德元年（1636）十一月十五日告竣的「dergi taidzu, abkai hese be alifi forgon be mukdembuhe, gurun i ten be fukjin ilibuha, ferguwecuke gungge gosin hiyooxungga horonggo enduringge hūwangdi, dergi taiheu gosin hiyooxungga doro de akūmbuha, ginggun ijishūn hūturingga eldengg hūwangheu i yabuha yargiyan kooli」《上太祖承天廣運聖德神功肇紀立極仁孝武皇帝、上太后孝昭憲純德貞順成天育聖皇后實錄》。

hūwangdi dergi taiheu gosin hiyoošungga doro-de akūmbuha, ginggun ijishūn hūturingga eldengge enduringge hūwangheu-i yabuha yargiyan kooli」。〔註6〕

那麼初纂《太祖實錄》到底是怎樣的本子？是文字本，還是圖畫本或插圖本？先看看與圖畫有關係的史料記載。

《無點圈文檔·天聰九年檔》八月八日條：「tere inenggi, sure han nenehe genggiyen han-i yabuha kooli bithe-be juwe howajan jang jiyan, jang ing kūi-de niru seme afabuha weile-be nirume wajiha sain seme, jang jiyan-de emu juru niyalma, emu ihan ing kūi-de emu juru niyalma šangnaha.」意爲：「那天，聰睿皇帝稱讚了據先英明汗所行實錄完成畫圖任務的張儉、張應魁，賞賜張儉一對人、一頭牛，張應魁一對人。」

《太宗實錄》卷二五：「天聰九年（1635）八月乙酉，畫匠張儉、張應魁恭繪太祖實錄戰圖成。賞儉人口一戶，牛一頭；應魁人一戶。」

《滿洲實錄》卷末有乾隆皇帝《敬題重繪太祖實錄戰圖八韵》詩注，云：「實錄八冊，乃國家盛京時舊本，敬貯乾清宮，恐子孫不能盡見，因命依式重繪二本，以一本貯上書房，一本恭送盛京尊藏，傳之奕世，以示我大清億萬年子孫，毋忘開創之艱難也。」

《國朝宮史續編》、《高宗實錄》等均有記載，按這些記錄，崇德年間原先完成了一部《實錄》爾後，在天聰九（1635）年畫了一部「nenehe genggiyen han i yabuha kooli（先英明汗實錄）」圖。這樣 1632～1636 年間完成了有關太祖實錄的文字和圖畫的兩種內容。不是單一圖畫，也不是單一文字內容。但把這些文字內容和圖畫怎麼處理，並沒有說。尤其圖畫放在什麼地方、有何用處也沒有說。

有一份史料，是過去人們研究《太祖實錄》的時候未曾注意的。這段文字記錄反映當時滿洲上層意識形態狀況或生活習俗。

中國第一歷史檔案館藏《滿文國史院檔》卷號 001，冊號 2，共 35 頁。封面寫：「nenehe genggiyen han-i sain kooli〔註7〕 uheri juwan nadan debtelin」（可譯爲：先英明汗實錄全十七卷）。第 2～34 頁是《太祖實錄》從三仙女神話故事到 1594 年的內容。第 35 頁全文依原行次抄寫如下：

〔註6〕 《舊滿洲檔》5229 頁。對初纂《太祖實錄》本，看第二章有關內容。
〔註7〕 《實錄》當時稱「sain kooli」後來定爲「yargiyan kooli」。

行	原　　文
1	aniyai fe yamji booi taibu-de latubure hoošan nirurede: 年的　舊　夜晚　家的　梁　在　貼　紙　　將要畫時
2	ere taibu-de latubure ho〔o〕šan-de gabtaha niyamniyaha dain-de afaha-be ume 這　梁　在　　將要貼　紙　於　　射了　馬上射箭了　　打 仗　於　攻打把　不
3	nirure: julgei sain kooli han amban-i yabuha jabšaha ufaraha babe niru seme 將要畫　古代的　好的　典範　汗　大臣　的　做了的　得到的　失去的 地方把　畫畫　云
4	〔hendu〕he manggi: hūwajase bithe boo-i ambasai jakade jifi 說了　以後畫匠們　文書　館　的　大臣們的　旁邊　來了
5	〔hen〕duhe gisun-be alaha:bithe-i ambasa dahai ujulefi hebedefi di jiyan tu sere: 說了的　話　把　告訴了文書的　大臣們　大海　帶頭 商量　帝　鑒　圖　將說
6	〔han〕-i bulekui nirugan-i bithe-be baibi juwete dai sunja hoošan-de baitangga sain 汗的　鏡子的　圖畫的　文　把　只是各二〔部〕大　五　紙　在 有用的　好的
7	bade nirufi latubuha: han tuwaci ulhirakū nirugan-i fejile bithe ara seme 地方在　畫了貼上了　汗　如果看　不曉得　圖畫　的下面文　寫 云云
8	jušen bithe arabuha: 諸申　文字　使寫了

譯成漢文：

> 除夕之夜，在往房棟梁貼紙上畫的時候，「房梁貼的畫，不要畫騎射
> 作戰之圖，要畫古優秀事例，汗、大臣得失行爲」，這樣說了之後，
> 眾畫匠來到文房大臣處，將上述之語告之。文館大臣達海爲首商量，
> 定爲帝鑒圖。帝所鑒之書中圖，找出有益之兩部，畫於大五張紙之
> 恰好之處並貼好。汗視之，不領其意，囑咐畫之下寫其意文。遂寫
> 了諸申文。

這是一段《清太祖實錄》稿本中的內容。這一稿本是到目前爲止所發現的《清
太祖實錄》稿本中最早的一本，屬順治年間編寫。有人認爲〔註8〕它就是滿文
《武皇帝實錄》的稿本，稿本中沒有畫。它所反映內容應該是天聰年間的事。

〔註8〕　〔日〕松村潤：《清太祖實錄研究》，《史學雜誌》83 卷 12 號，1974 年。

天聰年間滿洲上層以「古優秀事例，汗、大臣得失行爲畫」來宣傳、鼓勵滿洲人志氣。努爾哈赤本人常以過去汗、皇帝得失爲鑒，警示自己要求別人。作爲努爾哈赤的後代，愛新國統治者，畫出一部「實錄圖」來教育子孫，以鼓舞號召滿洲人，再合適不過了。所以，《實錄》圖，就是盛京時以《太祖實錄》爲題材的一部圖畫本。

初纂《太祖實錄》的資料大部來自於《舊滿洲檔》。《舊滿洲檔》（太祖部分）對於《太祖實錄》不僅是提供資料來源，而且《舊滿洲檔》中有些內容專爲編寫《太祖實錄》而形成的。以《舊滿洲檔》1513～1595 頁重寫內容爲例。有幾個特點：（一）內容比原寫少，如：1623 年正月《舊滿洲檔》原寫內容有 33 項，而重寫內容中只有 12 項。（二）所寫內容、日期非常清楚整齊。（三）所用文字由古文和點圈文字混合寫。那麼它大概是 1632～1636 年間形成。崇德元年完成《太祖實錄》比現存所有《太祖實錄》內容應該要多。它不同於後來所有文本《清太祖實錄》的內容和格式。所以初纂《太祖實錄》和順治以後的《太祖實錄》的各種修本應有大的區別。

再者，《舊滿洲檔》有些內容段上寫有「ara」（要寫）「ume ara」（不要寫）等字樣。而且，帶有這些字樣的內容不影響它重寫內容，斷定它是對《舊滿洲檔》內容挑選的結果。就是爲了寫《實錄》挑選或準備的內容。

對《滿洲實錄》及其 82 幅插圖，有些學者認爲，它是初纂《太祖實錄》或初纂《太祖實錄》的修改本。但沒有一個可靠證據使我們相信這些說法。那麼初纂《太祖實錄》與《武皇帝實錄》、《滿洲實錄》間的到底有什麼樣關係？這也是分清各本間的特點，尤其分清初纂本的特點所有利的考證。

第二節　初纂《太祖實錄》與《武皇帝實錄》、《滿洲實錄》的關係

乾隆時抄寫《滿洲實錄》時出現「實錄八冊」、「太祖實錄戰圖」、「開國實錄」等稱法，出現與「圖」有關詞語。所以，這本《滿洲實錄》與實錄和戰圖都有關係。而且它是「乃國家盛京時舊本」，和崇德年間編纂的《太祖實錄》肯定有什麼關係。《滿洲實錄》體例是在文字敘述配相應故事的插圖，這應該乾隆年間編繪時的所定。

根據既往的研究，《滿洲實錄》內容、詞彙、有些名字跟順治年間滿文《太祖武皇帝實錄》完全一樣。《滿洲實錄》的語法和書寫更反映規範以後的新滿

文的語法。而滿文《武皇帝實錄》則保持著古滿文的一些語法和書寫形式。如《滿洲實錄》「ba-de」，《武皇帝實錄》連寫作「bade」；《武皇帝實錄》「genggiyen han」，《滿洲實錄》寫「manjui genggiyen han」，增加了 manjui（滿洲的）等。〔註9〕如：「盔甲」的「甲」《武皇帝實錄》寫「uksin」，《滿洲實錄》寫「ugsin」。「逃」《武皇帝實錄》寫「burlaha」，《滿洲實錄》寫「burulaha」。那麼這部文字配圖的《滿洲實錄》是怎樣形成的？它為什麼和順治朝《武皇帝實錄》那樣相似？

今天《滿洲實錄》共有 82 幅插圖，幾乎都與太祖戰爭有關的圖，而看不到外交、重大政治活動的畫面。這跟稱「戰圖」相吻合。82 幅中有 8 幅表現三仙女下凡創造滿洲祖先的故事。這個故事採自天聰九年五月初六歸附愛新國的呼爾哈（hūrga）部一個叫穆科希克（muksike）的人的口述，順治年間編寫《實錄》時作為滿洲人起源神話寫進來的。順治年間編寫這部神話時的底稿，1986 年在中國第一歷史檔案館找到。〔註10〕這樣《滿洲實錄》表現這個神話故事的 8 幅圖可以確定是順治年間作的，其它圖畫為張氏父子在崇德年間所作。順治時期對《太祖實錄》進行大改時，戰圖也添加了新內容。乾隆時幾乎原封不動地把圖畫和文字作重繪重抄，只少量名詞、助詞寫法用了新滿文文法。乾隆皇帝在《滿洲實錄》末尾附《敬題太祖實錄戰圖八韻》：「實錄八冊，乃國家盛京時舊本，敬貯乾清宮。因命依式重繪二本，以一本貯上書房，一本恭送盛京尊藏。傳之奕世，以示我大清億萬年子孫，毋忘開創之艱難也。」對這部《實錄》已經起名為《滿洲實錄》，區別於《太祖實錄》。這裏說的「實錄八冊」，可以斷定是天聰九年所畫的《實錄》畫和順治年間編寫的《武皇帝實錄》的內容的結合本。

對幾個不同本《滿洲實錄》進行比較，同一主題中的插圖人物相貌、動作互有差異。這是《滿洲實錄》是從其它畫本中畫下來的原因。

因為曾經有過初纂《實錄》本和插圖本的存在，所以今天給我們留下了不同時代編修的《武皇帝實錄》和《滿洲實錄》兩種不同風格的《太祖實錄》本。二者中滿漢文內容和文字相同，其史料價值可以相提並論。

〔註9〕 三田村泰助：《清太祖実録のテキス》（《清朝前史の研究》）；今西春秋：《皇帝実録の原典》（《東西学術研究所論叢四十》関西大学東西学術研究所 1960年）等文章也提到類此的問題。

〔註10〕《滿文內國史院檔》卷號 001、冊號 2，中國第一歷史檔案館所藏。

後來雍康時期只重修《太祖實錄》，對《滿洲實錄》未加以重修。因爲《太祖實錄》才是《太祖實錄》祖本，《滿洲實錄》只不過爲《實錄戰圖》的演變而已。甚至乾隆起名《滿洲實錄》以前，人們對它沒太注意，乾隆重抄時仍保存著順治年代原貌。在這點上松村潤的看法是肯定的。他認爲《滿洲實錄》是乾隆年間基於乾清宮藏舊本即崇德初纂《太祖太后實錄》本重繪寫的。但不是照搬繪寫崇德初纂本的內容，而是幾乎依據了順治重修本的內容。很明顯沿襲了順治重修本改寫過的開國紀的記載。甚至人名、地名等固有名字的漢字表記上比乾隆重修《高皇帝實錄》更新，與乾隆五十一年（1786）完成的《開國方略》一致。在滿文綴字法上同樣與在乾隆年間重抄《舊滿洲檔》的《滿文老檔》綴字法一致。只是卷數上依據了崇德初纂的滿文本八卷八冊的樣式。〔註11〕

順治年間，因多爾袞修《太祖實錄》時，先是取掉對他母親不利的內容，同時還應取掉努爾哈赤的「戰績圖」，不久多爾袞死，未能按他意圖修成《太祖實錄》。修《太祖實錄》工作重新回到原樣。這樣，還是要修一部帶插圖《實錄》嗎？我覺得這種可能性不大。況且，到目前爲止未曾見到記載，說順治年間曾修過《滿洲實錄》這樣一文字和圖畫結合的本子。現所有記錄把《太祖實錄》放在首要地位。《滿洲實錄》乾隆朝進行修補後才成爲今天的模樣，即82幅圖和滿、漢、蒙文三體合璧。而今乾隆本以外還有一本曾藏在盛京崇謨閣。據今西春秋說〔註12〕該《滿洲實錄》，全八冊被分裝兩函，正文分上下兩段，上段是滿文，下段是漢文，每面有九行字。文中有繪畫，全部86幅圖畫在各卷的開頭。這也許是順治年間編寫的《滿洲實錄》本，從這本《太祖實錄》的格式看，當時它的圖畫都放在各卷的開頭，不是根據情節來確定插圖的位置。很明顯是把圖畫和文字組合在一起的結果。到乾隆時才成爲內容情節相應的本，今天所見的文本樣。

概括起來，初纂本《太祖實錄》是文字本，在編寫過程中天聰皇帝命令張儉和張應魁畫了一部《太祖戰績圖》冊。這個圖冊到順治時成爲《滿洲實錄》的前身及圖畫和滿文《武皇帝實錄》的合併本。到乾隆時候才成爲我們今天能夠看到的帶82幅畫，滿、漢、蒙三種文字的本子，內容則與順治年間修撰的《太祖武皇帝實錄》一樣。

〔註11〕參見松村潤《清太祖實錄研究》，《東北アジア文獻研究叢刊》2，2001年。
〔註12〕今西春秋譯：《滿和蒙對譯滿洲實錄》'前言'。刀水書房，1992年2月。

第三節 《太祖實錄》其它文本的編纂概況及相關問題

一、《太祖實錄》編纂過程

清朝十一位皇帝有《實錄》，其中開國皇帝努爾哈赤《實錄》共經歷崇德朝、順治、康熙、雍正、乾隆等五個朝代的編寫、修繕，留下不同時代的不同文本。這些本子有的失傳，有的散落它處。

大概 1632～1636 年間，剛林和希福主持完成第一部《太祖實錄》。據《舊滿洲檔》崇德元年（1636 年）十一月十五日記載，這部初纂本《太祖實錄》稱「太祖太后實錄」。或稱作《dergi taidzu abkai hese-be alifi forgon-be mukdembuhe, gurun-i ten-be fukjin ilibuha, ferguwecuke gungge gosin hiyooŝungga horonggo enduringge hūwangdi, dergi taiheu gosin hiyooŝungga doro-de akūmbuha, ginggun ijishūn hūturingga eldengge enduringge hūwangheu-i yabuha yargiyan kooli》。漢譯應作《上太祖承天廣運聖德神功肇紀立極仁孝武皇帝、上太后孝慈昭憲純德貞順成天育聖皇后實錄》。但這初纂本《太祖實錄》沒能流傳下來。

順治年間兩次修《太祖實錄》。先是，多爾袞執政時期修寫《太祖實錄》。目的是否定太宗皇帝為愛新國的合法繼承人的說法。二是去掉在《實錄》中貶低自己母親的有關內容。〔註13〕可是 1650 年多爾袞死去，剛林被殺，《實錄》未能按其意圖成書。實錄館的筆帖式重新編修《實錄》，1655 年完成。算上多爾袞的修改，順治朝兩次修《實錄》，共用六年（1649～1655）時間。全稱為《大清太祖承天廣運聖德神功肇紀立極仁孝武皇帝實錄》（23 字），滿洲文稱「daicing gurun-i taizu horonggo enduringge hūwangdi yargiyan kooli」或稱

〔註13〕《實錄》有段內容是記錄著多爾袞生母內容：「帝後原係夜黑國主楊機奴貝勒女，崩後，復立兀喇國滿泰貝勒女為後。後饒丰姿，然心懷嫉妒，每致帝不悅。雖有機變，終為帝之明所制。留之恐後為 國亂，預遺言於諸王曰，俟吾終，必令殉之。諸王以帝遺言告後，後支吾不從。諸王曰，先帝有命，雖欲不從，不可得也。後遂服禮衣，盡以珠寶飾之，哀謂諸王曰，吾自十二歲事先帝，豐衣美食已二十六年。吾不忍離，故相從於地下。吾二幼子多兒闊、多躲當恩養之。諸王泣而對曰，二幼弟吾等若不恩養，是忘父也，豈有不恩養之理。於是，後於十二日辛亥辰時自盡，壽三十七。乃與帝同柩。巳時出宮，安厝於瀋陽城內西北角。又有二妃阿跡根、代因紫亦殉之。」日本學者松村潤在它的《太祖實錄研究》中已經探討過此事，多爾袞修改《實錄》時去掉類此對他母親不利內容。

「大清太祖武聖皇帝實錄」。滿、漢、蒙三種文字,每部四卷。按當時慣例,每一次編纂完一部《太祖實錄》,都貯藏在北京和盛京兩地,稱大黃綾本和小黃綾本。順治朝這本《太祖實錄》的滿文本稿本和抄本藏於北京第一歷史檔案館、北京圖書館、遼寧省檔案館、臺北故宮博物院等地。其中滿文《武皇帝實錄》稿本藏於北京第一歷史檔案館,北京圖書館本和臺北本是抄寫本。漢文稿本和寫本共三部十二冊,貯藏在臺北。〔註14〕蒙古文本到目前為止還沒有發現。漢文《武皇帝實錄》民國二十一年(1931年)在北平排版印行。凡五十三頁,每頁十四行,每行三十五個字,卷末附勘誤表。民國五十八年(1970年)〔註15〕由臺北臺聯國風出版社影印出版。

康熙元年(1662)四月改太祖諡號,康熙二十一年一月特開局,重修《太祖實錄》,二十五年(1682)二月完成。稱《大清太祖承天廣運聖德神功肇紀立極仁孝睿武弘文定業高皇帝實錄》(29字),滿文「daicing gurun-i taizu, abkai hese-be alifi, forgon-be mukdembuhe, gurun-i ten-be fugjin ilibuha, ferguwecuke gungge, gosin hiyoošungga, horonggo enduringge, šu-be iletulehe, doro-be toktobuha, genggiyen erdemungge dergi hūwangdi-i yargiyan kooli」,比順治年修《太祖實錄》多出「睿」、「弘文」、「定業」、「高」等六個字。共八卷。滿文本藏在中國歷史第一檔案館。漢文抄本《高皇帝實錄》,包括太宗朝實錄抄本後流傳至在日本。蒙古文本還未發現。其特點為,把年月日改為干支法,在月初補上朔望,這次修改雖以模仿先前完成的重修《太宗實錄》體例為目的,但在人名、地名等固有名詞的漢字表記方面與《武皇帝實錄》有明顯不同。

到雍正年間,因前三朝實錄內「人名、地名字句,與聖祖仁皇帝實錄未曾畫一」〔註16〕而又重修。但這部《太祖實錄》最後完成的年代為乾隆四年,所以稱乾隆本。全稱:《大清太祖承天廣運聖德神功肇紀立極仁孝睿武端毅欽安弘文定業高皇帝實錄》(33字),十卷,比康熙本多「端毅欽安」四個字。簡稱「清太祖高皇帝實錄」。大概乾隆皇帝有旨,〔註17〕乾隆朝以後,愛新氏

〔註14〕臺北國家圖書館藏《太祖實錄》共編號為 a A1(卷一)A2(卷二)A3(卷三)A4(卷史) b A5(卷一)A6(卷二)A7(卷三)A8(卷四)c A9(卷一)A10(卷二)A11(卷三)A12(卷四)。其中 A2、A3、A4、 A9 是正本,其餘是抄本。

〔註15〕一九七〇年臺灣故宮博物院在「故宮秘笈選萃」第一中,將所藏之一部漢文寫本《太祖武皇帝實錄》影印出版。徐丹俍:《努爾哈赤實錄》考源。

〔註16〕《世宗實錄》雍正十二年十二月庚子。

〔註17〕《大清高宗法天隆運至誠先覺體元立極敷文奮武孝慈神聖純皇帝實錄》卷七

子孫停止了《太祖實錄》的繕修工作。乾隆朝《太祖實錄》滿、漢、蒙文本兩部正本當時藏在內閣庫和崇謨閣，今藏中國歷史第一檔案館和遼寧省檔案館。據松村潤說，漢文本是從《武皇帝實錄》滿文本直譯出來的，文體樸素，滿文本是康熙本的重修，但沒有大的變化。乾隆朝漢文內閣庫本（中國歷史第一檔案館）中華書局 1986 年《太祖高皇帝實錄》為名影印出版。遼寧省檔案館本（崇謨閣本）民國 27 年（1938 年）僞滿政府以《大清歷朝實錄》影印出版，民國五十八年（1969 年）臺灣華文書局以《大清太祖高皇帝實錄》名再出版。其中臺灣文海書局在《近代中國史料叢刊續編》中又出版了乾隆朝修《太祖實錄》本，起名爲《清太祖努爾哈赤實錄》。

此外還有一部《太祖實錄》，叫《滿洲實錄》。有關它問題已經在上面提到。每頁分滿漢蒙三種文字寫成，有 82 幅畫。〔註 18〕1969 年臺灣華文書局據僞滿影印崇謨閣本出版《滿洲實錄》。1986 年中華書局影印出版內閣本《滿洲實錄》。此外，在盛京崇謨閣藏有滿漢兩種文合璧本《滿洲實錄》，有 83 幅畫。

二、努爾哈赤姓氏

《太祖實錄》中記載著努爾哈赤姓愛新覺羅。在滿文中「愛新」（aisin）為」金子」的意思，覺羅（giro）爲「姓氏」的意思。《太祖實錄》對努爾哈赤姓氏來歷記得不那麼清楚。據實錄等清朝早期文獻記載是下凡天三女季女佛庫倫所生布庫哩英雄，布庫哩雍英雄子范嗓，范嗓子孟特木，孟特木子充善、除烟；充善子拖落、脫一、石報古；石報古子福滿；福滿子德石庫、劉撬、曹常剛、覺常剛、豹郎剛、豹石；覺常剛子李敦、厄裏滾、界坎、塔石；塔石子努爾哈赤〔註 19〕。

由於文獻記錄有限，弄清早期女眞祖先詳情比較難。但據相關的文獻的記錄，建洲女眞中沒有稱姓愛新（金）的貴族。看來所謂的愛新（金）是後

十八。乾隆三年，戊午，癸未「……後世子孫不得援以爲例。著內閣將朕此旨。謹記檔冊。」

〔註 18〕臺灣印《滿洲實錄》共 82 幅畫。而中華書局（1986）印本中 81 幅畫，少『太祖克多壁城』這幅畫。

〔註 19〕這些名字是依據《太祖武皇帝實錄》寫；另《大清太祖高皇帝實錄》中對些名子寫法不同。布庫哩雍順子範察；范察子孟特穆；孟特穆子充善、褚宴；充善子妥羅、妥義謨、錫寶實齊篇古；錫寶實齊篇古子福滿；福滿子德石庫、劉闡、索長阿、覺昌安、包郎阿、實寶；覺昌安子禮敦巴圖魯、額爾袞、界堪、塔克世；塔克世子努爾哈赤。

—146—

來編造的姓氏。其原因只不過兩個方面；一是歷史上的所有的統治者認爲自己是天子，金枝玉葉。另一個是努爾哈赤自己稱作姓金是表明自己就是夕日金王朝的繼後代；在女眞各部中應該做皇帝尋找理由而已。於是他當皇帝之後，國號也稱做愛新（金）。

建洲衛建立在永樂元年十一月，初阿哈出任爲軍民指揮使，統領該衛。永樂八年（1403 年）阿哈出子史家奴任都指揮僉使，統領該衛。〔註 20〕孟和鐵木（或孟特木）原不在建洲衛，是從元朝延續下來的奧都林衛首領。因內部發生矛盾才遷到建洲衛裏來。永樂八年（1410 年）史家奴（後改稱李顯忠）成都指揮，十一月孟和鐵木成指揮使，並且兩人還一起去過北京朝觀。〔註 21〕後來建洲衛分爲東西兩衛，孟和鐵木的官銜升到了都督職位。努爾哈赤承認自己是孟和鐵木的後代，這和《明實錄》、《李朝實錄》的記錄吻合。建洲衛孟和鐵木不是姓金，而且奧都林衛的官員中沒有姓金的人。可是，孟和鐵木姓佟（或寫童）是眞事，朝鮮和明代文獻中經常稱爲佟孟和鐵木，甚至努爾哈赤也稱佟努爾哈赤。著名的滿學家王鍾翰先生曾說過：「建洲衛都指揮使孟和鐵木是……努爾哈赤及清朝奠基者太祖的六祖父」。〔註 22〕

三、努爾哈赤祖先發祥地布庫哩湖

《太祖實錄》記載努爾哈赤的祖先布庫裏雍順（布庫哩雍英雄）是在日出方向的布庫哩山下布庫哩湖裏來洗浴天女所生。〔註 23〕於是很多學者搜索著布庫裏山、布庫裏湖在何方，布庫哩雍順是何地人，尋找藏在原始思維中的眞實事情。

日本學者松村潤在他的《清太祖實錄研究》中考證了布庫哩山、布庫哩湖在什麼地方。他根據《舊滿洲檔》天聰九年五月記錄：「初六日。出征黑龍江一帶呼爾哈部諸臣，以招降攜來官員人等朝見汗，……有名穆希克者告稱：‘我祖父時居布庫裏山下布庫裏湖。在我處無記載，相傳有天女三；恩古倫、正古倫、佛古倫，浴於布庫裏湖。季女佛古倫得神鵲所送朱果銜口中，不意

〔註 20〕《明實錄》永樂八年。

〔註 21〕《明實錄》永樂十一年冬十月。

〔註 22〕朝鮮《李朝實錄》中的女眞史料選編。一九七九年。遼寧大學歷史系。

〔註 23〕漢文《太祖實錄》寫「滿洲源流滿洲原起於長白山之東北……」，而滿文中《太祖實錄》寫「manju gurun i da golmin šanggiyan alin i šun degdere ergi bohori gebuen……」意爲「滿洲源流滿洲原起於白山之日出方向……」。

吞入腹中成孕，生布庫哩雍順，其同族系滿洲國人矣。布庫裏湖，周百里，距黑龍江一百二三十里。我有二子，後自布庫裏湖移至黑龍江納爾渾地方居住。'」〔註24〕指出布庫裏山、布庫裏湖在東北黑龍江一帶。就是金梁著《清內府一統輿地秘圖》或《盛京吉林黑龍江等處標注戰績圖》中所指的黑龍江附近 bukūri alin（布庫裏山）bukūri omo（布庫裏湖）。他還依據從北京故宮發現的有關天三女資料，指出《太祖實錄》中的有關滿洲人祖先布庫裏雍順及其後代的傳說應在順治時期修時添加。松村潤的研究可以說是反映當今研究《太祖實錄》的最高水準，可是把努爾爾哈赤的祖先的起源瑣定在東北黑龍江一帶，這和《元史》、《明實錄》裏提到的奧都林的地理位置和衛猛和鐵木的身份不符。

　　按《太祖實錄》的說法從日出方向也有人尋找布庫哩湖的位置。比較典型的有董萬侖先生的研究。他依據《五體清文鑑》、《舊唐書》等書籍探討了布庫哩湖在何處。布庫裏是滿語名詞「bulhuri」，而「bulhuri」的原型爲動詞「bulhūmbi」。從動詞「bulhūmbi」變爲名詞「bulhuri」時按滿文語法規律「mbi」變爲「ri」。長白山的日出方向的鏡泊湖在唐朝時稱爲「忽幹海」，女真人稱爲「birdan」湖。日本人寫《滿洲歷史地理》一書中稱鏡泊湖爲「birdan」湖。「bulhuri」和「birdan」是同義詞。「birdan」一詞在《清文彙書》中解釋爲「澤」，它的動詞基本型爲「biltembi」。《五體清文鑑》地與類中「biltembi」解釋爲「水泛溢」。「birdan omo（湖）」在滿文中稱做「bilten omo（湖）」是沒有錯誤的。女真——滿是「bilten omo（湖）」，即「鏡泊湖」。指出布庫哩湖就是「鏡泊湖」。以上提到的兩種觀點各有他道理，但完全揭開這部傳說也許是永遠是個迷。

　　《太祖實錄》所反映愛新家族的先起源問題不可靠，可是作爲歷史的記憶它所反映的社會問題我們不能完全否定。自古以來女真人活動在東北，在常年的生存過程中結合本地區的自然和生活環境編造出與有關自身發展的傳說是符合人類發展的規律。女真人也好滿洲人也好它們從未忘記它們對家鄉的山水的記憶。《金史》中說「女直地有混通江、長白山，混通江亦號黑龍江；所謂〈白山、黑水〉也」。〔註25〕後來的清王朝在編寫《滿洲源流》、《開國方

〔註24〕《舊滿洲檔》天聰九年五月六日，臺灣故宮博物院影印，1969 年。中國第一歷史檔案館《入館前内國史院滿文檔》天聰九年五月六日，光明日報社出版，1986 年。

〔註25〕《金史》本紀第一。

略》等重要的國書時又把滿洲人的起源與長白山及其流出的混同江、鴨綠、愛浮河聯繫到一起。一方土地養一方人，白山黑水的自然條件在女眞——滿洲人成長過程中作用不可否定。依據家鄉的山水創造出對祖先追憶的神話是後人對前輩們的一種敬重，傳說畢竟是傳說。

四、滿洲國稱號

　　清朝開國初期名稱爲「aisin gurun」，金國。1636 年太宗皇帝把國號改爲「清」，開始了「大清國」的稱號。同時也另出現了「滿洲」或「滿洲國」之稱，也影響了《太祖實錄》多個文本。那麼「滿洲」什麼意思？何時間開始使用？

　　太宗皇帝曾經說過：「我國原有滿洲、哈達、吳喇、葉赫、輝發等名。乃無知之人往往稱爲諸申。夫諸申之號乃席北超墨根之裔，實與我國無涉。我國建滿洲，統緒錦遠，相傳奕世。自今以後，一切人等，止許稱我國滿洲原名，不得仍前忘稱。」〔註26〕「諸申」是早期漢文記載中對「女眞」人的稱呼。其古語音爲「jūjen」或「jujen」，與「女眞」同音的不同寫法。「女眞」一詞古音不叫「nu zhen」，而叫「jujen」，蒙古語至今仍保持「jūrcin」或「jurjin」的叫法。除「r」輔音在漢語中發不出來以外，「jusen」、「jujen」、「jurjin」（jurcin）三者發音上基本相同，凡指東北女眞族的不同時期的稱呼。而「席北超墨根之」應該「席北」和「超墨根」。「席北」指「錫伯」族人，女眞人的一種。「超墨根」應該是契丹的後裔。顯然皇帝說的這番話沒有科學依據，也沒說明問題。

　　清康熙年間阿桂編寫了《滿洲源流考》，書中寫到「我國家肇基於東，故西藏每歲獻丹書，皆稱曼珠師利大皇帝，至今漢字作滿洲者，蓋因洲字義近地名、假借用之，遂相沿從俗云。……」這是清朝官方解釋，但人們似乎不甘心阿桂的解釋，尋找各種各樣的理由來嘗試著各自的解釋。如：早期建洲女眞頭目「李滿住」演變而來；部落名「珠申」變「滿珠」、」滿珠」變「滿洲」；地名「婆猪」演變而來等……。筆者認爲「滿洲」一詞來自佛教名稱有關係。女眞人在其強盛過程中除了武力征服以外，宗教、婚姻等多中手段的來宣傳自己、籠絡各方人士。「曼珠師利」佛名，他是控制智慧的最

〔註26〕《大清太宗應天興國弘德彰武寬溫仁聖睿孝敬敏昭定隆道顯功文皇帝實
　　　　錄》。康熙本卷二十五。

高佛神。清初皇帝們自認爲神仙般智慧或聰明過人。爲此讚揚太祖謀略和太宗過人聰明例子在清初滿蒙檔案文獻中比比皆是。尤其在早期滿蒙關係中，蒙古人把太祖稱爲「gegen qaɣan」明睿皇帝或「čečen noyan」聰明首領；把太宗稱爲「čečen qaɣan」聰明皇帝等等。後來直接稱做「曼珠汗」（滿洲汗）或「曼珠師利汗」。而後來這一稱呼變爲蒙古王公對清皇帝的官方場合一種公開稱法，〔註27〕由此也誕生了稱呼一個國家的名稱。

第四節　《滿文老檔》的編寫概況

《滿文老檔》是乾隆年間抄寫《舊滿洲檔》後出現的稱呼，共有七部。貯藏在北京和盛京等地〔註 28〕，有內閣本，上書房本，崇謨閣本。從上面的比較來看內容上與《舊滿洲檔》確有區別。所以，二者不能相題並論。

《舊滿洲檔》在清朝乾隆朝共三次抄寫。最初因爲這本檔案年久破損嚴重而必須抄寫加以保護。於是乾隆四十年（1775）二月十二日，軍機大臣奏：「內閣大庫恭藏無點圈老檔，年久糟舊，所載字畫，與現行清字不同。乾隆六年奉旨照現行清字纂成無點圈十二字頭，以備稽考。但以字頭釐正字迹，未免逐卷翻閱，且老檔止此一分，日久或致擦損，應請照現在清字，另行音

〔註27〕據《十七世紀蒙古文文書檔案》、《清初內國史院蒙古文檔案彙編》、《清內閣蒙古檔堂檔》等檔案文獻記錄 1628 年天聰年間的時候開始有零星的「曼珠」（manju 滿洲）的稱呼。而康熙朝時候把清朝皇帝直接稱做「曼珠師利汗」（manǰu siri qaɣan）。

〔註28〕上面所說的各抄本中，上書房本的下落不明以外，它其 7 本（草本和正本、副本共）本，今分別貯藏在中國大陸瀋陽、北京等地。
《無圈點老檔》（底本），又稱草本，一百八十冊，原藏在北京內閣大庫，現藏在北京中國第一歷史檔案館。
《無圈點老檔》（內閣本），又稱正本，一百八十冊，原藏北京內閣大庫，現藏北京中國第一歷史檔案館。
《無圈點老檔》（崇謨閣本）又稱副本，一百八十冊，原藏在盛京崇謨閣，現藏在瀋陽遼寧省檔案館。
《加圈點字檔》（底本），又稱草本，一百八十本，原藏在北京內閣大庫，現藏在北京中國第一歷史檔案館。
《加圈點字檔》（內閣本），又稱正本，一百八十冊，原藏北京內閣大庫，現北京中國第一歷史檔案館。
《加圈點字檔》（崇謨閣本），又稱副本，一百八十冊，原藏崇謨閣，現藏在瀋陽遼寧省檔案館。
《加圈點字檔》（上書房），一百八十冊，原藏北京宮苑上書房，現下落不明。

出一分，同原本共藏。奉旨：是，應如此辦理。」〔註 29〕同年三月二十日大學士舒赫德等奏曰「查老檔原頁共計三千餘篇，今分頁繕錄，並另行音出一分；篇頁浩繁，未免稽延時日。雖老檔卷頁，前經裱托；究屬年久糟舊恐日久摸擦，所關甚巨。必須迅速攢辦，敬謹尊藏，以昭愼重。」〔註 30〕「現行清字」或「音出一分」指用新滿文抄寫，這次共抄寫了四本。就是按老滿文和新滿文分別寫草本和正本各二類，共四本。分別貯藏在內閣大庫，統稱內閣本。

　　內閣本貯藏在內閣大庫，地在東華門內，屬於外朝，不便於皇子查閱。上書房是皇子皇孫讀書之處，便於皇子查閱。第二次抄寫《舊滿洲檔》，乾隆四十三年（1778 年）閏六月完成。貯藏在上書房，但這本《滿文老檔》未能流傳至今。

　　按當時慣例，清朝所有涉及皇朝的重要書籍，都應在盛京存放一份。於是乾隆四十三年（1778 年）用老滿文和新滿文各抄寫一部送盛京貯藏。乾隆四十三（1778 年）九月十九日，檔案記載：「今於九月十九日，奉旨：著重寫一分，送盛京尊藏。欽此。」〔註 31〕

　　這是第三次抄寫本。「無點圈文」和「有點圈文」各抄一部貯藏在盛京崇謨閣。這樣「無點圈文」本和「有點圈文」本共抄七部，存北京和瀋陽兩地。流傳下來的有六部。但每次「抄寫」，不是原內容的絕對翻版，有多處刪改，整理後形成。一些內容未能錄入《滿文老檔》。

第五節　對《舊滿洲檔》、《武皇帝實錄》、《滿文老檔》的評述

　　在前兩章中對《舊滿洲檔》、《武皇帝實錄》、《滿文老檔》三部史料間關係及其流傳情況作了比較和說明。這裏簡單談談這三部史料的史料價值及其不足地方。

〔註 29〕　《清高宗純皇帝實錄》，第 976 卷，第 28 頁，乾隆四十年二月庚寅，據軍機大臣奏。中華書局影印本，1985 年。
〔註 30〕　徐中舒撰《再述內閣大庫檔案之由來及其整理》，《中央研究院歷史語言研究所集刊》，第 3 集（北平，中央研究院，民國二十年），第 569 頁。
〔註 31〕　《國史館·人事檔》，第 742 卷，中國第一歷史檔案館藏，北京。

《舊滿洲檔》

　　首先，《舊滿洲檔》（共40冊，以千字文編號）是有關努爾哈赤和皇太極一生行為的第一部文字記錄，也是用滿文所作的最早一部記錄。

　　第二、從內容的形成來看，《舊滿洲檔》不是一次形成，而是在當時筆錄、文書形式資料的基礎上形成。如1607～1619年內容是紀傳體，主要是追述性內容。1620～1636年的記錄是編年體。用當時記錄、文書等最原始的資料來加以彙編。如：1626年科爾沁奧巴和努爾哈赤間誓辭的文字內容等。〔註32〕

　　第三、《舊滿洲檔》不僅是研究滿洲人歷史的好資料，而且是研究明末蒙古族歷史的一部難得史料。尤其喀爾喀、科爾沁、察哈爾三大部與愛新國間的關係記錄得非常詳細。尤其在《舊滿洲檔》中被刪除，《滿文老檔》未錄入，今還能認出來的內容非常珍貴。

　　第四、《舊滿洲檔》除了可以鈎考滿文由舊變新的過程外，更可以發現、補足清初的史事；可以解釋若干滿洲專門名詞；可以給重抄的《滿文老檔》正誤；可以幫助看出重抄本《滿文老檔》殘缺的真相：可以反映部分明末遼東地方的實況。

　　第五、從《舊滿洲檔》可看出滿族社會發展狀況，從開始屯田、計丁授田、分丁編莊，以及取消編莊等的記錄。

　　第六、可以瞭解皇太極仿照明朝政治制度，建立三院六部及滿族上層社會中的變化。

　　第七、《舊滿洲檔》所用文字有老滿文、過渡期滿文、新滿文。老滿文是由畏兀體蒙古文脫胎而來，寫法上仍保持著蒙古文寫法，如：「聖」字，新滿文「wesihun」；老滿文「uwesihun」等。當時蒙古語「a」、「e」「u」的帶冠的寫法，如「ende」；寫「eende」，在滿文中仍保持。從《舊滿洲檔》也能看到滿文文字的發展變化。

　　《舊滿洲檔》不足或不便的地方。首先、內容不是連貫的，有連續一年或有幾個月的。

　　二，《舊滿洲檔》文字是無點圈滿文、有點圈文和前二者的混合文字以及蒙古文等文字形成。而且語法和寫法上不規範。其最大的特點是「h」和「g」分不清，「a」和「n」分不清。這是中世紀古蒙古語的特點。讀起來很費勁。

〔註32〕《17世紀蒙古文文書檔案》（1600～1650），中國第一歷史檔案館。內蒙古少
　　　　兒兒童出版社，1997年。

因爲老滿文 1599 年創造時直接引用了古蒙古語字母，短短二十年一種文字在語法和書寫上達到規範很難做到。

三，有文字書寫筆誤與干支紀年錯誤，並有轉頁或換頁處銜接中斷現象，頗難查找。

四、所用紙張多數爲明代遼東都司所用過的公文書背面上寫，因此，有些文字不清楚或不宜認讀。

《武皇帝實錄》

一、《武皇帝實錄》內容比其他史料更爲全面、更爲完整地記錄著努爾哈赤的一生經歷。當然它所記錄的內容中有可靠的，也有不可靠的。如：女眞人祖先故事純粹是後來編造出來的。除了對神話故事提出質疑外，〔註 33〕關於努爾哈赤青少時代及當時女眞人的記錄不能全面否定。這些內容爲今天瞭解早年努爾哈赤和女眞人的非常珍貴的資料。

二、《武皇帝實錄》的內容和風格直接影響了清朝前期《滿洲源流》、《開國方略》等文獻，後來清朝幾代統治者對《太祖實錄》進行繕寫，但仍保持了基本內容，基本格式，成爲清朝統治者的精神財富。

三、《武皇帝實錄》能看到順治朝編寫《實錄》的風格和滿文書寫形式之外，還能看到後來雍正、康熙、乾隆朝時代各本《太祖實錄》繕寫中的變化。

四、《武皇帝實錄》語法表明過度時期滿文語法。可是寫法上還保留一些

〔註 33〕女眞人祖先是天女下降到人間的故事，來自呼爾哈部落。《清初內國史院滿文檔案譯編》：天聰九年五月初六。出征黑龍江一帶呼爾哈部諸臣，以招降攜來官員人等朝見汗，……宴畢，汗回宮。此次出征招降人中有名穆希克者告稱「我祖父世居布庫裏山下不爾瑚裏湖。在我處無記載，相傳有天女三：恩古倫、正古倫、佛古倫，浴於布庫裏池。季女佛古倫得神鵲所送朱果銜口中，不意吞入腹中成孕，生布庫裏雍順，其同族系滿洲國人矣。布爾瑚裏湖，周百里，距黑龍江一百二三十里。我有子二，後自布爾瑚裏湖移至黑龍江納爾渾地方居住。」布爾湖在什麼地方，對此學者們進行了不少探討研究。其中董萬侖：《清肇祖傳》（《清史研究叢書》遼寧人民出版社，1992）《清始祖發祥地傳說研究的反思》（《滿語研究》2000 年 1 期）解釋了布庫裏（Bulehūri）一語來肯定了其地理位置，其含義。布庫裏是滿語 Bulehūri 的音寫。「其原型爲動詞 Bulehūmbi，加入合成詞構成地名，詞尾-mbi 變爲-ri（先變爲中頓形 Bulehūme,然後變爲地名）。即詞幹 Bulehū 加地名後綴-ri，構成 Bulehūri。動詞 Bulehūmbi，《五體清文鑑》地與類釋：「水冒」《滿和辭典》釋：「水湧出」。「……這與鏡泊湖的特點完全一致」。在參考書畫的地圖上直接將鏡泊湖寫爲 birdan「比拉登湖」。

從老滿文留下的寫法。如:「burlaha」(逃)而《滿洲實錄》寫「burulaha」。「uksun」《滿洲實錄》寫「ugsun i」。

但《清太祖武皇帝實錄》對資料的利用上有目地的挑選了原有內容。所用的內容幾乎都是有利於大清國政治影響的資料。有些內容並不定是當地、當時的事情。而是運用不同時間、不同地方的人和事情的幾處內容拼湊而成。從所記錄的滿蒙關係史料來看,被錄入的正面人物都是爲愛新國的統一和強大作出貢獻的蒙古人。

《滿文老檔》

一、《滿文老檔》用新滿文抄寫。《舊滿洲檔》中含糊不清的字句,可以根據《滿文老檔》來認讀。

二、《滿文老檔》能連貫《舊滿洲檔》的內容。《舊滿洲檔》內容不是連貫的,有些內容很難判斷它的年月日,通過《滿文老檔》可以知道它的時日。

總之,《舊滿洲檔》、《武皇帝實錄》、《滿文老檔》等在研究清初社會史,滿蒙關係等眾多問題提供了其它文獻不可代替的資料。尤其《舊滿洲檔》反映的清初滿蒙關係,其史料的客觀性和眞實性遠遠超出《武皇帝實錄》、《滿文老檔》。但也不能否定《武皇帝實錄》、《滿文老檔》的價值和作用。應分別對待和利用這三部史料,發揮各自的作用。沒有《武皇帝實錄》,我們無法瞭解早期滿洲人和努爾哈赤早年情況;沒有《滿文老檔》,我們也很難理解和正確掌握《舊滿洲檔》的內容。這三部史料相互補充和相互印證。《舊滿洲檔》有文字不清、時間不清,語法和寫法不規範、認讀困難等弱點,通過比較《滿文老檔》可以領會它的意思,也通過《武皇帝實錄》可以很容易掌握努爾哈赤及其一生、他的家族等問題。通過比較《舊滿洲檔》可以弄清《滿文老檔》、《武皇帝實錄》中有些內容是否屬於原寫內容,還是後來改動過的內容;那些內容改動更大,那些內容更接近事實等問題。

第五章　結　論

本文用《舊滿洲檔》）來比較順治年間編纂的滿漢文本《清太祖武皇帝實錄》和乾隆年間《舊滿洲檔》的抄寫本《滿文老檔》中的滿蒙關係史料的淵源關係及它們史料的流傳等。

首先，探討了過去人們對《舊滿洲檔》、《滿文老檔》、《清太祖武皇帝實錄》三部史料的研究概況。尤其從文獻和檔案角度出發，探討過去研究者怎樣對其進行區別與分類，怎樣認識其價值等問題，並提出自己的看法。其次，逐段逐句仔細比較和說明《實錄》的內容跟《舊滿洲檔》的淵源關係、所錄用內容異同等問題。說明哪寫是舊檔裏原有的，哪些是新增的，其目的是什麼。如：發誓爲例，《實錄》往往只收錄蒙古方面的誓詞和所有發誓者的名字，愛新國方面的則不提；新增內容，例如擒獲齋賽前夕努爾哈赤的夢。有些人和事情的記錄不符《舊滿洲檔》，有些內容是從《舊滿洲檔》中不同年代、不同地點的內容拼湊而成。第三從《舊滿洲檔》中找出被畫圈、塗改的詞句或整段內容，進行翻譯和說明評論，這些內容《滿文老檔》是否收入，是否影響整個內容。說明這段刪改內容對史料價值的影響。最後，探討《舊滿洲檔》、《清太祖武皇帝實錄》、《滿文老檔》三者關係，形成的社會環境及過程。評價了它們對研究滿蒙關係史的史料價值。文章的第一和第四部分是對檔案和文獻有關問題的綜合探討。第三和第四部分是這幾部史料內容的具體詳細比較。本文除了作者的評述，很大篇幅是原文的轉寫和翻譯，力求具體確切。

對這三部檔案與文獻進行分析、比較以後得出的結論有：首先，《武皇帝實錄》大多數內容是根據《舊滿洲檔》形成，它挑選有利於太祖行爲、名譽

的事件寫進《實錄》。二、寫進《實錄》的內容遠比《舊滿洲檔》所有的要少。如：關於喀爾喀，《舊檔》是 200 段，《實錄》僅 24 段；科爾沁，《舊檔》80段，《實錄》14；察哈爾《舊檔》40 段，《實錄》3 段。三、《實錄》對原文內容，原樣照抄的很少，經常是一段或幾段合起來經過增刪改寫而成，所以跟《舊檔》，從而也跟史實有違。四、《實錄》編纂時有意掩蓋事實真相。以1619年與喀爾喀盟誓為例，這次盟誓由愛新國方面以喀爾喀部齋賽等人被俘為條件，派遣使者到喀爾喀駐牧地逼迫與喀爾喀達成互不侵犯、共同征明等為內容的誓言，但《實錄》記錄成喀爾喀部主動來與愛新國立盟，且刪掉當時參加盟誓的愛新國十大執政貝勒名單。五、《實錄》滿洲祖先神話來自天聰九年降服的呼爾哈（hūrga）部一個叫穆希克（Muksike）人所述，本來是呼爾哈人的祖先故事。六、《實錄》經過崇德、順治、康熙、乾隆幾個朝代纂修今日流傳滿、漢、蒙文不同文本。

　　《舊滿洲檔》內容本身，也有原寫、重抄、選抄之別。其中原寫內容比較完整、有連貫性。重抄（一段內容的完整抄寫）或選抄（對多段內容不作完整的抄錄）則不完整、不連貫。到了《滿文老檔》，則以原寫內容為主，而1616、1617 年的內容則抄寫了重抄內容，因為較原寫內容完整。二、用蒙古文寫的內容，抄錄時先譯成滿文，有些則未譯寫抄入。如：太祖時期有關科爾沁部的幾處未能抄錄。三、原文中畫圈的內容一般都未抄寫。四、對原內容中的一些名詞、人名等進行修改，如「hong taiji」（洪臺吉）改寫「ducin beile」（四貝勒）。「sure beile」（聰睿汗）、「genggiyen han」（英明汗）、」amba genggiyan han」（大）英明汗、「sure kundulun han」（聰睿恭敬汗）等稱呼改為「genggiyan han」（英明汗）和「sure kundulun han」（聰睿恭敬汗）。此外，還有多處改寫了《舊滿洲檔》的內容。

　　研究清太祖時代的滿蒙關係，對瞭解蒙古歸附清朝的歷史過程及清帝國的興起是非常關鍵的一環。要瞭解和研究這些問題，有必要對反映和記錄這些事件的檔案和文獻進行比較研究。

　　文獻有它的形成過程和社會環境，作為史料，在原始性和客觀性上不如檔案。但文獻有它的規範性、系統性，對瞭解當時社會有便利之處。相反地，檔案大多數不系統、零散。這一點上二者可以取長補短。其次，檔案不僅反映歷史事件的真實，還能考證一些文獻內容的真偽，從而有益於對過去歷史的正確認識和瞭解。

　　本文的目的就是想從原檔和文獻兩者關係這個角度，探討三部檔案與文獻中有關滿蒙關係的史料問題。但還未完備，還有很多工作需要做，首先、初纂《清太祖武皇帝實錄》還未找到。它寫的內容、體例怎樣，也還不知道。二、檔案資料陸續被發現，對研究滿蒙關係史會帶來了新的領域。三、從這三部檔案與文獻中可以看到滿洲文字及語法發展百年的歷史過程。17 世紀初到 18 世紀初，是滿洲文字創建、發展、規範的歷史，要想研究滿文文字語法發展、規範的過程，這幾部檔案和文獻具有重要價值。

　　本人的學識水平和客觀條件的限制，本文的研究還有很多不足的地方。如：《舊滿洲檔》在臺灣，我們看到的只是影印本的複印件。《滿文老檔》（包括無點圈文字的抄寫）原件藏在北京和瀋陽，也看不到。《清太祖武皇帝實錄》的各種本子分藏北京、瀋陽、臺灣、日本等處，很難把這些本子一一拿到手進行研究。二、未能及時得到國外學者的研究概況，研究成果及相關信息，對本題目中相關問題的認識和研究工作的順利進行帶來一些不便之處。三、因時間和能力有限，本文未對《清太祖武皇帝實錄》所記錄滿蒙關係的全部內容進行比較。

引用書目

一、檔案與文獻

1. 《舊滿洲檔》，1969 年臺灣故宮博物院影印。

2. 《滿文老檔》，1955～1963 年日本東洋文庫根據崇謨藏《有點圈文檔》本的拉丁轉寫本。

3. 《玉牒》，列祖女孫直檔玉牒，中國第一歷史檔案館藏。

4. 《daicing gurun-I taizu horonggo enduringge hūwangdi yargiyan kooli》（大清太祖武聖皇帝實錄），中國第一歷史檔案館藏。

5. 《清太祖武皇帝實錄》廣文書局印行。臺北市羅斯福路二段九號之三。

6. 《清太祖武皇帝實錄》（滿文）北京圖書館藏。

7. 《清朝太祖太宗世祖朝實錄蒙古史料抄》——乾隆本康熙本比較，內蒙古大學出版社，2001 年。

8. 《清太祖武皇帝弩爾哈奇實錄》，中國人民大學出版社，1980 年。

9. 《太祖高皇帝實錄》中華書局 1986 年。

10. 《清太祖努爾哈赤實錄》臺灣文海書局《近代中國史料叢刊續編》本。

11. 《滿洲實錄》臺灣華文書局，1969 年。

12. 《滿洲實錄》中華書局 1986 年。

13. 《滿文老檔》（日譯《滿文老檔》），1963 年日本東洋文庫根據崇謨藏《有點圈文檔》本的日譯本。

14. 《滿文老檔》（漢《滿文老檔》），1990 年中華書局出版。根據故宮藏《有點圈文檔》的翻譯本。

15. 《重譯老檔》，1978 年遼寧大學歷史系根據崇謨閣藏《有點圈文檔》的翻譯本。

16. 《清初內國史院滿文檔案譯編》，中國第一歷史檔案館。光明日報出版社出版，1989 年。

17. 《十七世紀蒙古文文書》，內蒙古少兒出版社，1992。

18. 《盛京滿文逃人檔》，──《清代檔案史料叢編第》十四輯中國第一歷史檔案館編中華書局 1990 年。

19. 《滿文木牌》──《清代檔案史料叢編第》十四輯中國第一歷史檔案館編中華書局 1990 年。

20. 《紙寫檔案》──《清代檔案史料叢編第》十四輯中國第一歷史檔案館編中華書局 1990 年。

21. 《元朝秘史》，四部叢刊三編本。

22. 《史集》余大鈞等譯，商務印書館，1983 年。

23. 《通制條格》，浙江古籍出版社，1986 年。，

24. 《欽定外藩蒙古回部王公表傳》，臺灣商務印書館影印。文淵閣四庫全書。

25. 《蒙古游牧記》，（清）張穆撰，山西人民出版社 1991 年。

26. 《大黃冊》，烏力吉圖校勘、校注，內蒙古人民出版社，1983 年。

27. 《金輪千輻》，答裏麻著，喬吉校注，內蒙古人民出版社，1987 年。

28. 《水晶鑒》，金巴道爾吉著，留金鎖校注，內蒙古人民出版社，1984 年。

29. 《撫安東夷記》，馬文升撰，《金聲玉振集》叢書。

30. 《萬曆武功錄》，瞿九思撰，中華書局影印。

31. 《東夷考略》，苕上愚公撰，北京圖書館藏。

32. 《遼夷略》，張鼐撰，《玄覽堂叢書》。

33. 《開原圖說》，馮瑗，《玄覽堂叢書》。

34. 《東夷努爾哈赤考》，程開祜撰，北平圖書館影印本。

35. 《剿奴議撮》，於燕芳撰，〔明〕陳繼儒刊刻，1928 年僞中央大學國學圖書印。

36. 《遼廣實錄》，傅國撰，北京圖書館影印本。

37. 《全邊略記》，方孔照撰，北京圖書館。

38. 《天聰朝臣工奏議》，羅振玉編，史料叢刊初編。

39. 《兩朝從信錄》，沈國元，北京師範大學藏大來堂明刻本。

40. 《滿漢名臣傳》，黑龍江人民出版社，1991 年。

41. 《清史稿》，中華書局，1976 年。

二、工具書

1. 《御製五體清文鑒》，北京民族出版社影印，1957 年。
2. 《蒙古語詞幹詞典》，內蒙古人民出版社。
3. 《蒙漢辭典》，內蒙古人民出版社，1976 年。
4. 《滿漢大辭典》，安雙成主編，遼寧人民出版社，1993 年。
5. 《新滿漢大詞典》，胡增益主編，新疆人民出版社，1994 年。
6. 《中國歷史地圖集》，元明時期。潭其驤主編，地圖出版社，1982 年。
7. 《內蒙古自治區地圖冊》，內蒙古自治區地圖製印院編製，1999 年。

三、論著目錄

1. 《清朝開國期的史料》，內藤湖南（1912 年《藝文》第三年 12 號）。
2. 《關於無點圈檔》，松村潤，《滿學研究》第三輯。
3. 《滿文老檔重抄年次》今西春秋，《東方紀要》，1959 年。
4. 《滿文老檔譯稿》序，小倉進平、金田一京助、服部四郎《滿學研究》第四期。
5. 《滿和對譯滿洲實錄》，今西春秋，昭和十三年，1938 年。
6. 《滿和蒙和對譯滿洲實錄》，今西春秋，平成四年（1992 年）出版。
7. 《滿文清太祖實錄のテキスト》〔滿文清太祖實錄的原文〕，三田村泰助，《清朝前史の研究》。
8. 《清太祖實錄の纂修》，三田村泰助，《清朝前史の研究》。
9. 《滿文滿洲實錄研究》，上原久寫，不昧堂書店。昭和 35 年 3 月 31 日發行，1960 年。
10. 《清太祖實錄研究》，松村潤，東北アジア文獻研究叢刊 2 登，2001 年。
11. 《滿洲老檔秘錄》，金梁，1929 年以名刊行了部分內容，1933 年再次出版。《滿洲老檔秘錄》序，〔金〕梁《滿學研究》第四輯。
12. 《舊滿洲檔研究》劉厚生，長白山叢書，吉林文史出版社，1995 年。
13. 〈述崇謨閣《滿文老檔》〉，佟永功，《滿學研究》第四輯。
14. 《無點圈文檔》及乾隆抄本補絮，趙志強，江橋《滿學研究》第四輯。
15. 〈崇謨閣與《滿文老檔》〉，白洪希《滿學研究》四輯。
16. 〈論《滿洲老檔》〉，閻崇年，《滿學研究》第四輯。
17. 《滿文老檔》與清朝開國史研究〉，周遠廉，《明清檔案與歷史研究》上。
18. 《科爾沁部與愛新國聯盟的原始記載及其在〈清實錄〉中的流傳》，巴根

那,《明清檔案與蒙古史研究》,內蒙古人民出版社,2002 年 4 月。

19. 〈《滿文老檔》特點及其史料價值〉,關孝廉,《滿學研究》第四輯。

20. 〈論《滿文老檔》〉,關孝廉,《明清檔案與歷史研究》上。

21. 《滿文老檔》原本與重抄本比較研究,關孝廉,《明清檔案與歷史研究論文選》上。

22. 《盛京老檔》原本與重抄本比較研究,關孝廉《明清檔案與歷史研究論文選》上。

23. 《〈舊滿洲檔〉與〈加點圈檔〉索校》前言,魏彌賢,《滿學研究》第 4 輯。

24. 〈從《舊滿州檔》看《滿文老檔》中的偽與誤〉,劉厚生,《清史研究》,1991 年 4 月。

25. 《舊滿洲檔》前言,陳捷先,《滿學研究》第四輯。

26. 《清太祖朝老滿文原檔譯注》序,廣祿、李學智,《滿學研究》第四輯。

27. ,《康熙重修太祖實錄跋》,孟森著《清代史論著集刊》中華書局,1959 年。

28. 《清世祖實錄初纂本跋》,孟森著《清代史論著集刊》中華書局,1959 年。

29. 《國立博物院典藏清代檔案述略》,莊吉發,《清代史料論述》(一),文史出版社。

30. 《文獻足徵——〈滿文原檔〉與清史研究》,莊吉發《滿學研究》第四輯。

31. 《清太祖實錄》考評,徐丹俍(《滿學研究》第二輯。

32. 《努爾哈赤實錄考源》,徐丹俍,《滿學研究》第一輯。

33. 〈滿文蒙古文和漢文《清太祖實錄》之間的關係〉齊木德道爾吉,內蒙古大學學報,2003 年 1 月。

34. 《蒙古社會制度史》(俄)符拉基米爾佐夫著,劉榮竣譯,中國社會科學出版社,1980 年。

35. 《明代蒙古史論文集》,〔日〕和田清,藩世憲譯,商務印書館,1984 年。

36. 《清代蒙古社會制度史》,〔日〕田山茂著,藩世憲譯,商務印書館,1987。年。

37. 《清朝滿蒙聯姻研究》杜家冀,人民出版社,2003 年。

38. 《喀爾喀的五部在哪裏?》(前蘇聯)符拉基米爾佐夫著、(蘇聯科學院報告),1930 年。

39. 《內蒙古諸部落的起源》,〔日〕和田清、奉公叢書本,大正六年。

40. 《明代蒙古史研究》(原名東亞史研究·蒙古篇),和田清,商務印書館、1984。

41. 《喀爾喀萬戶及成立》,〔日〕森川哲雄,《東洋學報》,1972 年。

42. 《喀爾喀五部的成立及其住牧》〔日〕田中克巳《蒙古史研究參考資料》36 輯，1984 年。

43. 《清太祖努爾哈赤和東部內蒙古》（日本）田中克巳《蒙古史研究參考資料》36 輯，1984 年。

44. 《弘吉拉特部的封建領地制度》，葉新民，《內蒙古大學學報》，1982 年。

45. 《清代的滿蒙聯婚》，華立，《內蒙古社聯學會一九八一年論文選編》。

46. 《科爾沁部及其東遷小義》，留金鎖，《黑龍江民族叢刊》，1988 年 2 月。

47. 《試談科爾沁和碩特部起源》，胡日查，《新疆師大學報》，1998 年 2 月。

48. 《關於科爾沁部的來源和它在北方歷史上的地位》，胡日查，《內蒙古社會科學》，1989 年 4 月。

49. 《科爾沁所屬鄂托克及不族考》胡日查《內蒙古師範大學學報》，1989 年 2 月。

50. 《科爾沁牧地考》胡日查：《新疆師大學報》，1990 年 2 月。

51. 《試論努爾哈赤、皇臺吉與科爾沁部聯姻關係》，金元山、戴鴻義《瀋陽師院學報》，1986 年 1 月。

52. 《清太宗的后妃》，〔日〕松村潤，《國立政治大學邊政研究所年報》第三期，1972 年。

53. 《清初入關前汗皇帝與科爾沁部的聯姻關係》，〔日〕南木賢道《內陸亞細亞史研究》第 14 號，1999 年。

54. 《有關察哈爾部西遷的若干問題》，達力扎布，《清史研究》，1997 年 4 月。

55. 《清代八旗察哈爾》達力扎布，《滿學研究》第七輯。

56. 《察哈爾西遷的有關問題》，王雄，《內蒙古大學學報》，1989 年 1 月。

57. 《關於察哈爾史的若干問題》，薄音湖，《蒙古史研究》第五輯，1989 年。

58. 《好陳察罕兒・察罕兒五大營・八鄂托克察罕兒——十七世紀前察罕兒歷史研究》，寶音德力根《內蒙大學學報》，1998 年 3 月。

後　記

　　本文是我的博士學位論文基礎上修改後形成的。2000 年我有幸在內蒙古大學齊木德道爾吉教授門下攻讀博士研究生，研究滿文文獻。一直努力學習、默默工作，盼早日把論文交到導師手裏，也盼早日出書。雖然我的水平不高，滿文知識基礎不紮實，可是在研究、學習過程中我得到了掌握和提高歷史語言文字知識的機會和研究方法上的訓練。尤爲重要的是通過這一題目的研究較深入地瞭解清初滿蒙關係的具體情況，開闊了視野，提高了研究能力和業務水平。感謝導師教誨！

　　在撰寫博士論文整個過程中從確定題目到具體寫作，始終得到導師的指點和更多細節上的指導。我們平常看到的《太祖實錄》只不過中華書局影印的《太祖高皇帝實錄》和《滿洲實錄》本，以及更早的僞滿洲國務院影印本。《太祖實錄》的其它文本還未出版，藏在北京和臺北兩地深院中。北京第一歷史檔案館藏滿文《武皇帝實錄》的複印本、臺北故宮博物院藏漢文《武皇帝實錄》影印本、二十世紀三十年代漂洋到美國的北京圖書館藏善本中的滿文《武皇帝實錄》的膠捲的翻印本等都是我的導師通過各種渠道找給我，解決了燃眉之急。在撰寫過程中導師始終嚴肅、認眞地要求我，對每一個字的拉丁轉寫和翻譯都要求淋漓盡致，不出差錯。

　　本文要是能爲研究相關文獻問題和歷史問題的同行帶來認識和理解上的方便的話，這離不開導師給我的教導和幫助。

　　轉眼到了 2005 年，我論文通過了答辯委員會並獲博士學位後，抱一線希望把這篇論申報國家社會科學規劃辦項目後 2006 年 7 月批准立項，幸運又一次降臨到我身上。

　　我怎能忘記敬愛的導師齊木德道爾吉教授爲我的論文的修改犧牲的寶貴時間和心血！怎能忘記在艱難的學業中的那些同學們伸出的援助之手！每當想起這些我感慨萬分。以後我當加倍努力，以取得更多更好的成績報答導師的恩情，同學們的友情。

　　這裏我還特別感謝給予熱心幫助的寶音德力根教授、烏雲畢力格教授。感謝任愛軍、寶音特古斯、玉芝、哈斯巴根、李勤璞、白初一、黎明等同學。

　　　　　　　　作者敖拉　2012 年 12 月　內蒙古赤峰市紅山區華睿園